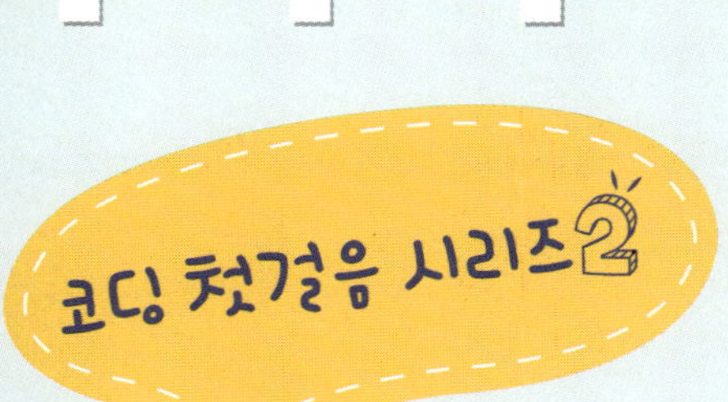

스크래치의 모든것, 블록부터 게임까지!

머리말

"자신을 표현하는 도구를 통해 생각하는 힘을 기르자!"

기술의 혁신이 사회 · 경제 구조의 변화를 이끄는 산업혁명은 1차에서 2차, 3차를 거치면서 기계화, 자동화의 산업구조를 형성하였습니다. 2016년 세상에 나온 용어, '4차 산업혁명'은 컴퓨팅 파워에 의해 세상이 변화할 것을 예고하였고, 현재 진행 중에 있습니다. 현존하는 직업의 50% 이상을 기계가 대체할 것이며, 단순한 사고를 요하는 분야까지도 인간이 아닌 인공지능의 자리가 될 것이라고 예측되고 있습니다. 4차 산업혁명으로 변화된 세상에서 인간의 일자리가 기계로 대체된다면, 인간은 더욱더 고도화된 사고를 할 수 있어야 할 것입니다. 세상의 모든 분야에서 컴퓨팅이 활용될 것이며, 컴퓨팅을 다루지 못할 경우에는 자신들의 전문분야에 대한 소질을 제대로 발휘하기 어려울 것이기 때문입니다.

세상을 바꾸는 기술, 그리고 그 기술을 움직이는 능력은 인간의 사고에서 비롯됩니다. 많은 사람들이 이야기합니다. 프로그래밍에 대한 능력, 소프트웨어를 개발하는 능력 등은 소수의 전문 엔지니어들만 갖고 있으면 되는 기술이지 미래의 모든 구성원이 갖추어야 하는 것은 아니라고 말입니다. 하지만 프로그래밍을 한다는 것은 미래 사회에서의 언어를 습득하는 것입니다. 언어를 사용하지 못하면, 자신의 의사를 정확히 표현하는데 어려움이 있을 것입니다. 마찬가지로 프로그래밍을 한다는 것은 자신의 생각을 표현하는 도구를 갖게 되는 것입니다. 컴퓨팅과 소통을 통해 자신의 꿈을 완성시킬 수 있을 것이며, 다양한 분야의 지식을 습득하고, 타인과 대화하고 공유하여 미래 사회에서 함께하는 문화의 주인공이 될 수 있을 것입니다.

프로그래밍 교육은 컴퓨팅 사고력(Computational Thinking)을 높이는 것이라고 합니다. 컴퓨팅 사고력은 컴퓨팅 파워를 활용할 것을 전제로 생활 속의 문제를 발견하고 문제 해결을 위해 정보를 수집, 분석해서 해결할 수 있는 능력을 의미합니다. 즉, 현재까지 한 번도 경험한 적이 없는 문제를 미래사회에서 직면했을 때, 컴퓨팅을 활용해 해결할 수 있는 능력을 기르는 것입니다. 세상에는 3,000여개의 교육용 프로그래밍 언어가 있다고 합니다. 본 책에서 다루는 스크래치(Scratch)는 전 세계적으로 프로그래밍 교육을 시작하는 학생들에게 가장 많이 활용되고 있는 교육용 프로그래밍 언어입니다. 따라서 세계의 다른 초보자들과 마찬가지로 프로그래밍에 대한 기초를 습득하고, 여러분의 생각을 프로그래밍으로 표현하는 즐거움을 만끽하시기 바랍니다.

저자 일동

책의 저자

이원규   **연구분야** ㅣ 정보교육, 정보표현 및 모델, 정보관리, 교육정책

경력 ㅣ
- 고려대학교 문과대학 영어영문학과 졸업
- University of Tsukuba 공학 박사
- (현) 고려대학교 정보대학 컴퓨터학과 교수

저서 ㅣ
- 제7차 교육과정 중학교 '컴퓨터', 고등학교 '정보와 사회' 대표저자
- 2007 개정 교육과정 중학교 '정보', 고등학교 '정보' 대표저자
- 2015 개정 교육과정 중학교 '정보', 고등학교 '정보' 대표저자
- '놀이로 배우는 컴퓨터과학', '레고 마이스톰', '스퀵이토이로 배우는 프로그래밍', '두리틀로 배우는 프로그래밍' 외 다수의 정보교육 관련 대표 역자
- '정보교육론' 외 다수의 정보교육 관련 대표 저자

김자미   **연구분야** ㅣ 정보교육, 교육과정평가, 교육정책

경력 ㅣ
- 이화여자대학교 사범대학 교육학과 졸업
- 고려대학교 대학원 컴퓨터교육학과 이학 박사
- (현) 고려대학교 교육대학원 컴퓨터교육전공 조교수

저서 ㅣ
- 2015 개정 교육과정 중학교 '정보', 고등학교 '정보' 대표저자
- '놀이로 배우는 컴퓨터과학' 외 다수의 정보교육 관련 대표 역자

안영희   **연구분야** ㅣ 정보교육, 정보교사교육

경력 ㅣ
- 부산외국어대학교 공과대학 컴퓨터공학과 졸업
- 고려대학교 정보대학 컴퓨터학과 박사 수료

저서 ㅣ
- 'MY Love 시리즈' 한글 2005, 한글 2007, 한글 2010, 한글 2014
- 'OKOKOK 알찬 예제로 배우는 시리즈' 엑셀 2007, 파워포인트 2007
- 'OK! Click 시리즈' 블로그 고급기능 스마트폰 활용하기, SNS로 소통하기 외 다수의 정보교육 관련 저서 집필

PREVIEW

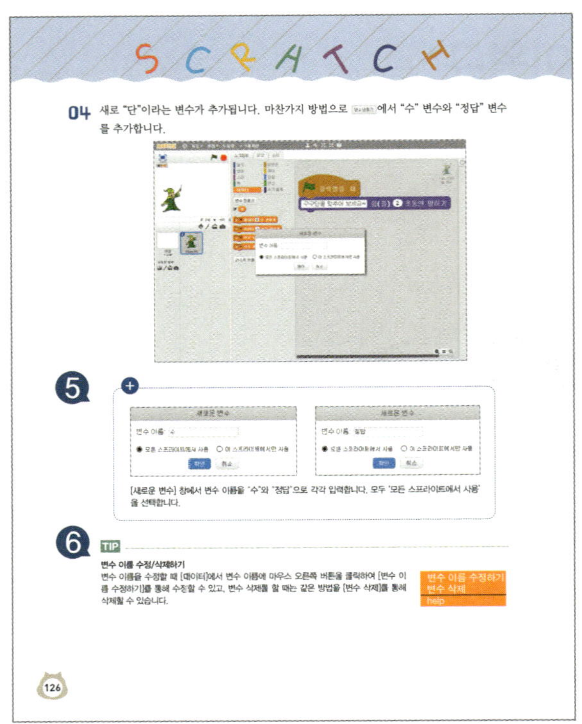

❶ **학습목표** 만들어 볼 스크래치 프로젝트에 대한 소개와 함께 배워야 할 스크래치 내용을 읽어봅시다.

❷ **무엇을 만들까?** 완성된 스크래치 프로젝트를 미리 실펴 전체적인 흐름을 알아봅시다.

　　준비파일 ｜ 배경이나 스프라이트가 미리 지정되어 있습니다. 준비파일이 제공되는 단원에서는 준비파일을 연 뒤,

　　　　　　　본격인 스크래치 프로그래밍을 합시다.

　　완성파일 ｜ 내가 만든 프로젝트와 제공된 완성파일을 비교하며 해답으로 활용합시다. 또한, 완성파일을 참고로 하

　　　　　　　여 창의적인 프로젝트로 만들어 보는 것도 좋습니다.

❸ **무엇을 배울까?** 소단원 소개와 함께 단계별로 어떤 내용을 다룰지 살펴봅시다.

❹ **STEP 1~5** 각 STEP을 스크래치의 개념과 기능을 익히며 스크래치 프로그래밍을 합시다.

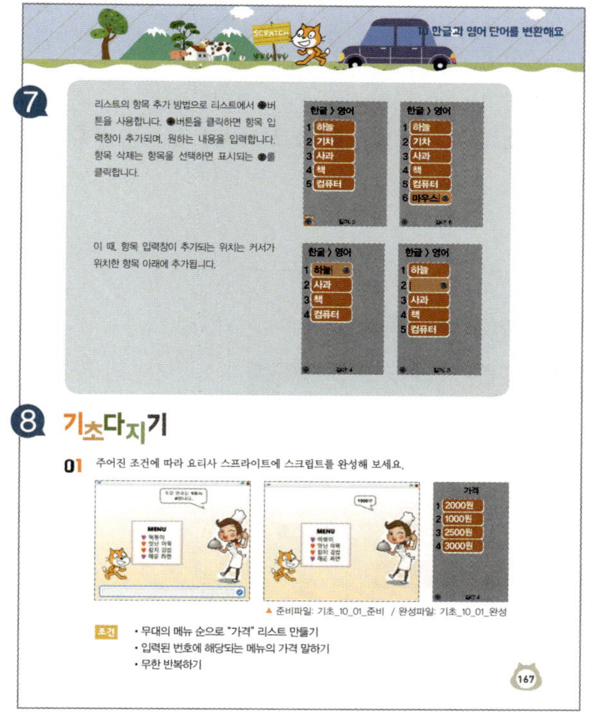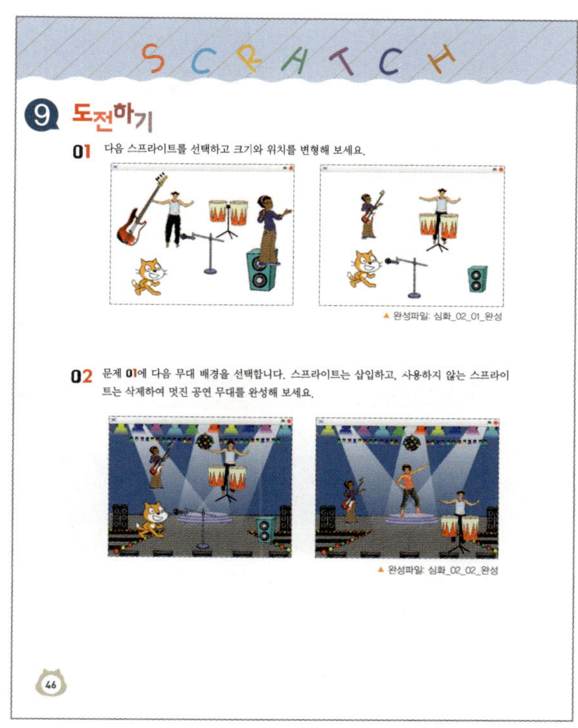

⑤ 보충설명(＋) 스크래치 블록이나 스크립트와 관련된 보충 설명을 하고 있습니다.

⑥ TIP(TIP) 스크래치에서 알아두면 편리한 "TIP"을 설명하고 있습니다.

⑦ 알아봅시다(알아봅시다) 알아두면 좋을 스크래치의 개념, 기능 등을 상세하게 다루고 있습니다.

⑧ 기초다지기 앞에서 배운 내용을 발전시킨 스크래치 문제를 해결하며 기초를 다져봅시다. 이 때, 제시된 조건을 hint 삼아 스크래치 프로그래밍을 합시다. 준비파일과 완성파일이 제공됩니다.

⑨ 도전하기 앞에서 배운 내용을 심화시킨 스크래치 문제를 해결하며 실력을 향상시켜 봅시다. 이 때, 제시된 조건을 hint 삼아 스크래치 프로그래밍을 합시다. 준비파일과 완성파일이 제공됩니다.

DOWNLOAD

본 책은 교학사 홈페이지 http://www.kyohak.co.kr에서 각 단원별로 스크래치 프로젝트를 제공하고 있습니다.

[IT/기술/수험서] 메뉴에 마우스 올리기 ▶ [도서 자료] 클릭 ▶ "스크래치"로 검색 ▶ '스크래치의 모든 것, 블록부터 게임까지' 파일 클릭 ▶ 상단에 첨부파일 클릭하여 다운로드

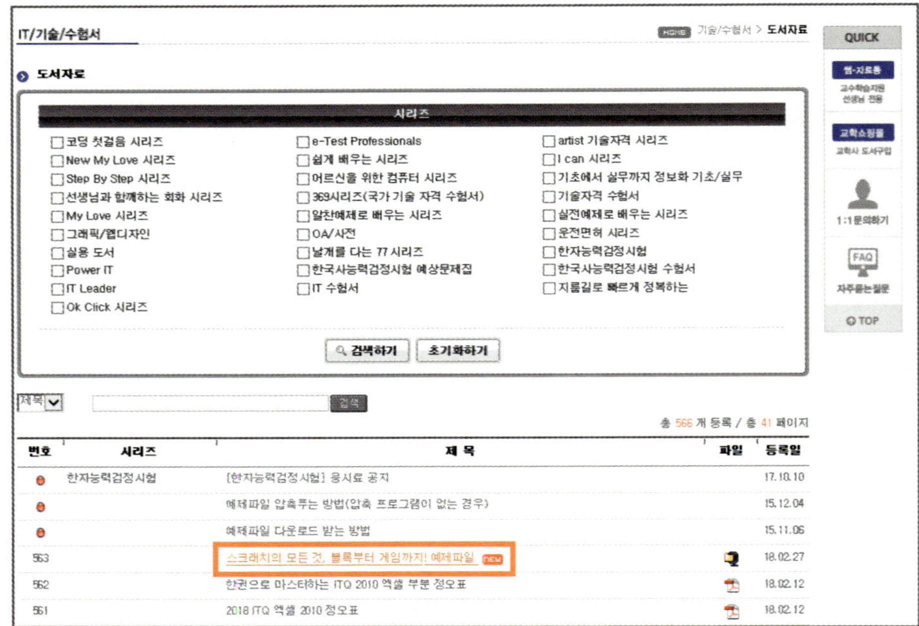

CONTENTS

이제 스크래치와 함께
코딩의 세계에 첫걸음을
내딛어 볼까요?

01 스크래치를 시작해요

학습목표
스크래치는 미국의 MIT에서 만든 그래픽 프로그래밍 언어로, 레고 블록을 조립하듯이 프로그램을 작성할 수 있습니다. 스크래치 프로그램은 웹 사이트에서 회원가입하여 온라인에서 사용하거나 프로그램을 직접 설치하여 오프라인에서도 사용할 수 있습니다. 본 과정에서는 프로그램을 다운로드하여 오프라인에서 스크래치 프로그램을 실행하는 방법과 화면 구성 및 기능에 대해 알아봅시다.

무엇을 만들까?

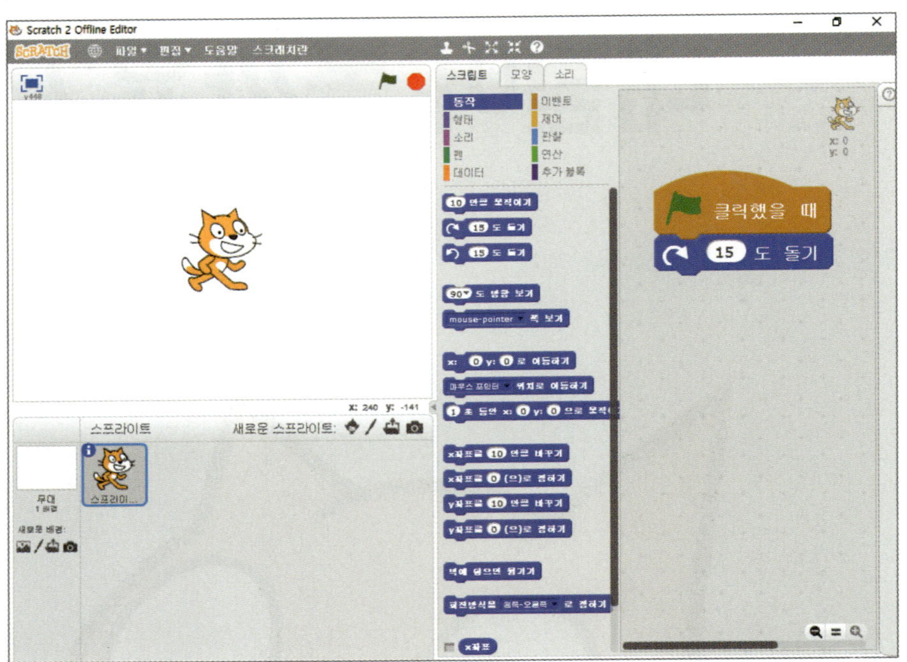

▲ 완성파일: test

무엇을 배울까?

STEP 1 스크래치 프로그램 설치하기

STEP 2 스크래치 화면 둘러보기

STEP 3 스크래치 실행하고 저장하기

STEP 1 스크래치 프로그램 설치하기

스크래치 프로그램은 미국의 매사추세츠 공과대학인 MIT 미디어랩(Media Lab)에서 2007년 1월에 개발한 교육용 프로그램으로 2015년 8월 현재 버전 2.0까지 출시되었습니다. 레고 모양으로 만들어진 명령어 블록들을 연결하여 만드는 프로그램으로 처음 프로그래밍을 사용하는 경우도 쉽게배울 수 있습니다. 스크래치 프로그램은 현재 '스크래치 2 오프라인 에디터'를 사용합니다.

- 프로그래밍 : 코딩(Coding)이라고도 하며 하나 이상의 관련된 추상 알고리즘을 특정한 프로그래밍 언어를 이용해 구체적인 컴퓨터 프로그램으로 구현하는 기술
- 프로그래밍 언어 : 컴퓨터 시스템을 움직이기 위한 소프트웨어를 작성하기 위한 언어
- 교육용 프로그래밍 언어 : 교육용으로 만들어진 프로그래밍 언어
  예) 스크래치, 두리틀, 러플, 이토이, 파이선 등

01 지금부터 스크래치 프로그램을 설치하기 위해 스크래치 웹 사이트를 연결합니다.

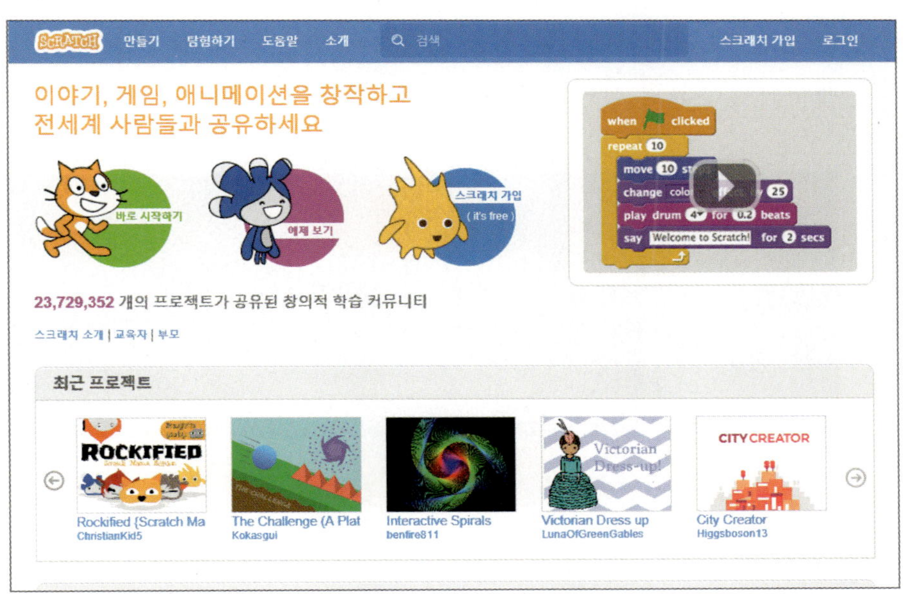

▲ http://scratch.mit.edu

02 스크래치 [소개]에는 스크래치 사용자나 스크래치와 관련된 학교, 연구에 대하여 알 수 있습니다.

03 스크래치 [도움말]에는 스크래치를 처음 시작하기 위한 프로젝트 안내와 스크래치 소개, 스크래치를 배우는데 필요한 가이드가 있습니다.

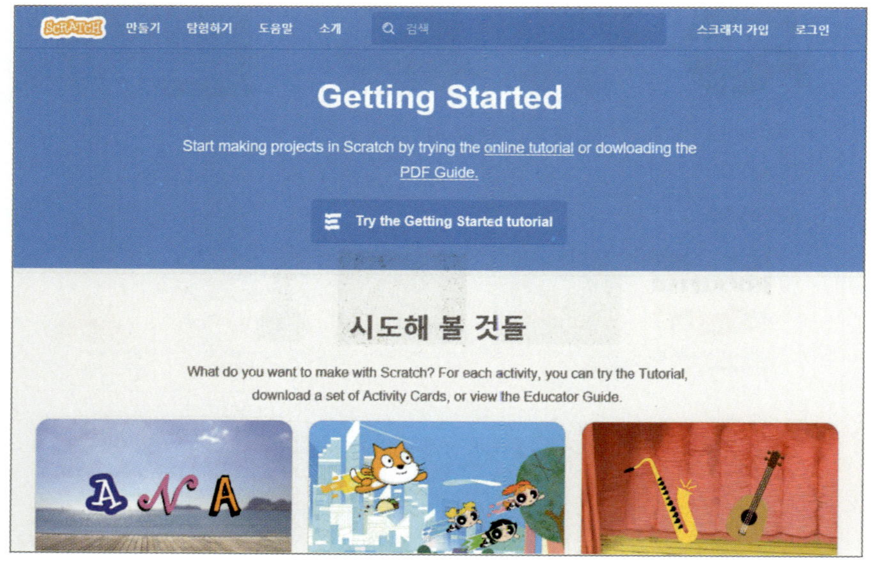

04 스크래치 프로그램을 다운로드하기 위해 [도움말] 화면 맨 아래로 이동합니다. [오프라인 에디터]에서 'offline editor(오프라인 에디터)'를 선택합니다.

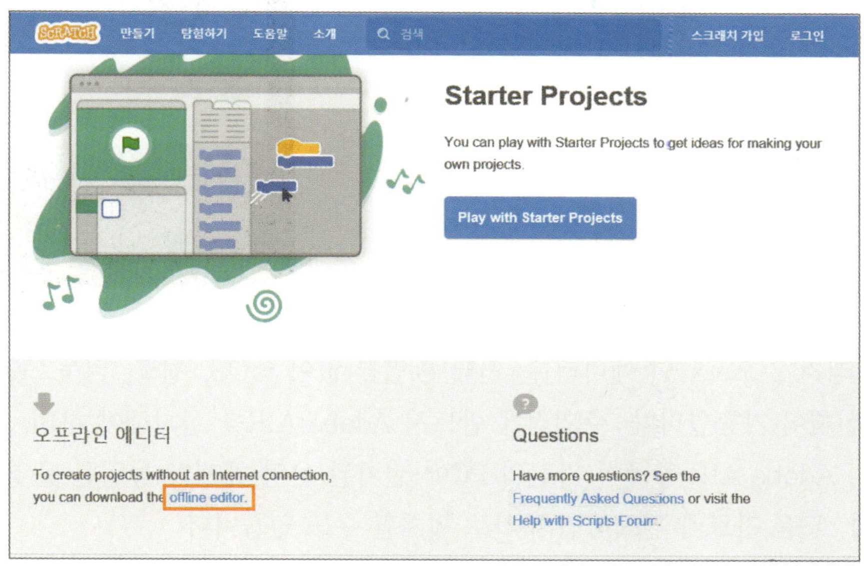

05 스크래치 2 오프라인 에디터에서 자신의 환경에 맞는 메뉴를 선택합니다. 여기서는 Windows 환경을 기준으로 프로그램을 설치합니다. 먼저 Adobe AIR를 설치하고 스크래치 오프라인 에디터의 '다운로드'를 선택합니다.

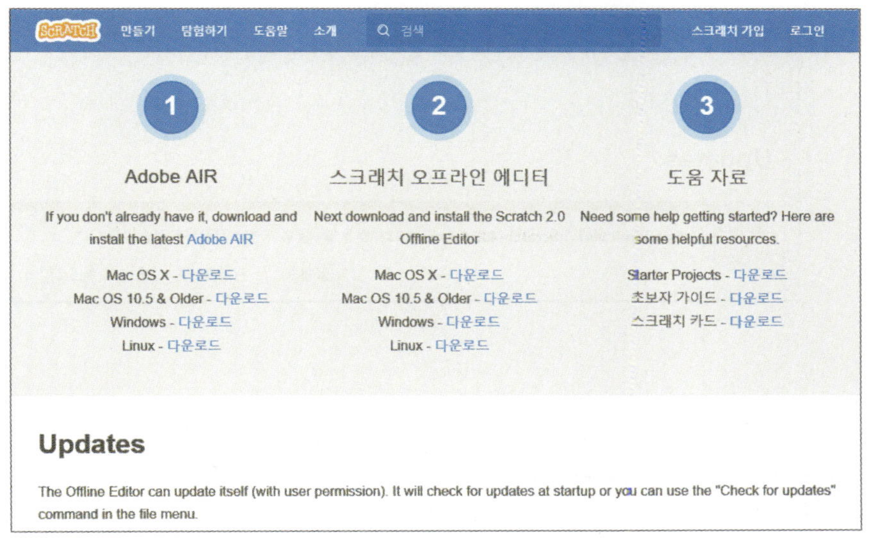

플래시 화면을 지원하는 Adobe AIR가 설치되어 있지 않는 경우,
[Adobe AIR]를 설치하는 화면입니다.

06 　[스크래치 2 오프라인 에디터]는 인터넷 연결 없이 맥OS, 윈도, 리눅스(32비트) 운영 체제에서 실행이 가능합니다. 주의점은 반드시 Adobe AIR를 설치해야 하며, 맥OS, 윈도, 리눅스용의 Adobe AIR 중에서 자신의 PC에 설치된 운영 체제와 동일한 운영 체제를 설치해야 합니다. 도움 자료가 필요하면 추가로 설치할 수도 있습니다.

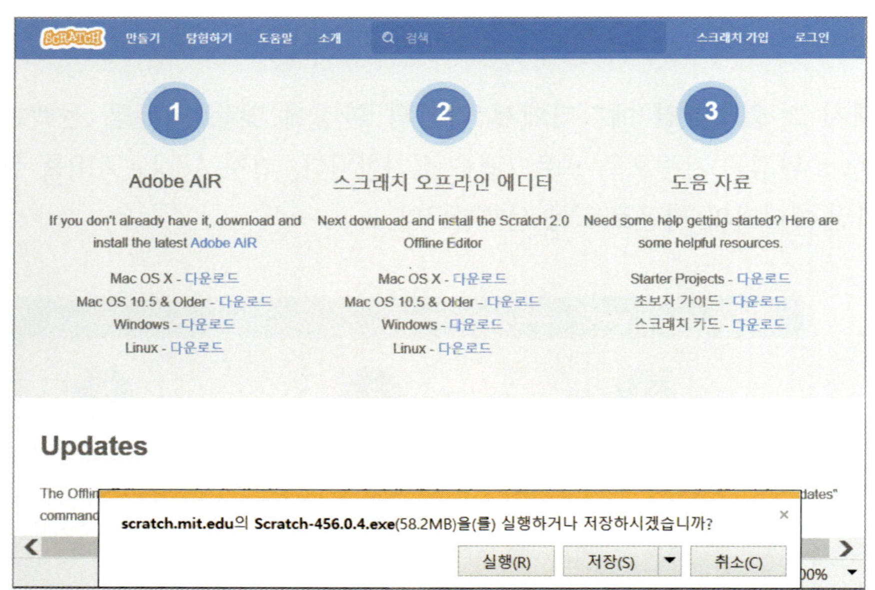

[Other Versions of Scratch]에서는 이전 버전인 Scratch 1.4 버전 정보를 받을 수 있습니다. 스크래치 1.4를 설치하기 위한 시스템 요구사항은 해상도는 800 x 480 이상이고 16비트 컬러 이상, 운영 체제는 윈도 2000 이상, 맥 OS X 10.4 이상, 우분투 리눅스 9.04 이상, 디스크 용량 120 메가바이트 이상의 저장 공간이고 그 외 CPU, Sound/Video 용량은 아주 오래된 컴퓨터만 아니면 큰 문제가 없습니다.

07 스크래치 오프라인 에디터의 설치가 완료되면 스크래치 프로그램을 실행해 봅시다. 처음 스크래치를 설치한 경우 사용 언어가 영어로 되어 있습니다.

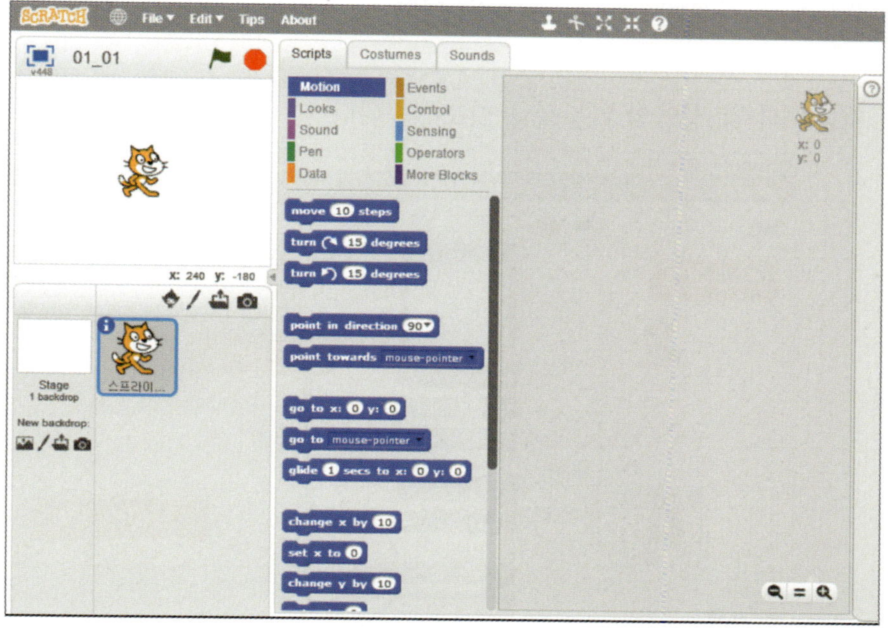

08 스크래치 프로그램에서 사용 언어 변경을 위해 메뉴에서 모양을 클릭합니다. 언어 목록이 표시되면 변경하고자 하는 언어를 선택합니다. 이번 과정에서는 사용 언어를 '한국어'로 선택합니다.

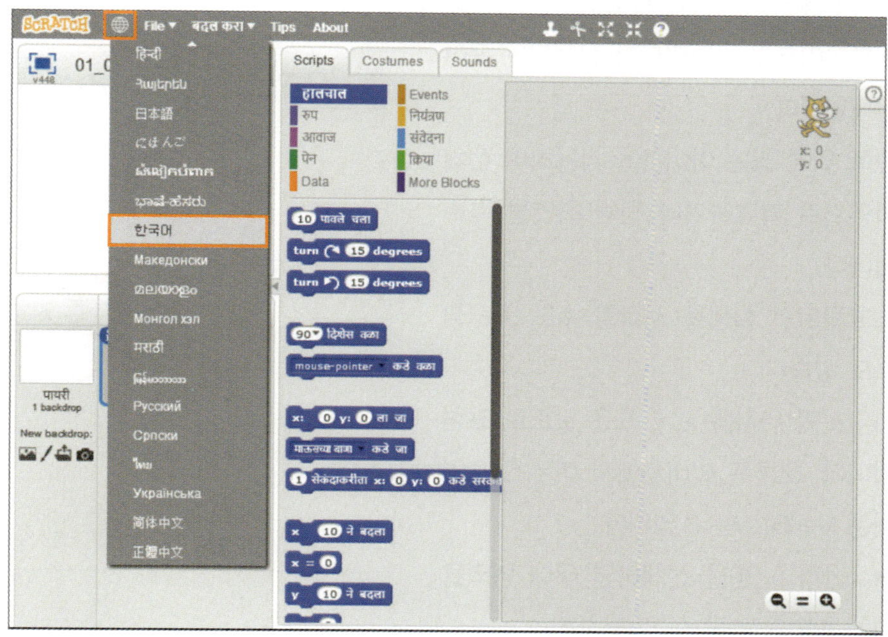

STEP 2 ⭐ 스크래치 화면 둘러보기

01 스크래치 화면은 무대 영역, 스크립트 영역, 스프라이트 리스트, 블록 팔레트인 4개의 영역으로 나누어져 있습니다.

자~ 지금부터 각 영역의 기능을 살펴보겠습니다.

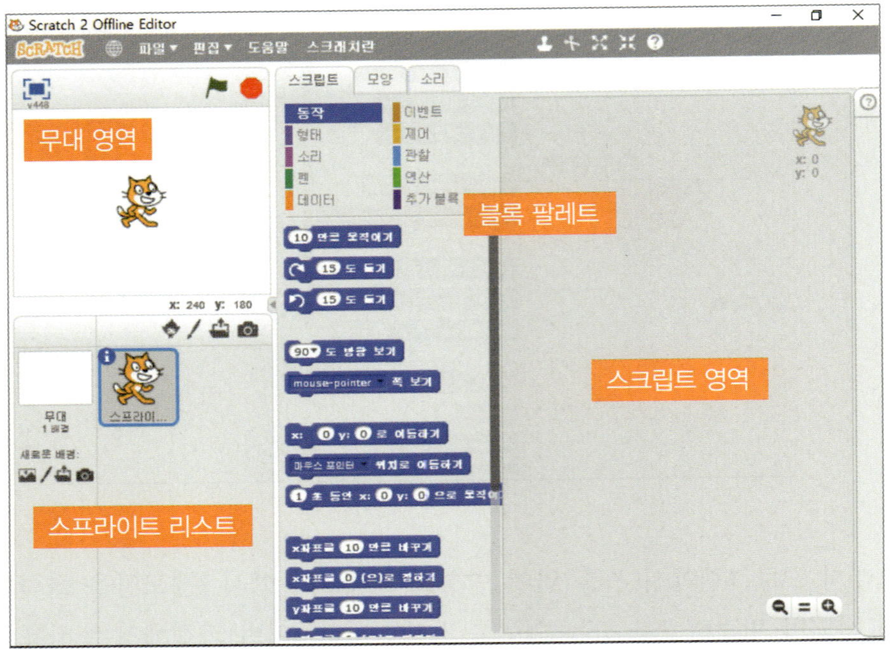

◆ 무대 영역(Stage)

- 스프라이트의 스크립트가 실행되는 곳이 무대입니다.
- 왼쪽 위에 있는 아이콘을 사용하여 전체 화면으로 확대하거나 전체 화면을 축소합니다.
- 스크립트의 실행을 시작할 수도 중지할 수도 있습니다.
- 마우스의 위치를 x, y 좌표 값으로 표현합니다. 오른쪽 이미지에서 마우스 포인터는 x는 64, y는 2 입니다.
- ▣ (전체 화면)을 선택하면 무대 영역을 전체 화면으로 볼 수 있습니다.

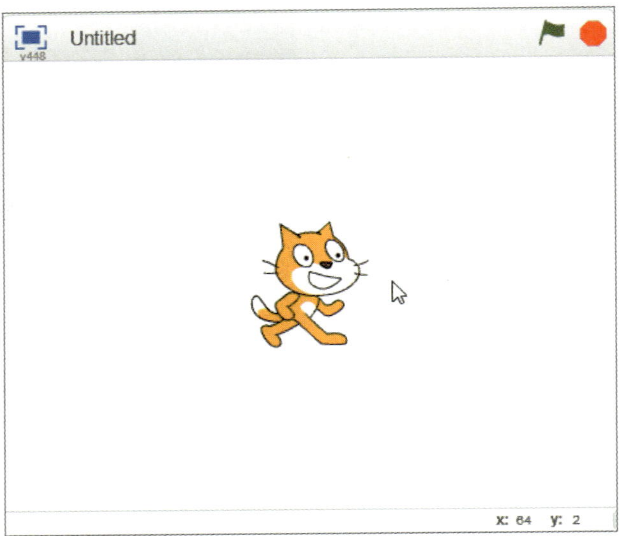

◆ 스프라이트 리스트(Sprite List)

- 스프라이트는 무대 위에서 움직이는 개체입니다.
- 스프라이트 리스트는 현재 사용 중인 스프라이트의 종류를 확인할 수 있습니다.
- 새로운 스프라이트나 무대의 배경을 만들거나 불러올 수 있습니다.

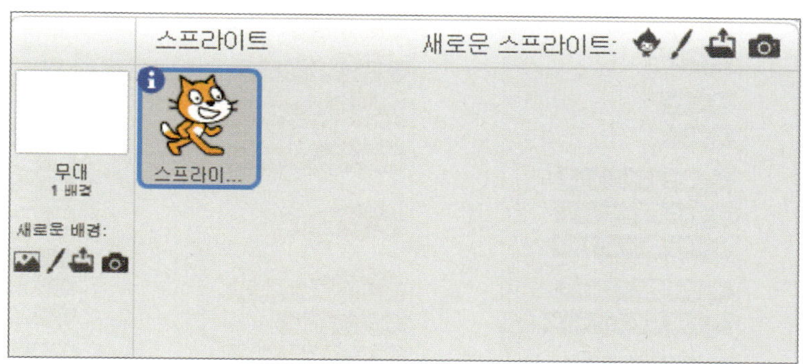

◆ 스크립트 영역(Scripts Area)

- 스크립트는 스프라이트를 동작하게 만드는 명령으로, 블록들을 조합하여 구성합니다.
- 스크립트 영역은 블록 팔레트에서 선택한 블록을 가져다 놓는 공간입니다. 스크립트 영역의 오른쪽 위에는 스크립트를 실행했을 때 스프라이트의 좌표 값이 표시됩니다.
- 스크립트 영역 아래에는 블록의 크기를 바꿀 수 있는 아이콘이 있습니다.
- 스크립트 영역의 오른쪽 '?' 모양을 클릭하면, 프로그램 작성에 필요한 정보와 블록에 대한 설명을 볼 수 있습니다.

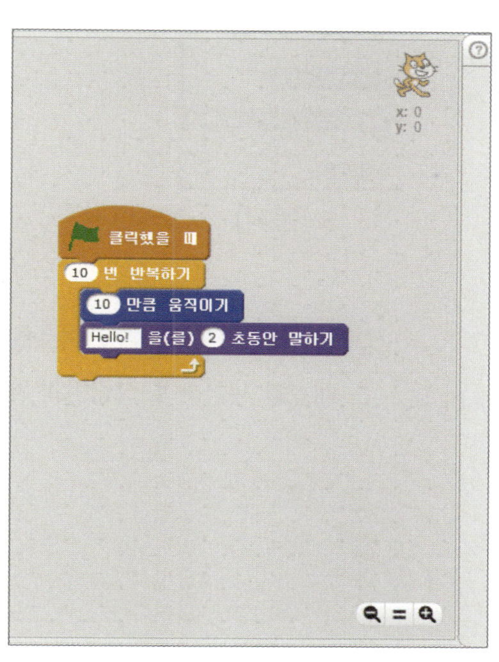

◆ 블록 팔레트(Blocks Palette)

- 스프라이트를 조작(프로그램)할 수 있는 구성 요소들이 있는 곳으로 스크립트, 모양, 소리를 조작할 수 있습니다.

– [스크립트] 탭 : 총 10가지의 블록 모음 중에서 원하는 블록을 선택

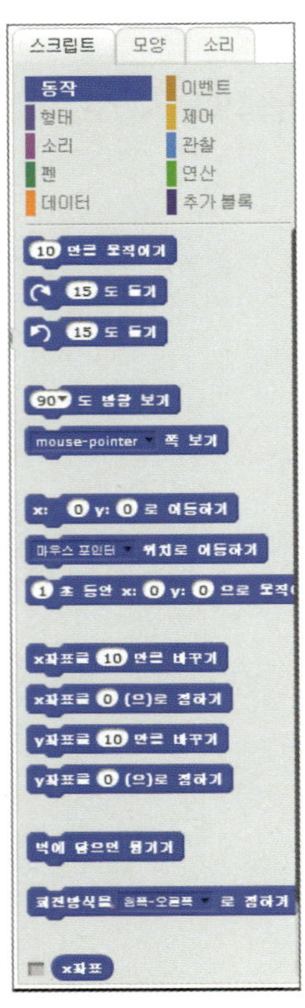

▲ [동작]

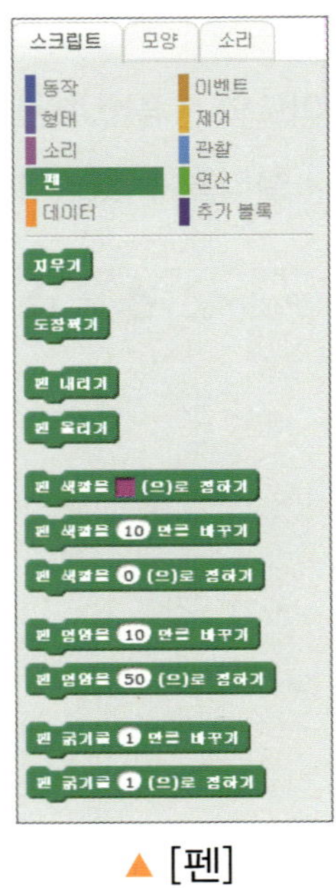

▲ [펜]

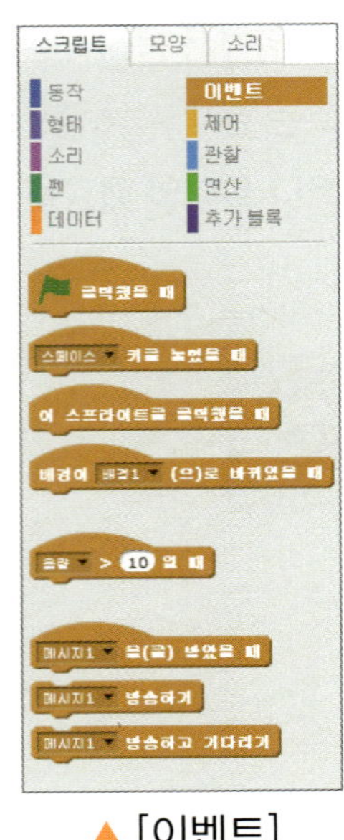

▲ [이벤트]

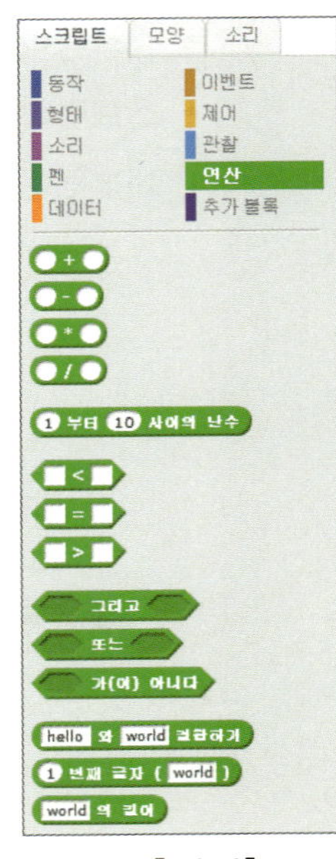

▲ [연산]

– [모양] 탭 : 새로운 스프라이트를 만들 수 있
 는 메뉴를 제공하며, 그림판과 유사한 구성

– [소리] 탭 : 소리를 재생시키거나 새로운 소
 리를 만듦

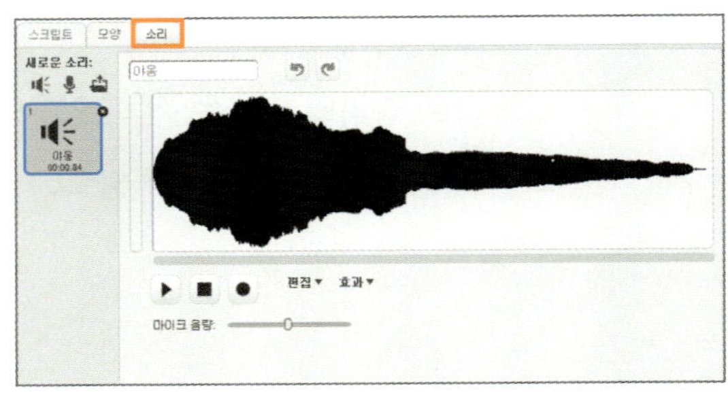

02 이번에는 스크래치의 화면을 구성하고 있는 도구들을 살펴보겠습니다. 각 도구들을 클릭하며 세부 도구들을 살펴보고, 그 기능을 알아봅시다.

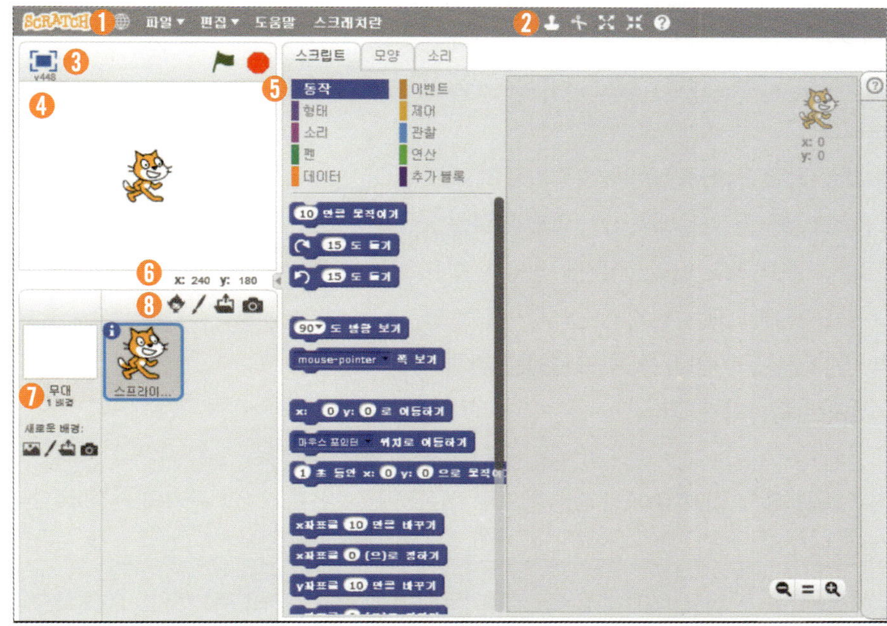

❶ 메뉴 : 스크래치에서 사용하는 언어를 선택하거나 파일, 편집, 도움말 기능을 사용할 수 있습니다.

❷ 툴바 : 복사, 삭제, 확대, 축소와 블록 도움말 기능을 사용할 수 있습니다.

❸ 프로젝트 이름 : 현재 작업 중인 프로젝트의 이름을 표시하며 이름을 변경할 수 있습니다.

❹ 무대 : 스프라이트가 동작하는 공간으로, 고양이 모양의 스프라이트가 표시됩니다.

❺ 블록 모음 : 블록들을 모아둔 공간으로 10개의 블록으로 분류되어 있습니다.

❻ 마우스 좌표 : 마우스의 현재 좌표(X, Y)를 표시합니다.

❼ 무대 정보 : 현재 무대 배경이 나타나며, 새로운 배경으로 변경할 수 있습니다.

❽ 새로운 스프라이트 버튼 : 새로운 스프라이트를 만들 수 있습니다.

• X, Y 좌표는 무엇일까요?

스크래치 프로그램의 실행 화면은 커다란 운동장과 같습니다.

가로가 480, 세로가 360인 운동장은 가로와 세로가 만나는 교차점인 가운데가 0입니다. 가로를 X축, 세로를 Y 축이라고 하며, 가운데 점을 X 좌표가 0, Y 좌표가 0이 되는 위치가 됩니다. 즉, 스크래치의 캐릭터인 고양이가 처음 표시되는 위치가 x: 0, y: 0으로 중심이 됩니다.

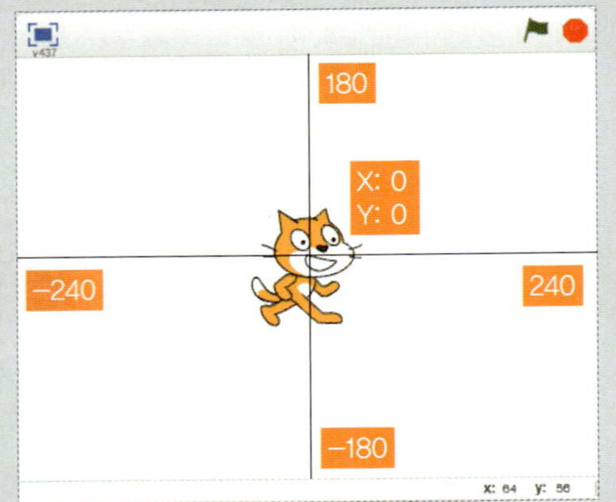

- 중심(X 좌표 0, Y 좌표 0)에서 오른쪽으로 이동하면 X 좌표가 1씩 증가하고, 왼쪽으로 이동하면 1씩 감소합니다.
- 중심(X 좌표 0, Y 좌표 0)에서 위쪽으로 이동하면 Y 좌표가 1씩 증가하고, 아래쪽으로 이동하면 1씩 감소합니다.
- 증가 시에는 + 표시가 나타나지 않지만, 감소 시에는 − 표시가 나타납니다.

03 자~ 마우스의 위치를 확인해 볼까요? 중심인 x: 0, y: 0 에서 마우스를 오른쪽, 위쪽 방향을 클릭합니다. 이 때, 화면 오른쪽 아래에 x: 64, y: 56 표시가 나타나면, 현재 커서의 위치는 오른쪽으로 64, 위쪽으로 56만큼 이동한 것입니다.

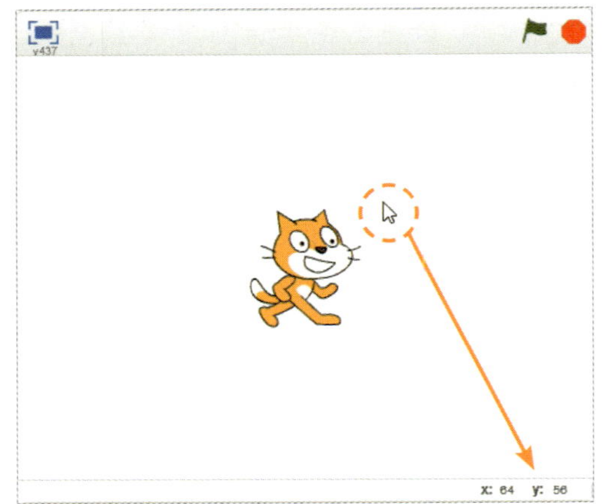

04 이번에는 마우스를 중심에서 왼쪽, 아래쪽 방향을 클릭합니다. 이 때, 화면 오른쪽 아래에 x:-105, y: -50 표시가 나타나면, 현재 커서의 위치는 왼쪽으로 105, 아래쪽으로 50만큼 이동한 것입니다.

- **스크래치 프로그램에서 온라인과 오프라인의 차이점은 무엇일까요?**

스크래치 프로그램은 온라인과 오프라인에서 모두 사용할 수 있습니다. '프로젝트'는 스크래치 프로그램을 통해 만든 파일로 오프라인에서는 파일>저장하기를 통해 파일을 저장하는 반면 온라인에서는 반드시 로그인을 한 뒤 저장을 해야 합니다.

온라인상에서 저장된 프로젝트는 전 세계 다른 사람들과 공유할 수 있습니다. 공유를 통해 다른 사람들이 만든 프로젝트를 다운로드할 수 있으며, 다운로드한 파일을 수정하여 다시 공유할 수도 있습니다. 이렇게 공유된 다른 사람들의 프로젝트를 수정하는 것을 Remix(리믹스)라고 합니다.

온라인 스크래치 화면은 주소창이 보이며, 공유의 상태를 표시합니다.

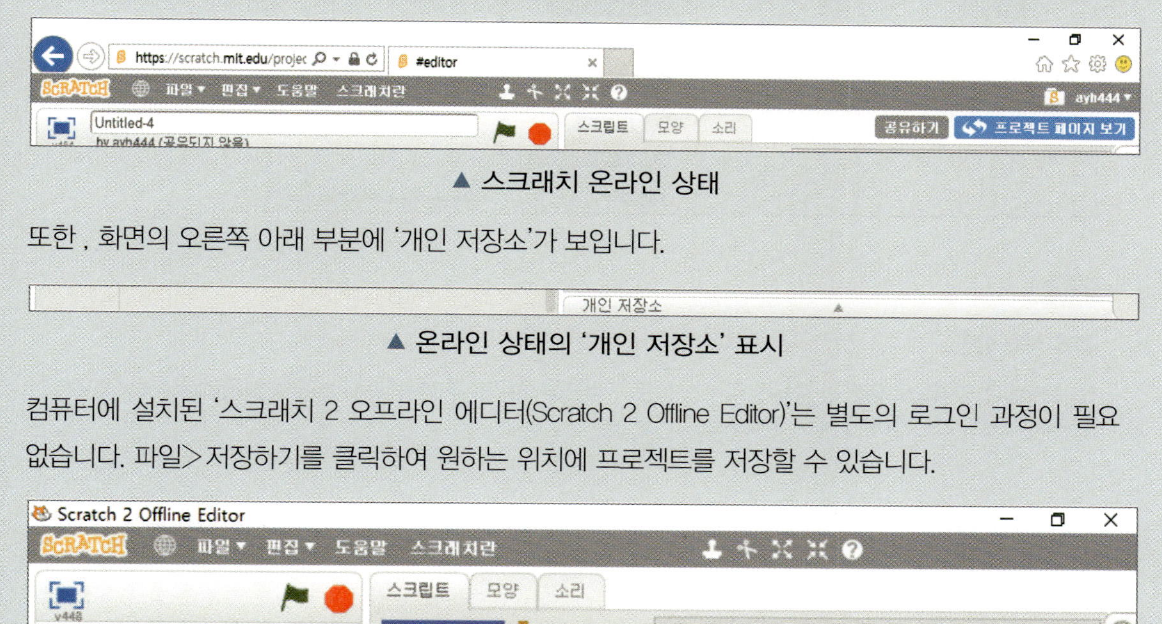

▲ 스크래치 온라인 상태

또한, 화면의 오른쪽 아래 부분에 '개인 저장소'가 보입니다.

▲ 온라인 상태의 '개인 저장소' 표시

컴퓨터에 설치된 '스크래치 2 오프라인 에디터(Scratch 2 Offline Editor)'는 별도의 로그인 과정이 필요 없습니다. 파일>저장하기를 클릭하여 원하는 위치에 프로젝트를 저장할 수 있습니다.

▲ 스크래치 오프라인 상태

STEP 3 스크래치 실행하고 저장하기

스크래치 프로그램에서 사용되는 블록은 블록 팔레트에 스크립트, 모양, 소리 탭으로 분류되어 있습니다. 분류된 각각의 블록은 드래그하여 스크립트 영역으로 이동하여 서로 연결하여 사용합니다. 간단한 블록 연결을 통해 회전하는 스프라이트를 만들어 실행하는 방법을 알아봅시다.

01 녹색 깃발을 클릭할 때마다 제자리에서 회전하는 스프라이트(고양이)를 만들어 봅시다. 블록 팔레트에서 [스크립트] 탭의 [동작]을 클릭합니다. ⟳ 15 도 돌기 블록을 오른쪽에 위치한 스크립트 영역으로 드래그하여 이동합니다.

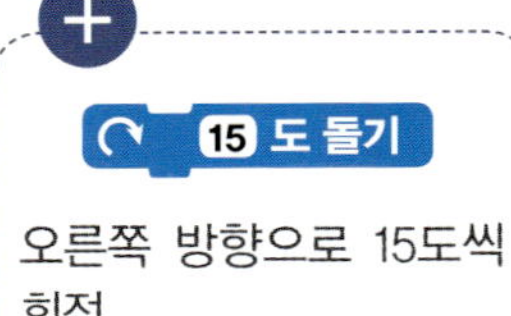

오른쪽 방향으로 15도씩 회전

TIP

블록 삭제 방법

① 스크립트 영역으로 이동된 블록에 마우스 오른쪽 버튼을 클릭한 후 메뉴에서 [삭제]를 선택한다.
② 삭제하고자 하는 블록을 블록 팔레트로 끌어넣는다.

02 이번에는 [이벤트] 블록에서  를 오른쪽에 위치한 스크립트 영역으로 드래그하여 연결합니다.

TIP

스크래치에서 블록은 순차적으로 진행되며 서로 연결되어야 실행이 가능합니다. 블록의 가장자리 모양을 확인하면 서로 연결이 가능한 블록을 구분할 수 있습니다.

03 자~ 이제까지 작성한 결과를 확인하는 시간입니다. 작업한 내용을 확인하는 과정을 '프로그램(프로젝트)을 실행한다'고 말합니다. 무대 영역의 ▶(깃발)을 클릭하여 실행시킵니다. 실행 중인 프로그램을 중지하려면 ● (빨간색 원)을 클릭합니다.

TIP

부분적인 프로그램의 실행은 현재 작업 중인 스크립트 영역의 블록을 선택하여도 실행은 가능합니다.

04 무대 영역의 초록색 깃발 모양을 클릭할 때마다 고양이 스프라이트는 오른쪽 방향으로 15도
씩 이동합니다.

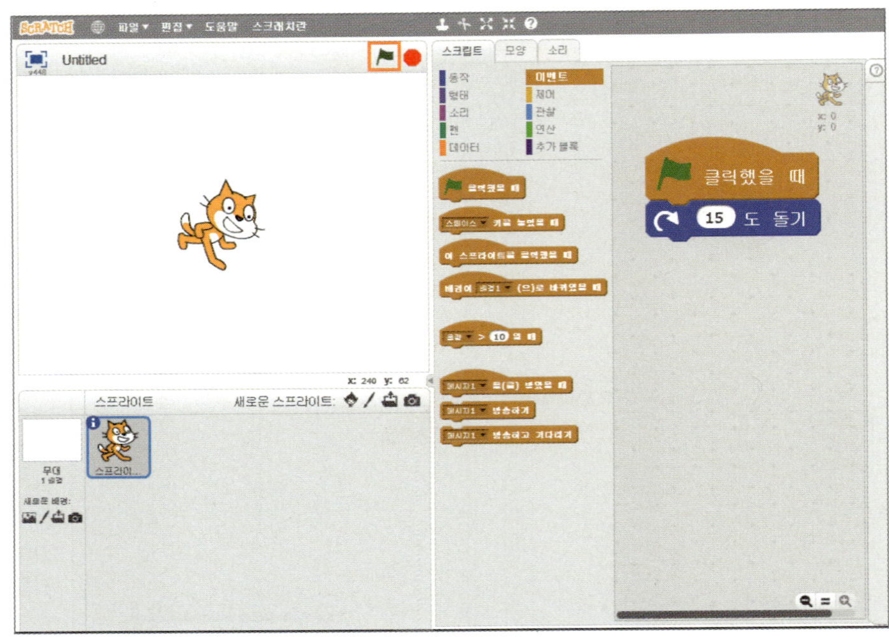

05 이번에는 완성된 프로젝트를 저장합니다. 메뉴에서 [파일]을 클릭한 후 [저장하기]를 선택합
니다.

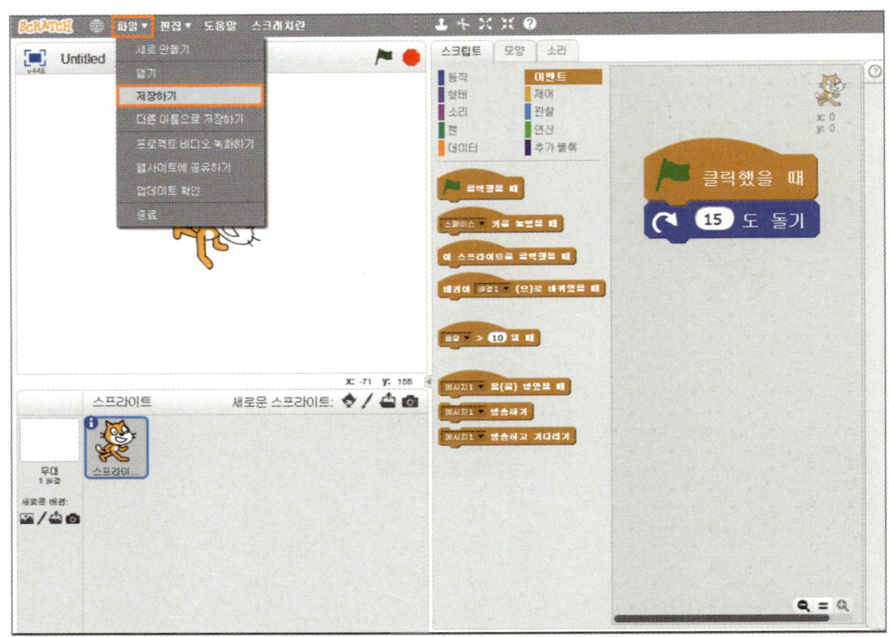

06 프로젝트 저장 창에서 저장 파일 이름은 "스크래치 연습"으로 입력한 후 [저장]을 클릭합니다.

07 프로젝트 파일이 저장되면 저장한 파일 이름이 무대 영역 위에 표시됩니다.

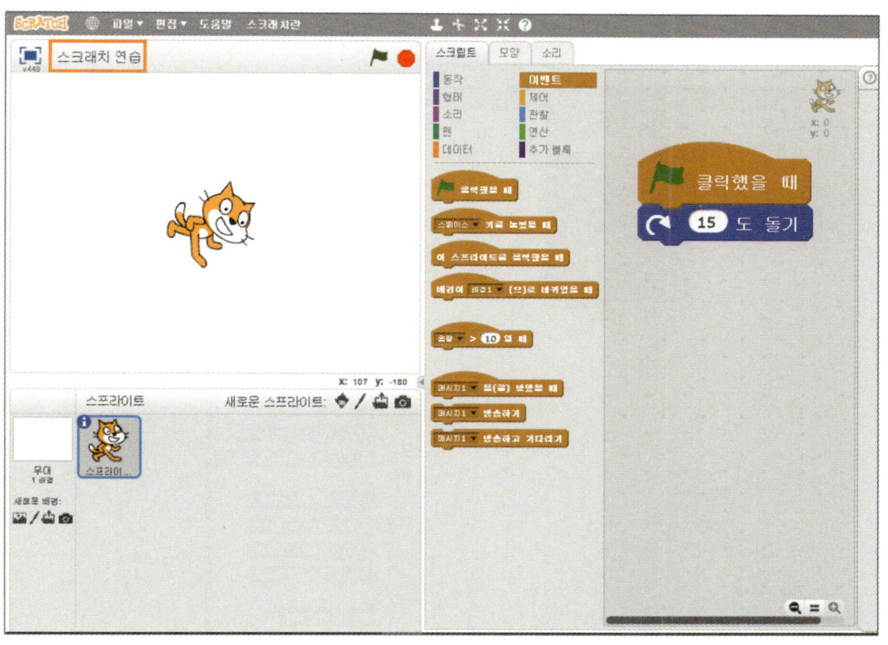

08 이번에는 스크래치 프로그램을 종료해 봅시다. 실행중인 프로그램을 종료하려면 오른쪽 위의 ✕[닫기]를 클릭하거나 메뉴에서 [파일] – [종료]를 선택합니다.

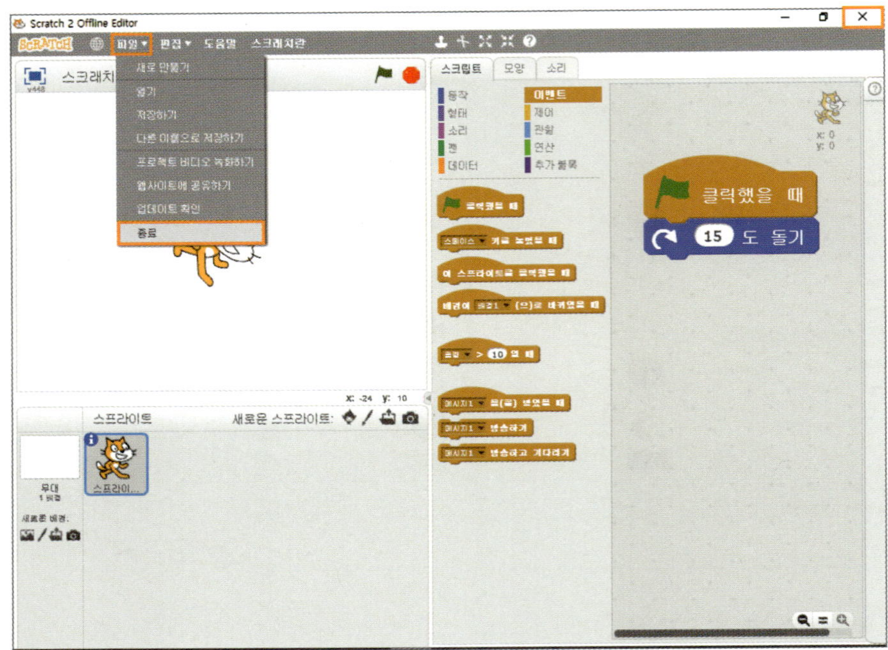

09 이번에는 스크래치에서 저장한 프로젝트 파일을 확인해 볼까요? 저장한 프로젝트 파일을 불러오려면 먼저 스크래치 프로그램을 실행합니다. 메뉴에서 [파일] – [열기]를 선택한 후 저장한 파일을 선택하여 열기합니다.

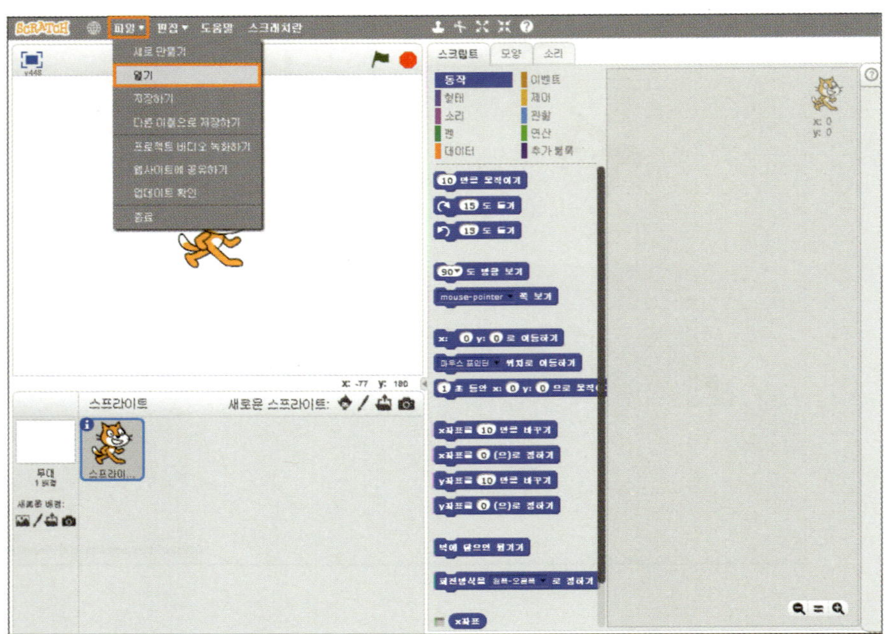

기초다지기

01 주어진 조건에 따라 프로젝트를 완성해 보세요.

▲ 완성파일: 기초_01_01_완성

조건 깃발을 클릭했을 때, 오른쪽으로 10만큼 이동한 후 시계방향으로 15도씩 움직이기

02 주어진 조건에 따라 프로젝트를 완성해 보세요.

▲ 완성파일: 기초_01_02_완성

조건 깃발을 클릭했을 때, 바라보는 방향을 아래로 변경하기

도전하기

01 주어진 조건에 따라 프로젝트를 완성해 보세요.

▲ 완성파일: 심화_01_01_완성

조건 깃발을 클릭했을 때, 오른쪽으로 100만큼 이동한 후 'Hello!' 말하기

02 주어진 조건에 따라 프로젝트를 완성해 보세요.

▲ 완성파일: 심화_01_02_완성

조건
• [스페이스] 키를 누를 때, 대각선 방향으로 이동하기
• 이동이 멈출 때, '야옹' 소리와 함께 '야옹~'이라는 문자를 표시하기

다양한 스프라이트를 만나요 

스프라이트는 스크래치 프로그램에서 사용되는 이미지입니다. 이미지인 스프라이트에 블록인 스크립트를 연결하면 움직이는 화면을 만들 수 있습니다. 스크래치 프로그램은 다양한 종류의 스프라이트를 제공하고 있으며, 사용자가 직접 만들거나 PC 등의 외부 장치에서 불러와 사용할 수도 있습니다. 이젠 스크래치 프로그램에서 제공되는 스프라이트의 종류와 선택하는 방법에 대해 알아볼까요?

무엇을 만들까?

스프라이트 복사하기

스프라이트 크기 조절하기

무엇을 배울까?

STEP 1 스프라이트 삽입, 복사, 삭제하기

STEP 2 스프라이트 수정하기

STEP 3 스프라이트 숨기기와 이름 변경하기

STEP 1 스프라이트 삽입, 복사, 삭제하기

01 스크래치의 스프라이트 리스트 화면에서 새로운 스프라이트 목록에 있는 (저장소에서 스프라이트 선택)을 클릭합니다.

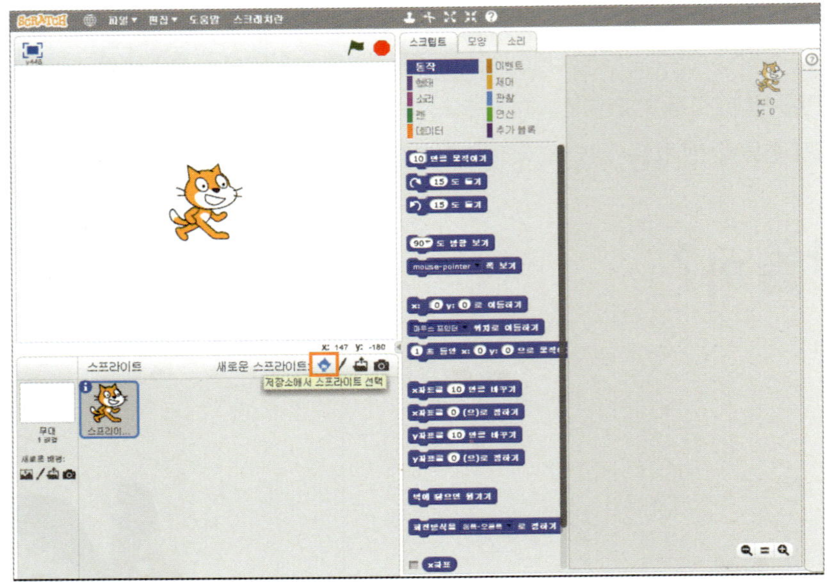

02 스프라이트 저장소에는 스크래치에서 제공되는 다양한 이미지들이 있습니다. 첫 화면은 스크래치에서 제공하는 모든 스프라이트를 보여줍니다. 다른 스프라이트를 선택하려면 왼쪽에 있는 항목을 클릭합니다. 여기서는 'Apple' 스프라이트를 선택한 후 [확인]을 클릭합니다.

03 스크래치 화면의 무대 영역에 선택한 'Apple' 스프라이트가 보입니다.

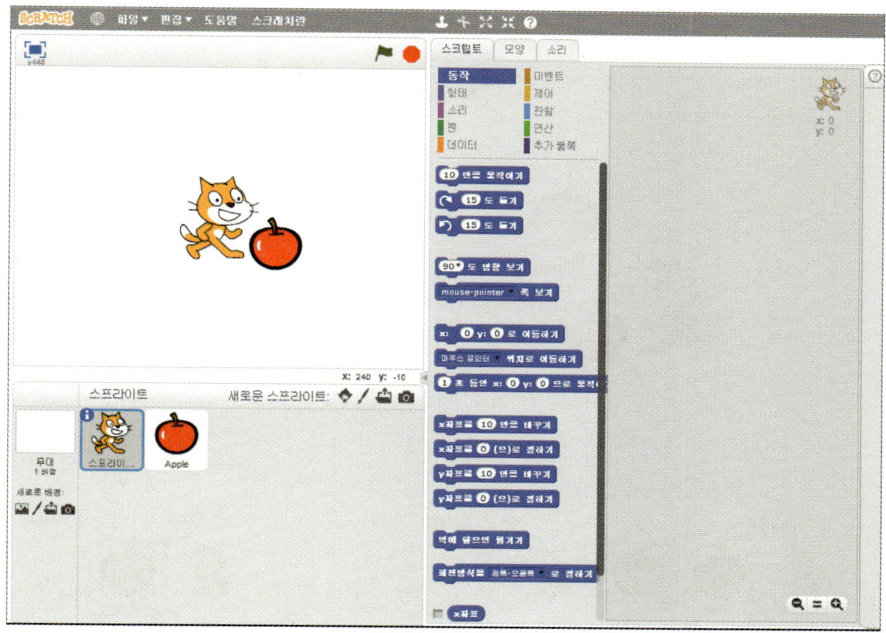

04 이번에는 똑같은 'Apple' 스프라이트를 한 개 더 만듭니다. 'Apple' 스프라이트에서 마우스 오른쪽 버튼을 클릭한 후 [복사]를 선택합니다. 복사는 똑같은 스프라이트가 한 개 더 생기는 기능입니다. 'Apple' 스프라이트가 복사되어 'Apple2'가 생겼습니다.

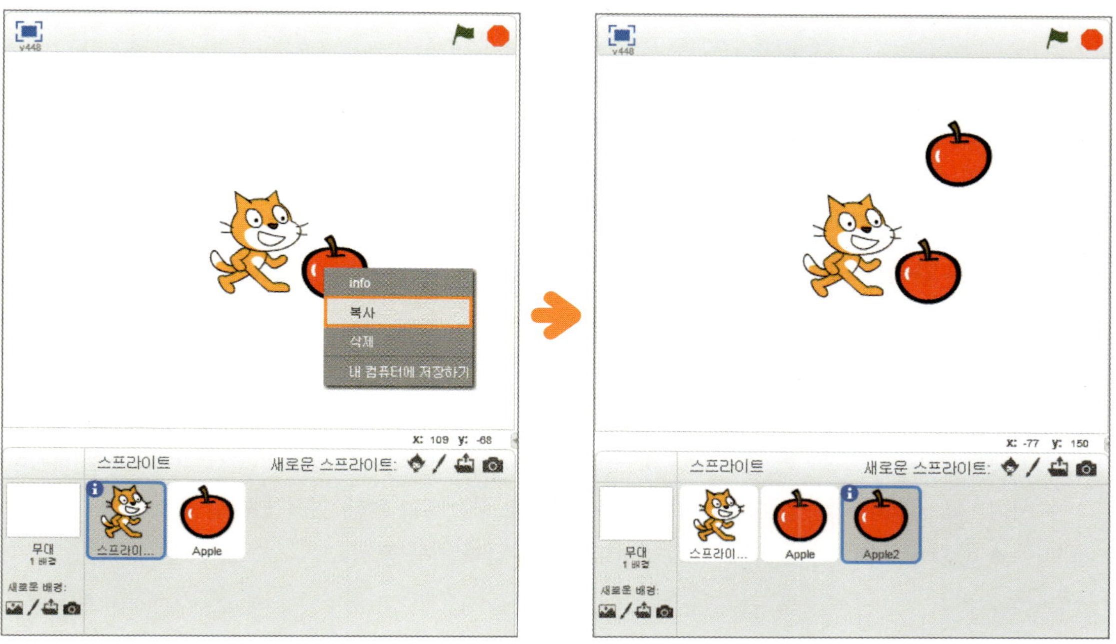

05 이번에는 복사된 'Apple2' 스프라이트를 삭제해 봅니다. 'Apple2' 스프라이트에서 마우스 오른쪽 버튼을 클릭한 후 [삭제]를 선택합니다. 복사된 'Apple' 스프라이트가 삭제되었습니다.

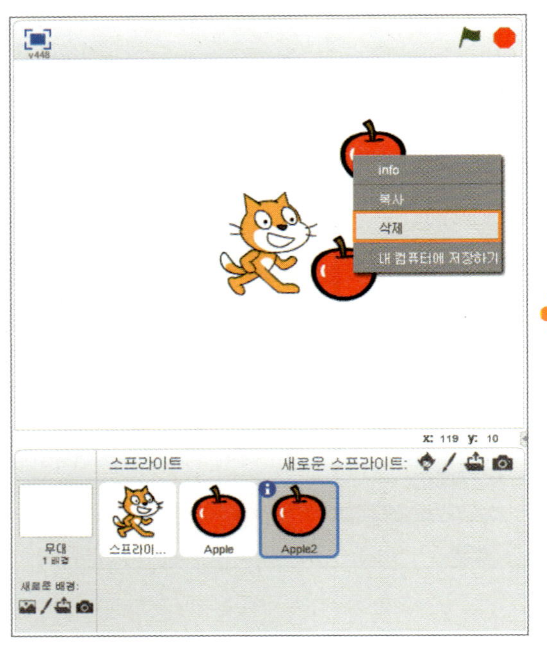

- **스프라이트를 사용하는 방법**

  스프라이트 리스트 영역의 '새로운 스프라이트'에서 선택할 수 있습니다. 새로운 스프라이트에는 ◆(저장소에서 스프라이트 선택), ✏(새 스프라이트 색칠), ⬆(스프라이트 파일 업로드하기), ◙(카메라로부터 새 스프라이트 만들기)가 있습니다.

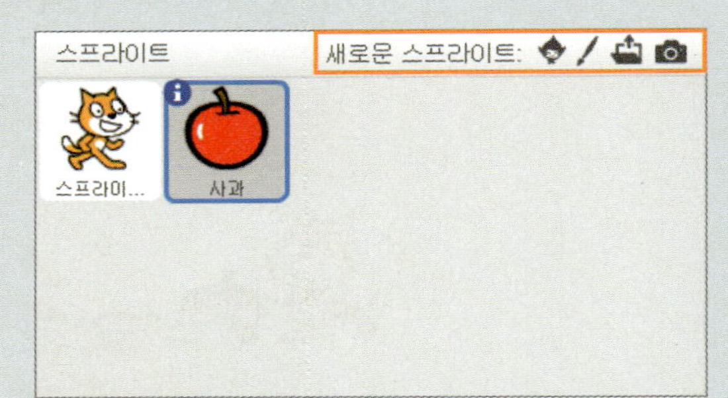

- **저장소에서 스프라이트 선택**

  저장소는 스크래치 프로그램에서 제공하는 스프라이트를 모아 놓은 곳입니다. 스크래치에서 제공하는 저장소에서 이미지를 선택하려면 제시된 목록이나 주제별을 통해 쉽게 선택할 수 있습니다. 자~ ◆을 클릭하여 어떤 종류의 스프라이트가 있는지 확인해 볼까요?

▼ **목록** : '모두'는 저장소에 저장된 모든 스프라이트를 보여주며, 목록은 '동물'이나 '판타지', '글자', '사람들', '물건', '교통수단'으로 나누어져 있습니다. 원하는 목록을 클릭하면, 각 목록의 특성이 나타나는 스프라이트가 있습니다. 스프라이트 나열 순서는 파일 이름을 기준으로 숫자, 알파벳 순서입니다.

동물	판타지	Letters

▼ **유형별 :** JPEG, GIF, PNG 등의 다양한 파일 형식인 '비트맵' 스프라이트와 수학 방정식을 기반으로 하는 점, 직선, 곡선, 다각형을 사용하여 만들어진 '벡터' 스프라이트로 구성되어 있습니다. 아래 '성'을 주제로한 스프라이트들 중 비트맵과 벡터 스프라이트에는 각각 어떤 것들이 있는지 살펴봅니다.

▼ **주제별 :** '성', '도시', '하늘', '우주', '바다속' 등과 같은 주제로 분류되어 있으며, 원하는 분류를 클릭하여 스프라이트를 선택합니다. 주제별 스프라이트는 파일 이름을 기준으로 숫자, 알파벳 순서로 나타납니다.

성	도시	Dance
Dress-Up	하늘	Holiday
Music	우주	스포츠
바다속	워킹	

- **스프라이트 파일 업로드하기**

  스크래치에서 제공하고 있는 스프라이트 외에 외부에서 스프라이트를 불러와 사용할 수 있습니다.

  현재 사용하고 있는 컴퓨터나 외장 디스크에 저장된 이미지 파일을 사용하는 방법을 알아봅시다. 스프라이트 리스트 영역에서 (스프라이트 파일 업로드하기)를 선택합니다.

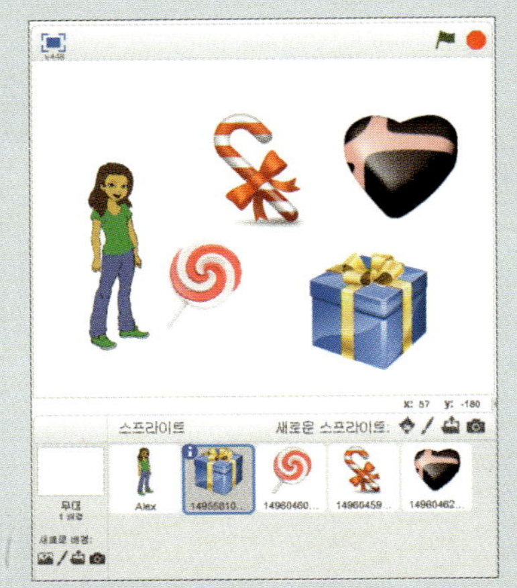

- **카메라로부터 새 스프라이트 만들기**

  사용하고 있는 컴퓨터에 카메라 기능이 있는 경우는 카메라 촬영으로 이미지인 스프라이트를 사용할 수 있습니다.

  스프라이트 리스트 영역에서 (카메라로부터 새 스프라이트 만들기)를 선택합니다. 카메라 화면에서 [저장하기]를 클릭하여 저장합니다.

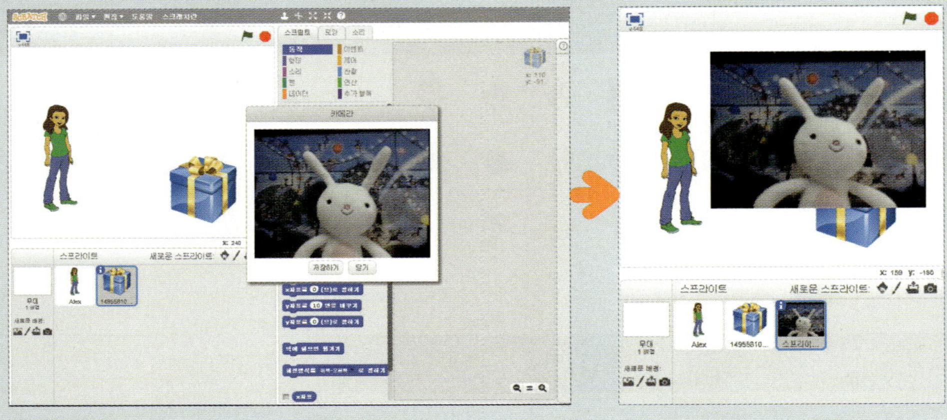

STEP 2 스프라이트 수정하기

스크래치에서는 작업의 종류에 따라 스프라이트를 수정하여 사용할 수 있습니다. 스프라이트의 모양을 상하방향이나 좌우방향으로 바꾸거나 크기, 이동, 색, 형태 등을 변형할 수 있습니다. 스프라이트를 자유자재로 변형하여 활용하는 방법을 알아봅시다.

01 스크립트 영역의 모양 탭을 클릭합니다. 모양에는 스프라이트의 종류에 따라 여러 개의 변형된 스프라이트가 나타납니다. 'parrot-a'를 클릭한 후 오른쪽 상단의 (좌우반전)을 클릭합니다.

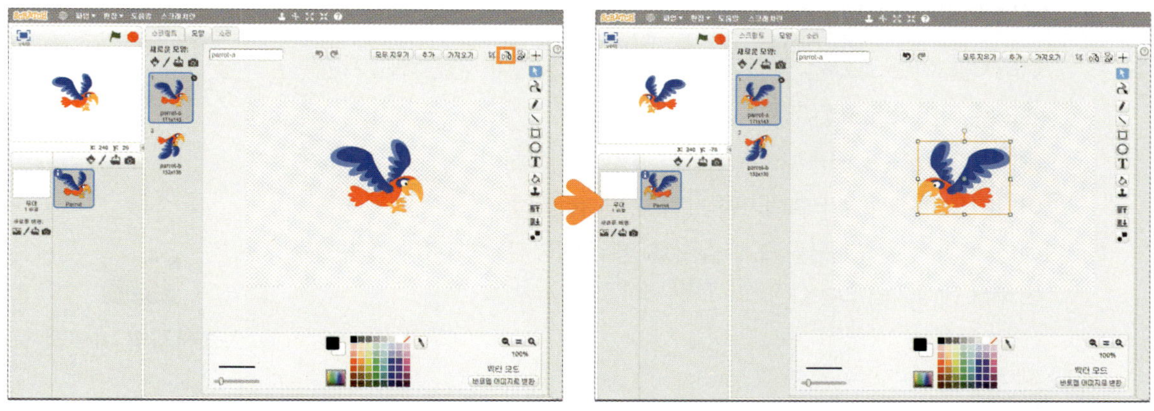

02 이번에는 'parrot-b'를 클릭한 후 오른쪽 상단의 (상하반전)을 클릭합니다.

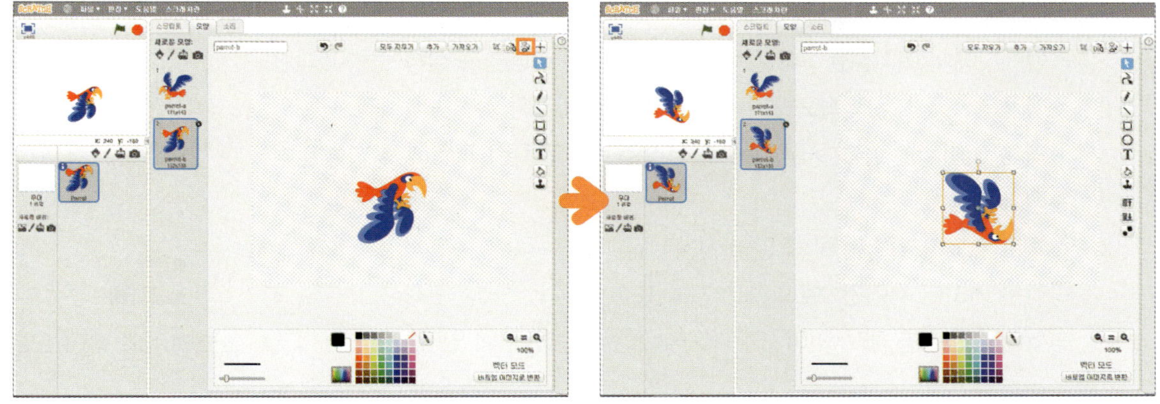

스크래치에서는 이미지를 비트맵과 벡터 모드에서 그리거나 수정할 수 있도록 제공하고 있습니다. 비트맵과 벡터 모드에 대하여 알아봅니다.

- **비트맵(Bitmap) 모드**

  스크래치의 비트맵 모드는 이미지를 비트맵 이미지로 변환한 상태로 사용합니다. 이미지 편집도구가 왼쪽에 나타납니다.

- **비트맵 이미지 특징**

  - 이미지를 아주 조그만 단위의 점(dot)으로 표시하여, 사진처럼 자연스러운 이미지를 표현하기에 유리하다.
  - 비트맵 이미지는 자연스러운 이미지 표현이 가능하다.
  - 이미지를 축소하거나 확대하면 그림이 깨져보인다.
  - 예를 들어 작은 그림을 크게 출력할 경우 이미지가 깨져서 그림의 경계가 계단처럼 보인다.

  ▲ 스크래치의 비트맵 모드

- **벡터(Vector)모드**

  스크래치의 벡터 모드는 이미지를 벡터 이미지로 변환한 상태로 사용합니다. 이미지 편집도구가 오른쪽에 나타납니다.

- **벡터 이미지 특징**

  - 컴퓨터에서 이미지를 디지털화하여 저장할 때 그림을 구성하는 점이나 직선, 곡선 등의 좌표를 수학적으로 기록해 저장하는 방식이다.
  - 벡터 이미지는 흔히 사용하는 일러스트(코렐드로우) 파일에서 사용된다.
  - 주로 로고마크를 만들 때 많이 사용된다.
  - 작은 데이터 용량만으로도 이미지를 표현된다.
  - 확대나 축소를 해도 이미지가 깨지지 않는다는 장점이 있다.

  ▲ 스크래치의 벡터 모드

03 자~ 이제 스프라이트의 크기를 조절해 볼까요?

스프라이트의 크기 조절은 벡터 모드 상태에서 가능합니다. 벡터 모드의 오른쪽 메뉴에서 ▶(선택하기)가 선택된 상태로 스프라이트를 클릭합니다. 스프라이트 가장자리의 선을 원하는 방향으로 끌어 크기를 조절합니다.

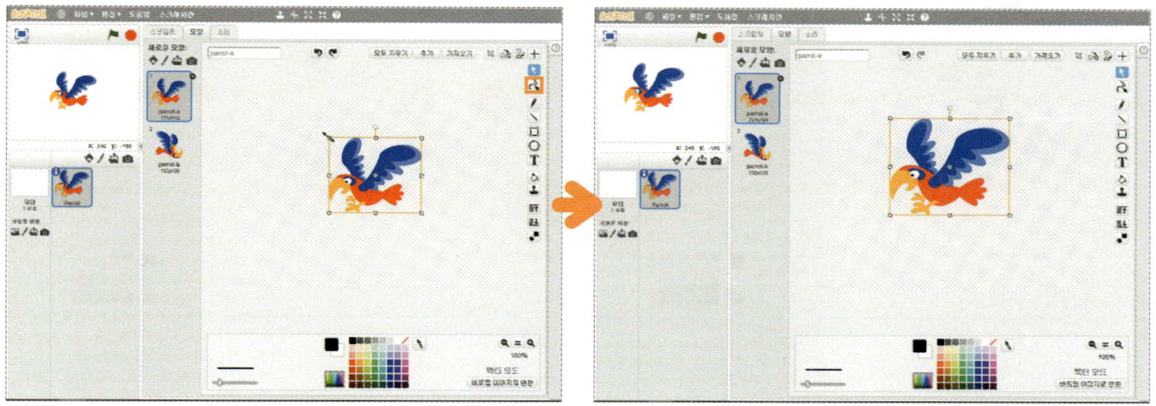

TIP

이미지 편집에서 작업 내용 취소는 ↩(되돌리기)와 ↪(재시도) 버튼을 사용하여 작업합니다.

04 이번에는 스프라이트의 위치를 이동합니다. 위치 이동도 벡터 모드에서 ▶(선택하기)가 선택된 상태에서 가능합니다. 위치 이동은 스프라이트를 선택한 상태에서 손 모양이 나타나면 원하는 방향으로 끌어 위치를 이동합니다.

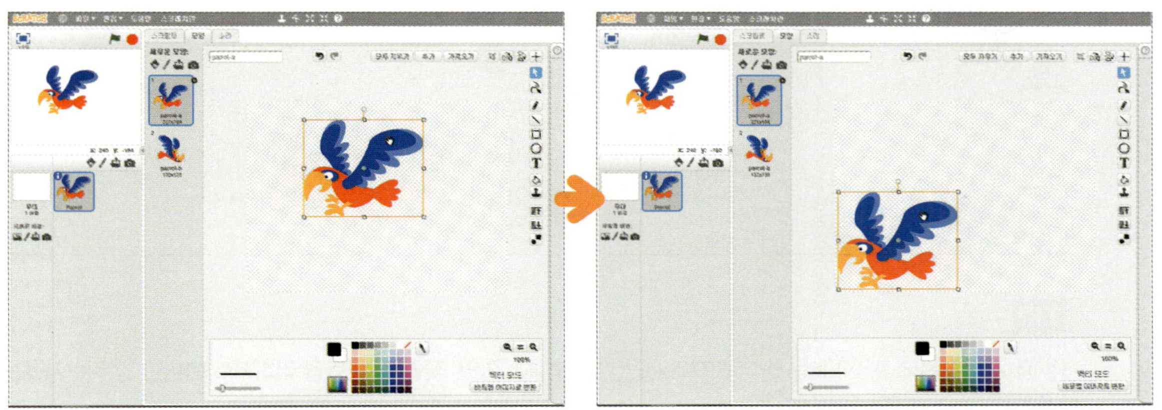

05 스프라이트의 회전도 벡터 모드에서 (선택하기)가 선택된 상태에서 가능합니다. 스프라이트의 가장자리에 표시되는 상단의 가운데 동그라미를 원하는 방향으로 끌어옵니다.

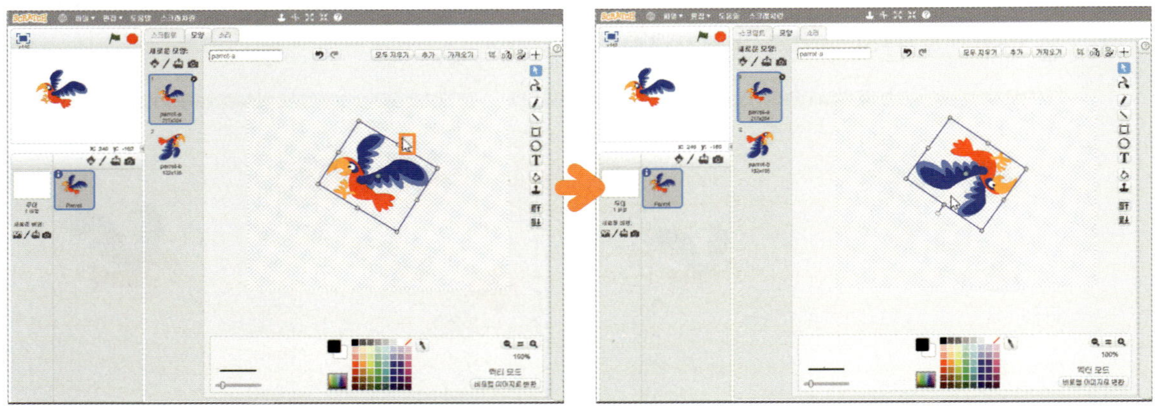

06 스프라이트의 형태를 변형하려면 (형태 고치기)를 선택한 상태에서 고치기가 가능합니다. 메뉴에서 (형태 고치기)를 클릭하면 이미지에 조절점이 생깁니다. 조절점을 원하는 방향으로 드래그하면 형태를 변형할 수 있습니다.

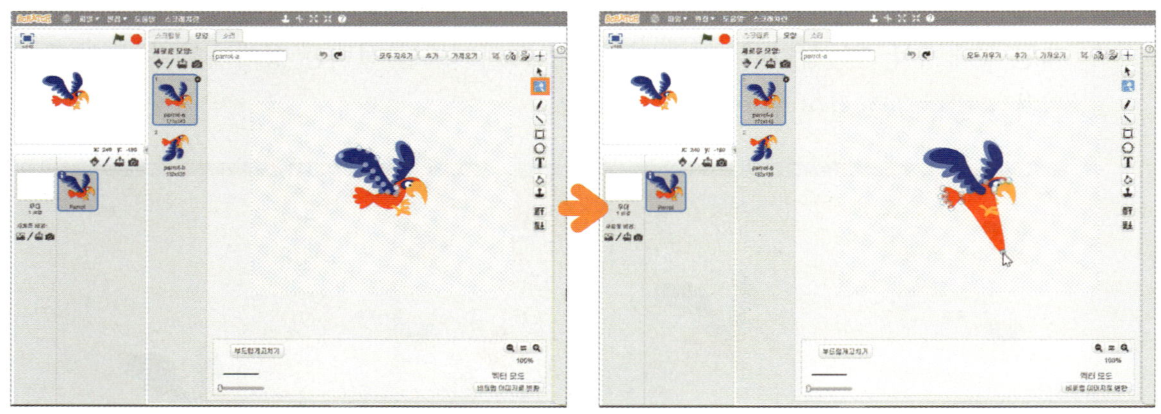

이 때, 사용하는 스프라이트는 벡터 모드에서만 가능합니다. 만약, 작업 중 비트맵 이미지로 변환한 경우는 사용할 수 없습니다.

07 스프라이트의 색 변형은 ◇(색칠하기) 메뉴를 선택한 후 화면 아래에서 제시되는 색상판에서 원하는 색을 클릭합니다. 색은 4가지 방법으로 채우기가 가능합니다. 채우기 종류를 선택한 후 스프라이트를 클릭합니다. 색상판의 왼쪽에는 색을 칠하는 방법이 4개 제시됩니다. 전체 채우기와 나머지 3개의 그러데이션 중에서 선택합니다.

08 스프라이트 복사는 🖩(복사하기) 메뉴를 선택합니다. 메뉴를 선택한 후 스프라이트를 클릭하면 스프라이트가 복사됩니다.

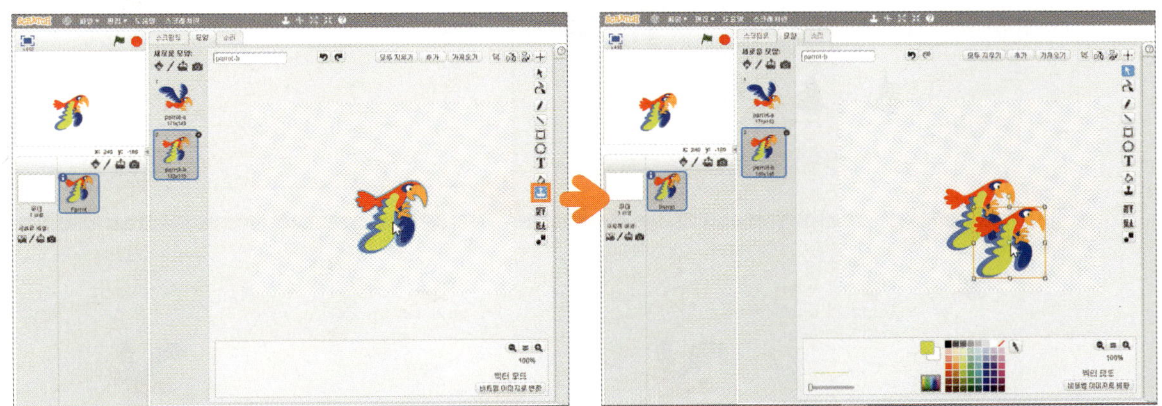

09 스프라이트에 텍스트를 추가하려면 **T**(텍스트)를 선택합니다. 메뉴를 선택한 후 색상판에서 원하는 색을 선택하고 글꼴도 선택할 수 있습니다. 스프라이트의 원하는 위치에서 텍스트를 입력합니다. 텍스트 입력은 한글 지원이 되지 않습니다.

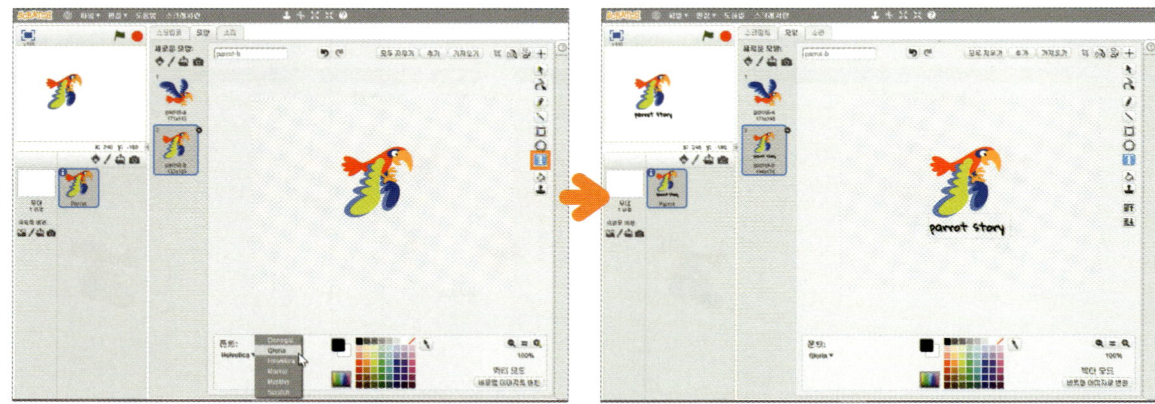

10 이번에는 스크래치에서 제공하는 텍스트를 추가하는 방법을 알아봅시다. 먼저 (저장소 모양 선택)을 클릭한 후, 원하는 텍스트를 선택한 후 확인합니다. 추가된 텍스트 스프라이트를 다른 스프라이트로 끌어 이동합니다. 이런 방법을 사용하면 다양한 스프라이트를 변형하여 사용할 수 있습니다. 추가된 텍스트 내용은 변경할 수 있습니다.

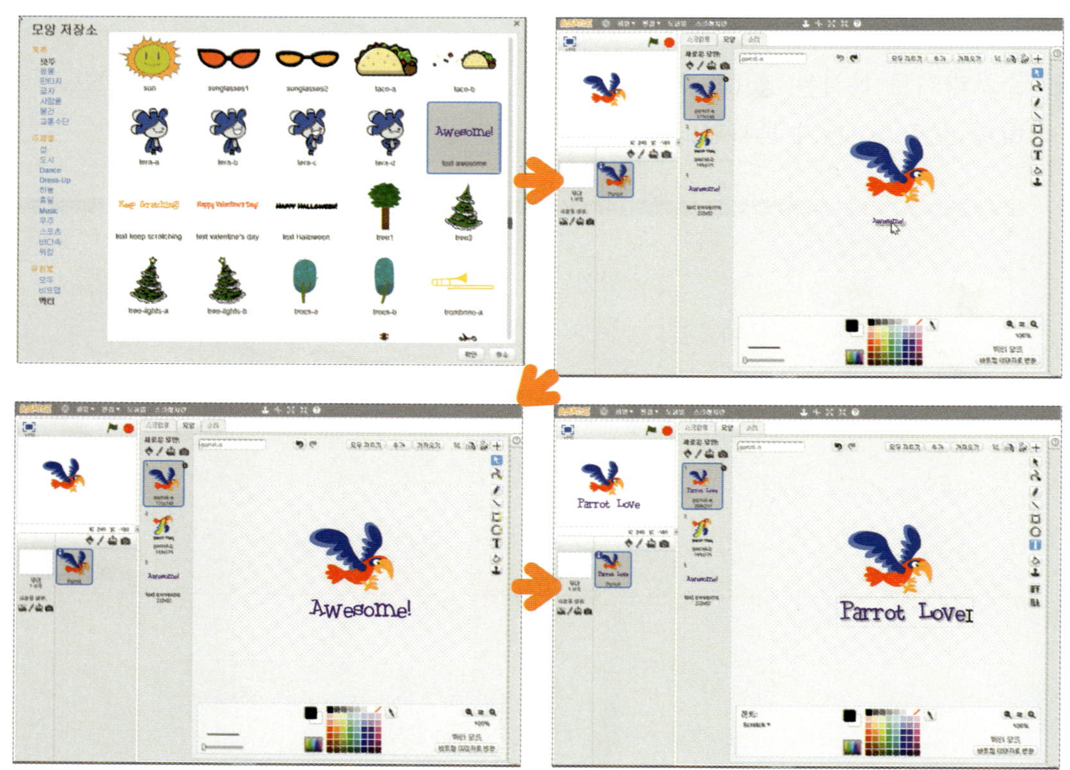

STEP 3 스프라이트 숨기기와 이름 변경하기

01 스프라이트에서 마우스 오른쪽 버튼을 클릭한 후 [info]를 선택합니다. 스프라이트 [info] 화면은 ◀ 모양을 클릭하면 사라집니다. 현재 선택된 스프라이트를 무대 영역에서 보이지 않게 하려면 [info]에서 '보이기'의 체크를 해제하여 보이지 않게 합니다.

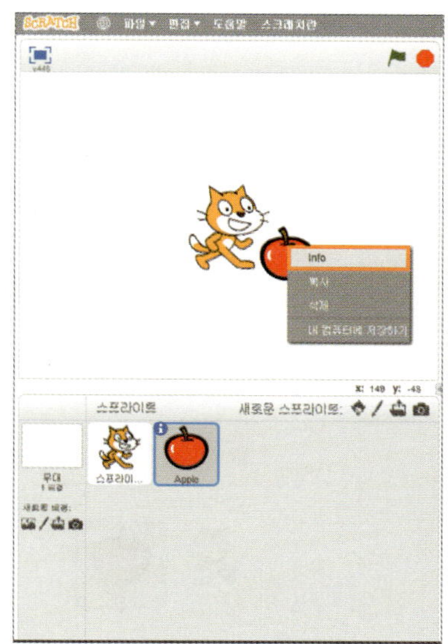

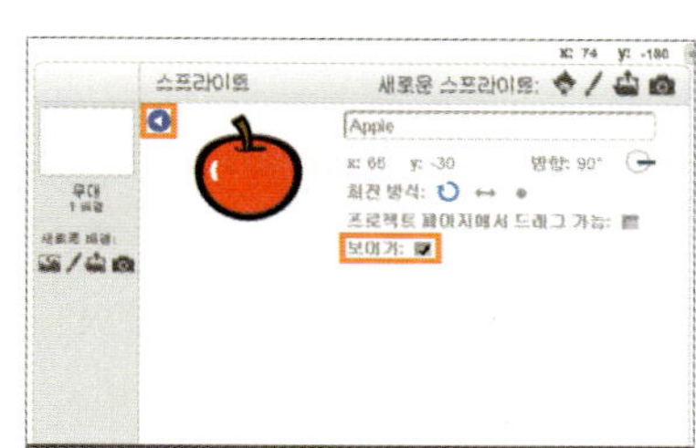

02 다음과 같이 무대 영역에서는 'Apple' 스프라이트가 보이지 않습니다. 스프라이트를 다시 보이게 하려면 스프라이트에서 '보이기'를 체크합니다.

'보이기' 기능은 '삭제' 기능과 다릅니다. '보이기'는 만들고자 하는 작업에 따라 보이게 할 수도 있으며, 보이지 않게 할 수도 있습니다.

03 삽입한 스프라이트의 이름은 언제든지 변경할 수 있습니다. [info]에서 지정된 이름을 클릭하여 활성화한 후 원하는 이름을 입력합니다.

자~ 한번 해 볼까요? 아래와 같이 '사과'를 입력합니다. 이름이 변경되면 ◀ 모양을 클릭하여 [info] 화면을 닫습니다.

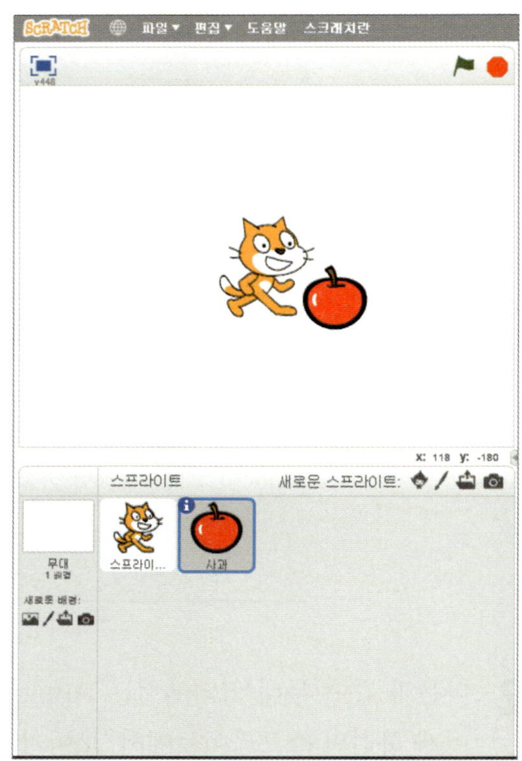

TIP

스프라이트의 [info]는 스프라이트 리스트에서 ⓘ 모양을 클릭할 수도 있습니다.

기초다지기

01 다음 스프라이트를 선택하고 이름을 '하마'와 '마법사'로 변경해 보세요. 이때, '하마' 스프라이트는 숨겨 보세요.

▲ 완성파일: 기초_02_01_완성

02 문제 **01**의 스프라이트 중 '하마'를 좌우반전하고 '마법사'의 옷 색상을 변경해 보세요.

▲ 완성파일: 기초_02_02_완성

도전하기

01 다음 스프라이트를 선택하고 크기와 위치를 변형해 보세요.

▲ 완성파일: 심화_02_01_완성

02 문제 **01**에 다음 무대 배경을 선택합니다. 스프라이트는 삽입하고, 사용하지 않는 스프라이트는 삭제하여 멋진 공연 무대를 완성해 보세요.

▲ 완성파일: 심화_02_02_완성

움직이는 스프라이트를 만들어요 

학습목표

스프라이트는 이미지로 스크립트를 이용하여 원하는 방향으로 움직이거나 움직임을 제어할 수 있습니다. 또한, 스프라이트의 모양이 여러 개인 경우는 스프라이트의 모양을 바꿀 수도 있습니다. 이제 스프라이트를 움직이게 하거나 제어하는 방법과 스프라이트의 모양을 바꾸는 방법에 대해 알아볼까요?

무엇을 만들까?

좌우로 이동하는 고양이

▲ 완성파일: 03_01_완성

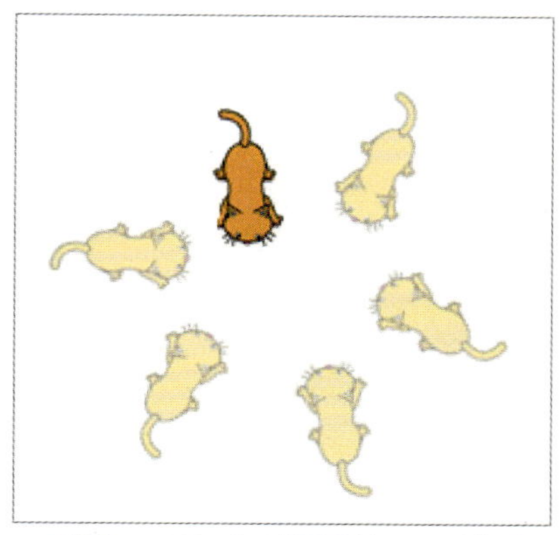 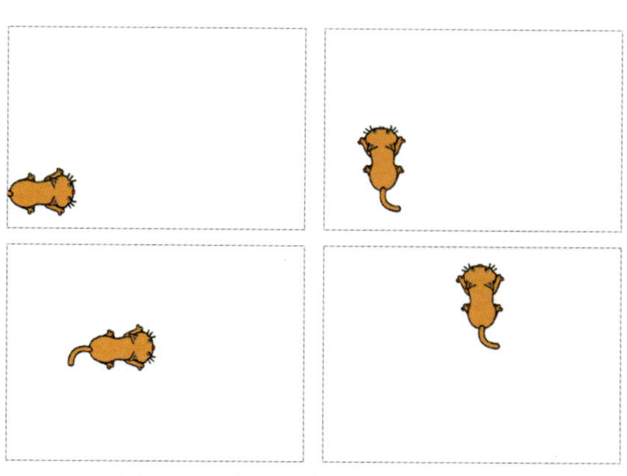

◀◀ 완성파일: 03_02_완성

◀ 완성파일: 03_03_완성

원을 그리며 이동하는 고양이　　　　오른쪽 위로 이동하는 고양이

무엇을 배울까?

STEP 1 반복하여 움직이는 고양이 만들기　　　　**STEP 3** 모양을 바꾸는 하마 만들기

STEP 2 고양이 동작 제어하기

STEP 1 반복하여 움직이는 고양이 만들기

스프라이트가 움직인다면 다양한 장면을 만들 수 있습니다. 간단한 이동과 정지를 반복하여 움직이는 고양이 스프라이트를 만들어 봅니다. 물론, 움직임에 대한 반복의 횟수를 지정하거나 움직이는 거리를 제어할 수 있습니다.

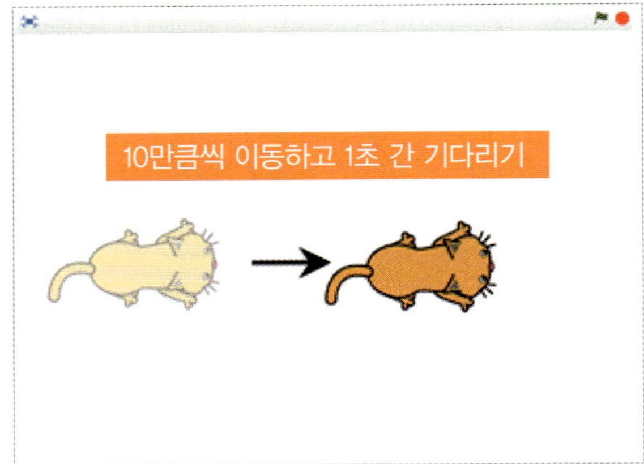

01 새로운 스프라이트 목록에서 ◆(저장소에서 스프라이트 선택)을 클릭하여 'Cat2' 스프라이트를 가져옵니다.

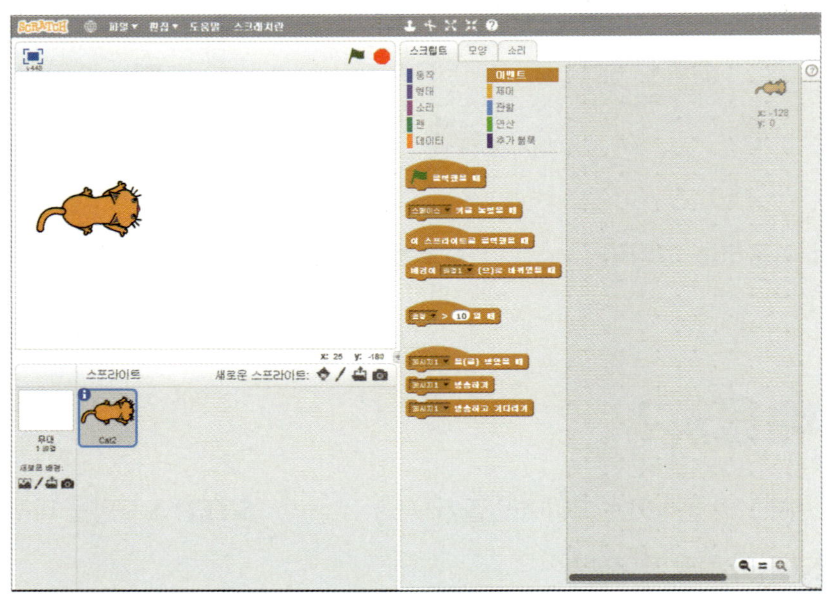

02 고양이를 움직이게 하기 위해 [스크립트] 탭의 [동작]에서 `10 만큼 움직이기` 블록을 가져옵니다. 이 때, `10 만큼 움직이기` 블록을 클릭하면 클릭할 때마다 움직이는 고양이를 만날 수 있습니다.

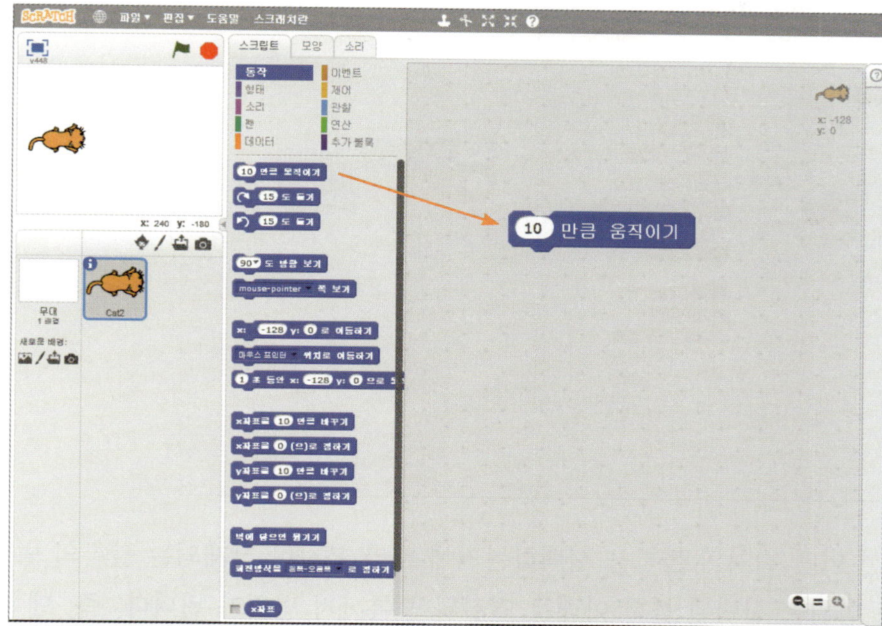

이동값이 10만큼이면
오른쪽으로 10만큼 이동
이동값이 −10만큼이면
왼쪽으로 10만큼 이동

03 [제어]에서 `1 초 기다리기` 블록을 찾아 아래와 같이 연결합니다.

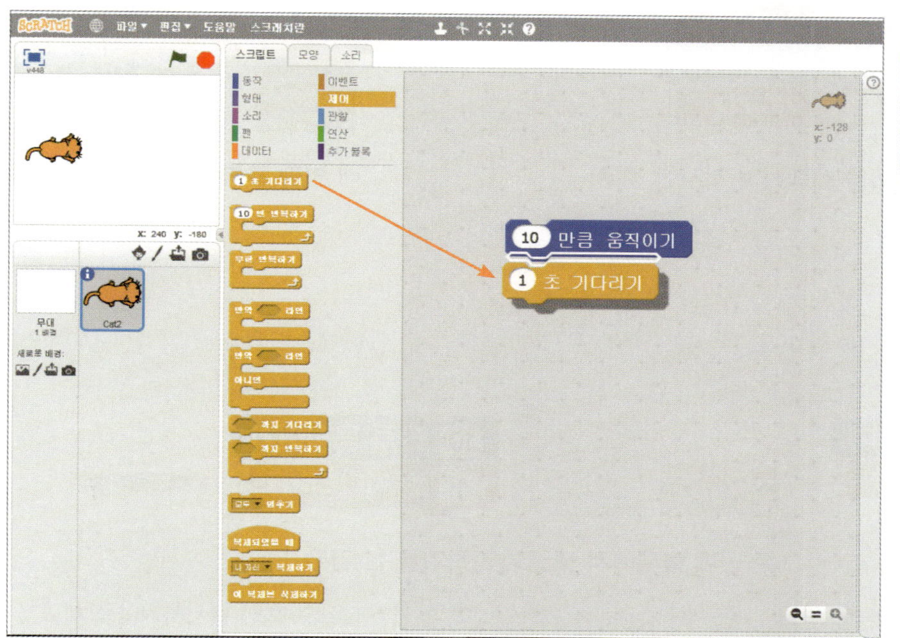

고양이가 오른쪽으로 10
만큼 이동한 후 1초 동안
기다리기

04 자~ 고양이의 이동을 반복하기 위해 블록을 복사해 볼까요? 블록에서 마우스 오른쪽 버튼을 클릭한 후 [복사]를 선택합니다.

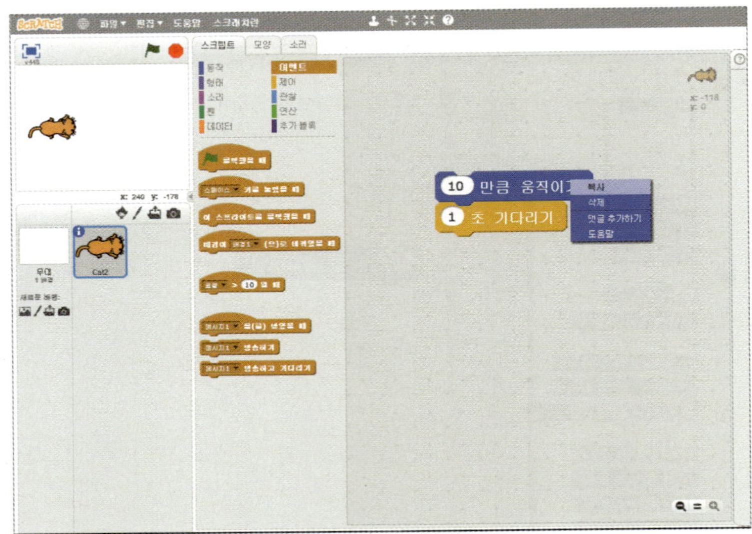

05 연결된 블록에서 어떤 위치의 블록을 선택하는지에 따라 복사나 삭제되는 블록의 범위가 다릅니다. 블록의 범위는 선택된 블록 아래로 연결된 블록까지 범위가 됩니다. 즉, 맨 위에 있는 블록을 선택하면 모든 블록을 선택한 것과 같습니다.

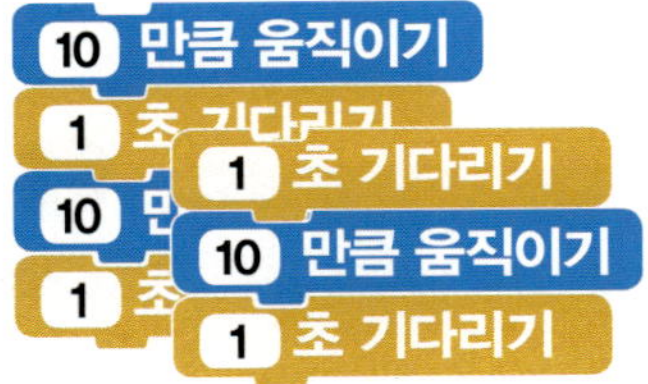

위에서 두 번째 블록을 선택하여 복사한 경우

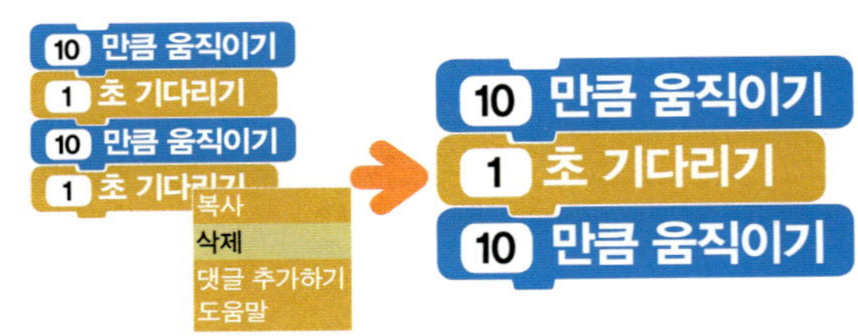

네 번째 블록에서 삭제를 한 경우

두 번째 블록에서 댓글 추가하기를 한 경우

댓글은 블록에 설명글을 남기고 싶을 때 사용하는 기능입니다. 추가된 댓글도 함께 복사하거나 삭제할 수 있습니다.

06 다음과 같이 블록을 반복 복사하여 블록을 연결합니다.

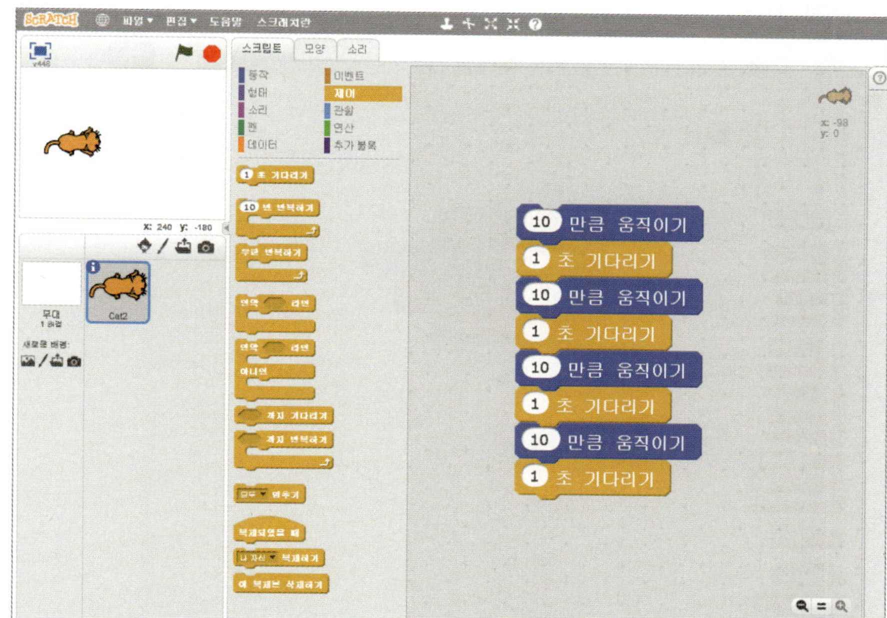

07 반복의 횟수가 많은 경우는 블록을 복사하는 것으로는 어려움이 있습니다. 자동으로 반복하는 블록을 사용하기 위해 반복할 블록만 남기고 삭제합니다.

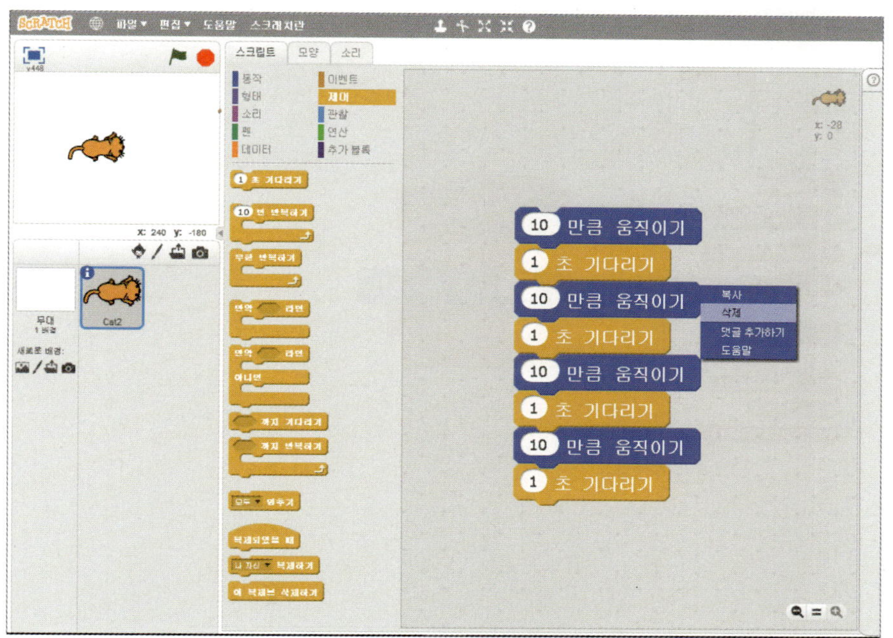

08 [스크립트] 탭의 [제어]에서 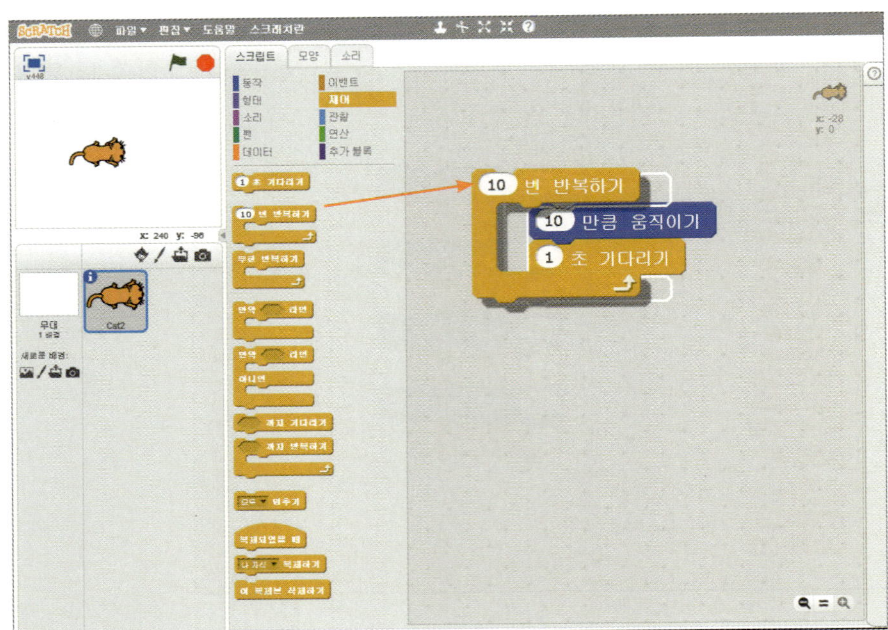 블록을 연결합니다. 블록을 이동하면 자동으로 연결하는 테두리가 나타납니다.

10만큼 오른쪽으로 이동한 후 1초 간 기다린 후 다시 10만큼 오른쪽으로 이동합니다. 이를 10번을 반복합니다.

09 완성된 프로젝트를 실행시키기 위해 [이벤트]에서 클릭했을 때 를 연결합니다.

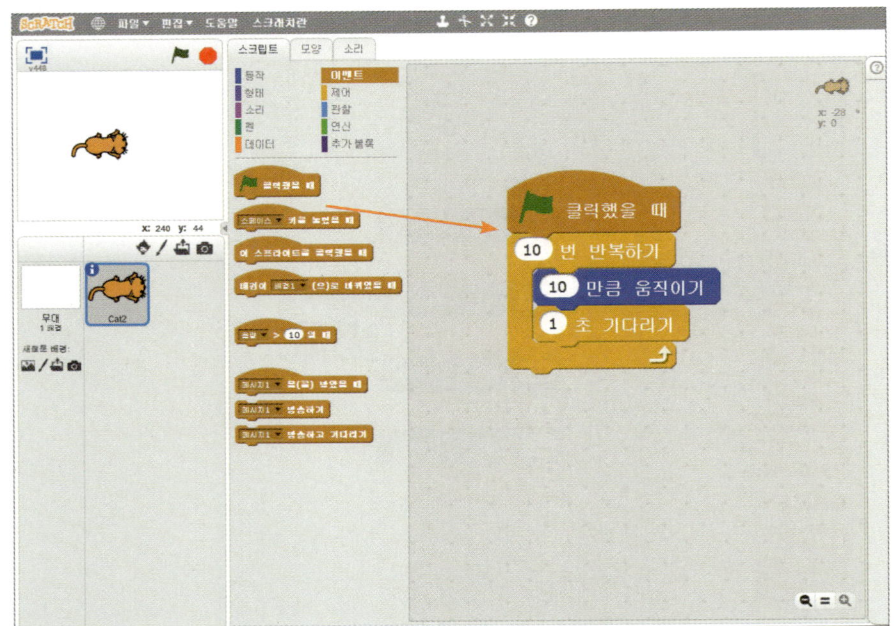

STEP 2 고양이 동작 제어하기

01 프로젝트에서 다음과 같이 반복의 횟수를 100으로 증가하면 어떻게 될까요? **STEP1**에서 학습한 무대 영역의 크기의 다시 한 번 생각해 볼까요? 중심에서 좌우 각각 240, 상하 180입니다. 만약, 10만큼씩 100번 반복하면 1000만큼 이동하게 됩니다.

이렇게 되면, 아래의 그림과 같이 고양이는 우리가 볼 수 있는 영역을 벗어나게 되어 꼬리만 보이고, 보이지는 않지만 100번만큼 계속 이동 중입니다.

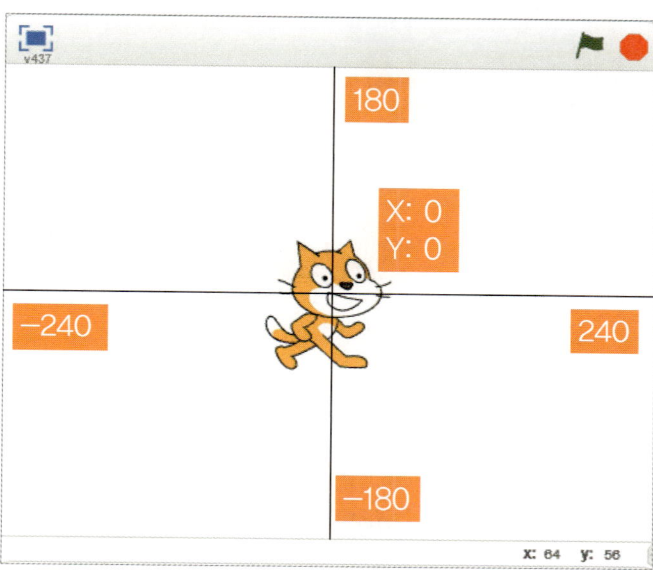

02 고양이 스프라이트가 무대 영역에서 계속 보이도록 하려면 어떻게 해야 할까요? 먼저 고양이가 벽에 닿았는지를 알 수 있어야 합니다. 만약 벽에 닿았다면 어떤 동작을 뒤이어 할지를 결정해야 합니다. 이 문제를 해결하기 위해 벽에 닿으면 반대로 돌아오는 블록인 `벽에 닿으면 튕기기` 를 사용합니다.

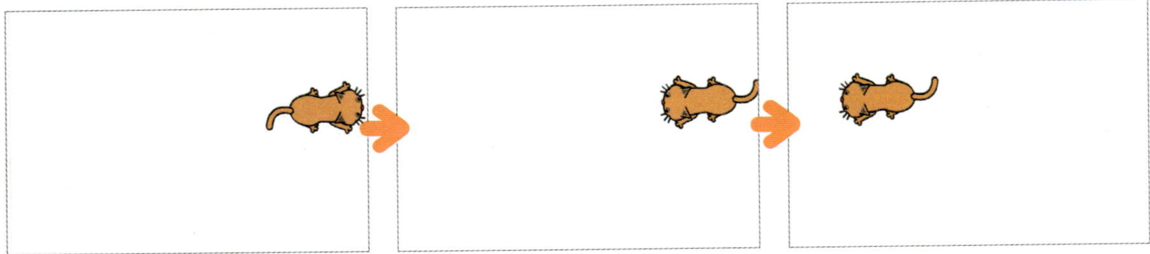

03 혹시 원을 그리는 고양이를 만들고 싶으세요? 그럼 `15 도 돌기` 블록이나 `15 도 돌기` 을 사용해 아래와 같이 동작하도록 만들 수 있습니다.

04 이번에는 실행하면 지정한 위치에서 반복하여 이동하는 스크립트를 만들어 봅시다.
아래와 같이 오른쪽과 위쪽으로 향하는 고양이 스프라이트가 이동하도록 해봅시다.

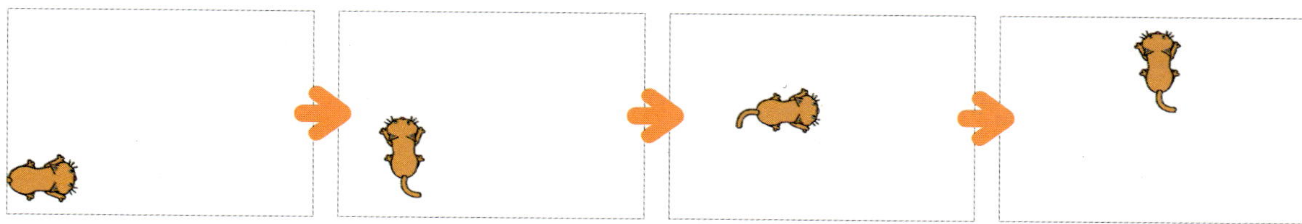

05 [동작] 블록의 `x: -200 y: -100 로 이동하기` 는 출발 위치를 지정합니다. 스프라이트는 `90▾ 도 방향 보기` 를 오른쪽 방향을 보고 이동합니다. `10 번 반복하기` 블록을 사용하여 반복 횟수를 정합니다. 오른쪽으로 30만큼 위쪽으로 30만큼씩 10번 반복하여 이동합니다.

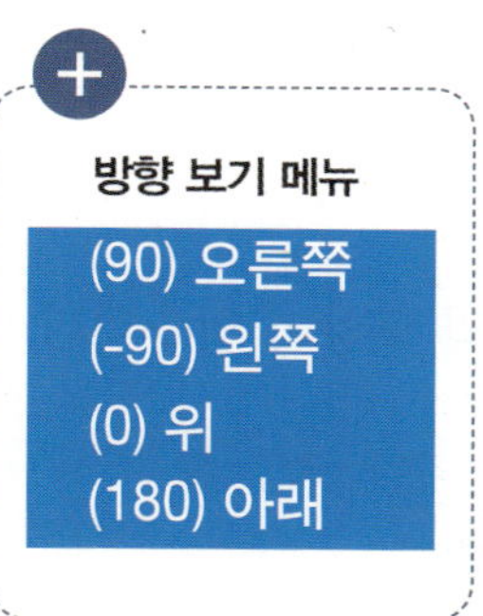

STEP 3 모양을 바꾸는 하마 만들기

스크래치 프로그램에서 제공하는 스프라이트에는 하나의 스프라이트에 여러 개의 모양을 가진 스프라이트들이 있습니다. 여러 개의 모양이 있는 경우, [모양] 탭에서 모양을 선택하거나 블록을 사용하여 변경할 수 있습니다.

아래 두 스프라이트를 살펴봅시다.

'Dragon' 스프라이트의 경우는 두 개의 모양이 있습니다.

▲ 'dragon1-a'

▲ 'dragon1-b'

'Alex' 스프라이트의 경우는 네 개의 모양이 있습니다.

▲ 'alex-a'

▲ 'alex-b'

▲ 'alex-c'

▲ 'alex-d'

01 하마 스프라이트의 모양을 바꾸는 스크립트를 만들어 봅시다. 저장소에서 'Hippo1' 스프라이트에서 가져옵니다.

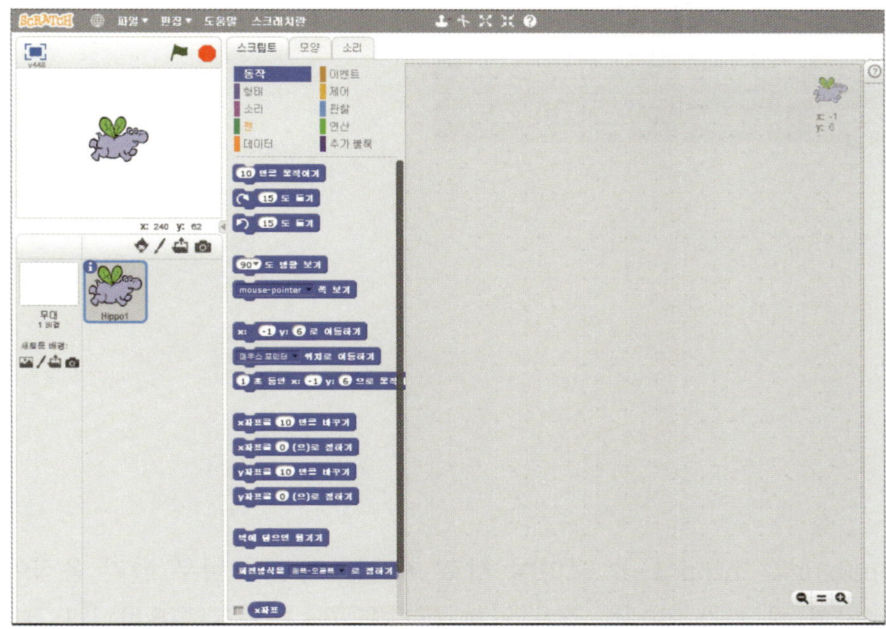

02 [모양] 탭을 선택하여 'Hippo1' 스프라이트의 모양을 확인합니다. 'hippo1-a' 과 'hippo1-b' 모양이 있습니다. 기본 모양인 'hippo1-a'을 선택한 상태에서 작업을 진행합니다.

03 'hippo1-a'와 'hippo1-b'를 모두 사용하기 위해 [형태]에서 `모양을 dragon1-a ▼ (으)로 바꾸기` 블록을 추가합니다. 블록의 선택 단추를 클릭하고 원하는 모양을 선택합니다.

`모양을 hippo1-a ▼ (으)로 바꾸기`
`모양을 hippo1-b ▼ (으)로 바꾸기`

04 'hippo1-a'와 'hippo1-b' 모양이 서로 바뀌는 과정이 너무 빨리 움직이지 않나요? 모양이 변경될 때 시간 차이를 주기 위해 `1 초 기다리기` 블록을 사용합니다. 시간값을 '0.5'로 변경합니다. `무한 반복하기` 블록을 사용하여 반복 횟수를 무한으로 설정합니다. 아래와 같이 'hippo1-a'와 'hippo1-b'가 0.5 초 간격으로 바뀌면서 하마가 날갯짓을 하는 것처럼 보입니다.

05 자~ 이제 `10 만큼 움직이기` 블록을 사용하여 이동거리를 지정합니다. 이동거리 값은 '100'으로 입력한 후 `벽에 닿으면 튕기기` 블록을 사용하여 벽에 닿으면 다시 돌아오도록 합니다.

```
무한 반복하기
    100 만큼 움직이기
    모양을 hippo1-a (으)로 바꾸기
    0.5 초 기다리기
    모양을 hippo1-b (으)로 바꾸기
```
→
```
무한 반복하기
    100 만큼 움직이기
    모양을 hippo1-a (으)로 바꾸기
    0.5 초 기다리기
    모양을 hippo1-b (으)로 바꾸기
    벽에 닿으면 튕기기
```

06 마지막으로, 실행을 위해 `클릭했을 때` 블록을 사용하여 프로젝트를 완성합니다.

```
클릭했을 때
무한 반복하기
    100 만큼 움직이기
    모양을 hippo1-a (으)로 바꾸기
    0.5 초 기다리기
    모양을 hippo1-b (으)로 바꾸기
    벽에 닿으면 튕기기
```

07 다음과 같이 100만큼 움직이며 날갯짓을 하는 하마를 볼 수 있습니다.

▲ 완성파일: 03_04_완성

기초다지기

01 주어진 조건에 따라 프로젝트를 완성해 보세요.

▲ 완성파일: 기초_03_01_완성

조건
- 개구리 왼쪽 방향 보기
- [스페이스] 키를 누를 때마다 프로젝트 실행
- 오른쪽으로 10만큼 이동, 0.1초 후 제자리로 돌아가기

02 문제 **01**에 이동하면서 불을 뿜는 용을 추가하여 프로젝트를 완성해 보세요.

▲ 완성파일: 기초_03_02_완성

조건
- [스페이스] 키를 누를 때마다 프로젝트 실행
- 오른쪽으로 50만큼 이동
- 20초 후 제자리로 돌아가기

도전하기

01 주어진 조건에 따라 프로젝트를 완성해 보세요.

▲ 완성파일: 심화_03_01_완성

조건
- 무한 반복하기
- 20만큼 이동하고 오른쪽으로 5도씩 돌기
- 벽에 닿으면 회전방향으로 튕기기

02 주어진 조건에 따라 프로젝트를 완성해 보세요.

▲ 완성파일: 심화_03_02_완성

조건
- 무한 반복하기
- 50만큼 이동하고 다른 모양으로 바꾸기
- 모양이 바뀐 후 0.5초 기다리기
- 벽에 닿으면 튕기기

04 스프라이트가 그림을 그려요

학습목표 스크래치에서 펜을 사용하여 다양한 그림을 그리는 방법을 알아봅시다. 펜은 컴퓨터 그래픽 프로그램의 일종으로 그림을 복사하거나 원하는 그림을 직접 그릴 수 있습니다. 이젠 스크래치 프로그램에서 제공되는 페인터의 종류와 선택하는 방법 등에 대해 알아볼까요?

무엇을 만들까?

도장찍기

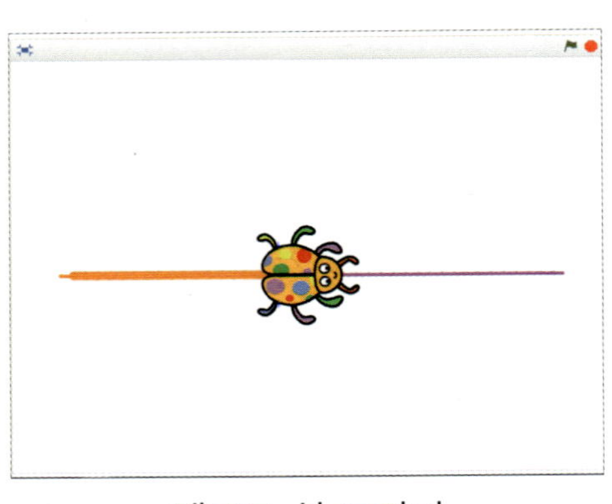

펜으로 선 그리기

◀◀ 완성파일: 04_01_완성
◀ 완성파일: 04_02_완성

펜으로 도형 그리기

◀ 완성파일: 04_03_완성

무엇을 배울까?

STEP 1 도장찍기로 고양이 만들고 지우기

STEP 2 거미의 움직임을 펜으로 그리기

STEP 3 펜 색과 굵기 변경하기

STEP 1 도장찍기로 고양이 만들고 지우기

[펜]에는 11개의 블록이 있습니다. 그 중에서 도장찍기 블록은 선택한 스프라이트를 복사하여 무대에 보이게 합니다. 이 기능은 스프라이트의 갯수가 증가되지 않으며, 무대 영역에서만 복사됩니다. 도장찍기 기능으로 고양이를 복사하고 지우는 방법을 알아봅시다.

01 먼저 고양이 스프라이트가 선택된 상태에서 [스크립트] 탭의 [이벤트]를 클릭합니다. [이벤트]에서 클릭했을 때 블록을 스크립트 영역으로 드래그합니다.

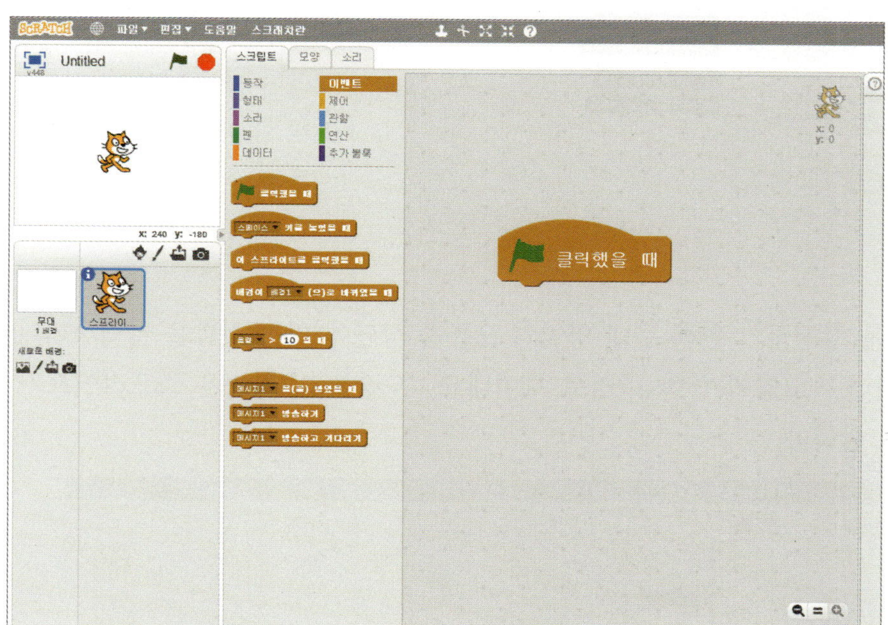

[이벤트] 블록은 특정 동작을 했을 때 작성한 프로젝트를 실행시킵니다.

클릭했을 때 블록은 초록색 깃발을 클릭하면 그 아래의 블록의 명령을 실행합니다.

02 현재 스프라이트를 무대 영역 안에서만 복사하기 위해 스크립트 탭의 [펜]에서 도장찍기 블록을 스크립트 영역으로 드래그하여 클릭했을 때 블록과 연결합니다.

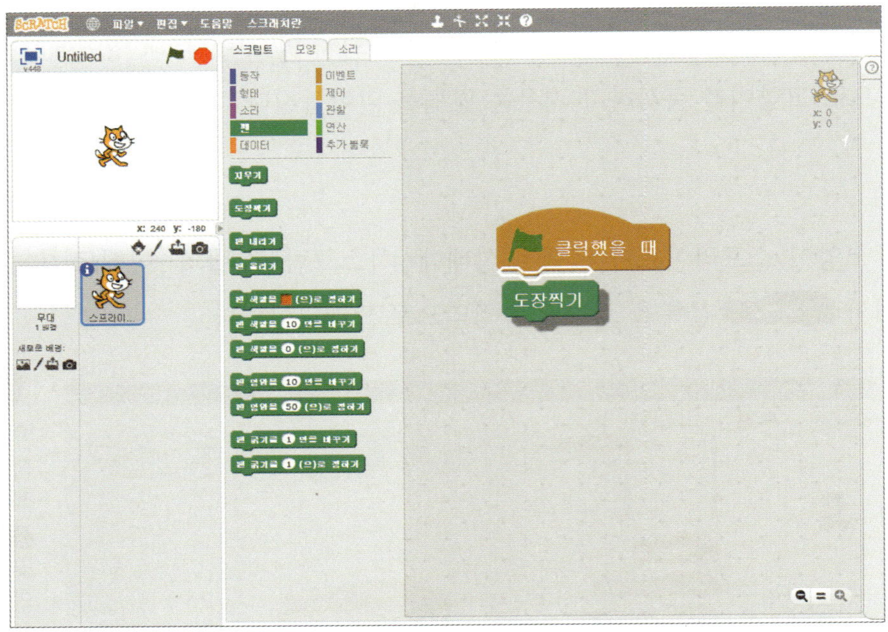

03 도장찍기 명령을 실행하기 위해 무대 영역의 오른쪽 상단에 있는 깃발을 클릭하거나 블록을 선택합니다. 이런~ 고양이가 한 마리로 보이네요. '도장찍기' 기능은 스프라이트가 복사되어 겹쳐 보이게 합니다.

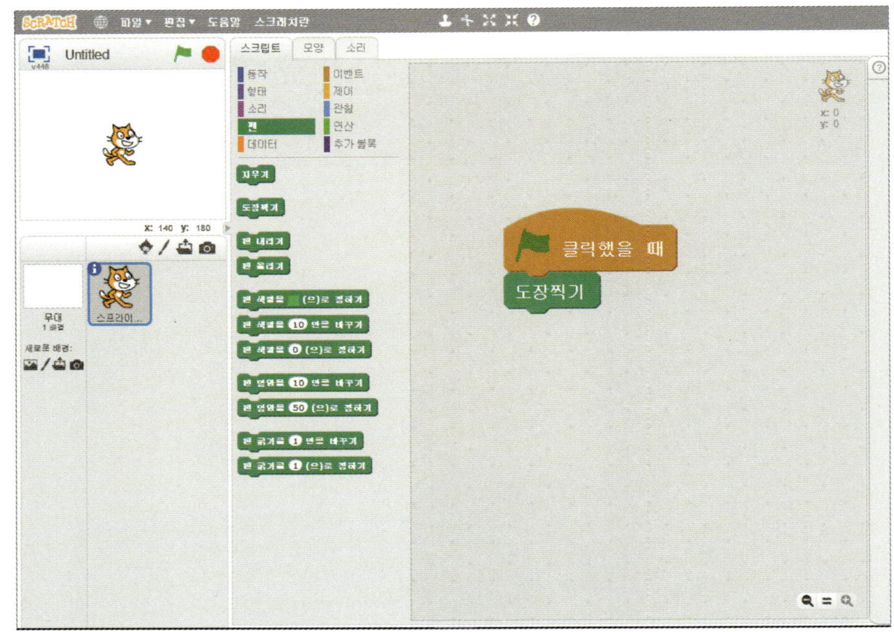

04 자~ 그럼, 도장찍기 결과로 겹쳐있는 고양이를 드래그하여 분리해 봅니다. 무대 영역의 고양이를 드래그하여 원하는 위치로 이동합니다. 무대 영역에는 복사된 고양이 스프라이트까지 두 마리가 보이지만, 스프라이트 리스트 영역에는 추가되지 않고 원본 하나만 존재합니다.

▲ 무대 영역

▲ 스프라이트 리스트 영역

05 '도장찍기' 마지막으로 찍힌 스프라이트를 기준으로 복사됩니다. 마지막 도장찍기된 고양이를 선택하여, 깃발을 클릭하면 도장찍기가 반복됩니다.

TIP

도장찍기 기능을 사용하여 복사된 고양이 스프라이트는 마지막에 도장찍기된 고양이를 제외하고는 선택하거나 이동, 크기 조절을 할 수 없습니다. 즉, 마지막 스프라이트만 선택 또는 이동하거나, 크기 조절할 수 있습니다.

06 이번에는 도장찍기로 복사된 스프라이트를 삭제하기 위해 [펜]에서 지우기 블록을 클릭합니다. 원본 스프라이트만 남겨두고 모두 지워집니다. 이 때, 남은 고양이 스프라이트는 마지막에 도장찍기 하여 복사된 고양이입니다.

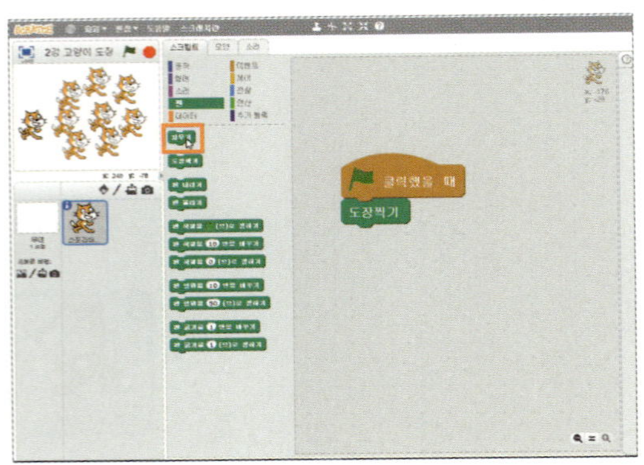

07 이번에는 스프라이트가 원을 그리며 도장찍기 한 후 이것을 모두 지우는 스크립트를 만들어 봅시다. 먼저 스프라이트가 원을 그리며 도장찍기를 하기 위해 20 만큼 움직이기 블록, 15 도 돌기 블록, 도장찍기 블록을 활용하고 30 번 반복하기 를 연결합니다. 1 초 기다리기 블록을 사용하여 완성된 화면을 확인하고 지우기 블록을 사용하여 스프라이트 한 개만 남겨두고 모두 지웁니다.

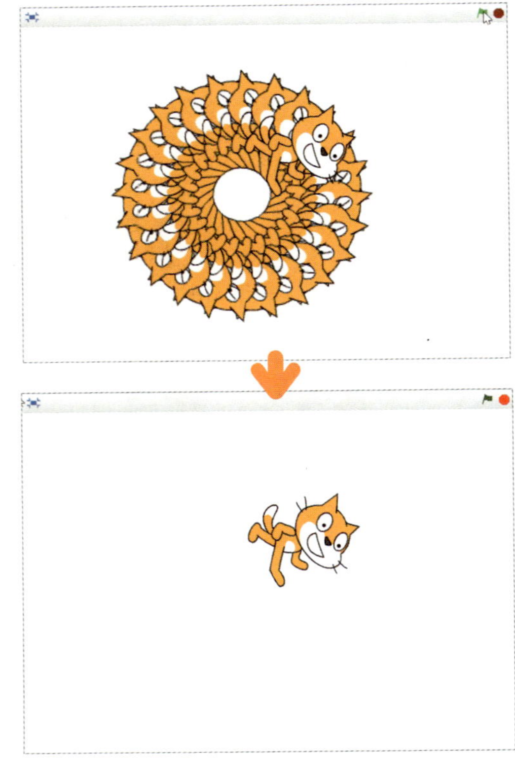

STEP 2 거미의 움직임을 펜으로 그리기

펜은 스프라이트가 이동하는 자취를 선으로 나타내는 기능입니다. 펜의 내리기와 펜 올리기를 통해 펜을 사용할 수 있으며, 펜으로 그린 선을 지울 수도 있습니다.

지금부터 펜을 사용하여 선을 그려볼까요?

01 거미 스프라이트를 오른쪽 방향으로 이동시키기 위해 [동작]에서 `10 만큼 움직이기` 블록을 스크립트 영역으로 드래그합니다. [펜]에서는 `펜 내리기` 블록을 스크립트 영역으로 드래그합니다.

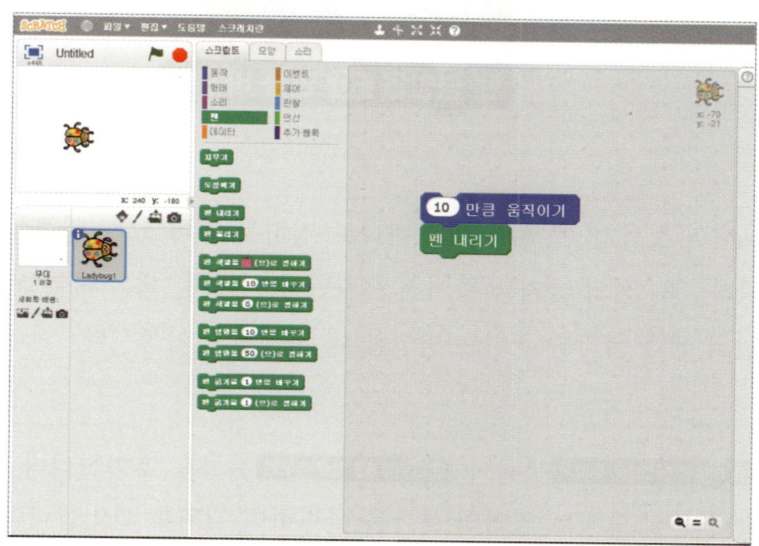

02 스크립트 영역에서 블록을 클릭합니다. 선을 그리면서 오른쪽으로 10만큼씩 이동하는 거미를 볼 수 있습니다. 이 때, [펜]의 `지우기` 블록을 클릭하면 선을 삭제할 수 있습니다.

`펜 내리기` 는 그림을 그릴 때 사용하며, `펜 올리기` 는 펜 사용을 중지할 때 사용합니다.

STEP 3 　펜 색과 굵기 변경하기

펜의 색이나 굵기를 변경하려면 어떻게 해야 할까요?

> 펜 색깔을 ■ (으)로 정하기
>
> 펜 굵기를 1 (으)로 정하기
>
> 펜 굵기를 1 만큼 바꾸기
>
> 펜 명암을 10 만큼 바꾸기

펜 색과 굵기에서 '~ 정하기' 블록은 값을 하나로 정하는 것이고 '~만큼 바꾸기' 블록은 값에 변화를 줄 수 있습니다. 즉, 선의 굵기는 주어진 숫자만큼 커지며, 색은 다른 색으로 변합니다.

자~ 지금부터 선의 색과 굵기를 정하는 방법을 더 자세히 알아봅시다.

01 [펜]에서 펜 색깔을 ■ (으)로 정하기 블록과 펜 굵기를 1 만큼 바꾸기 블록을 추가합니다. 펜 굵기는 기본 1에서 1씩 증가합니다. 스크립트 영역의 블록을 클릭하여 결과를 확인합니다. 아래와 같이 펜 색은 보라색으로 나타나고 펜의 굵기는 변화하는 것을 볼 수 있습니다.

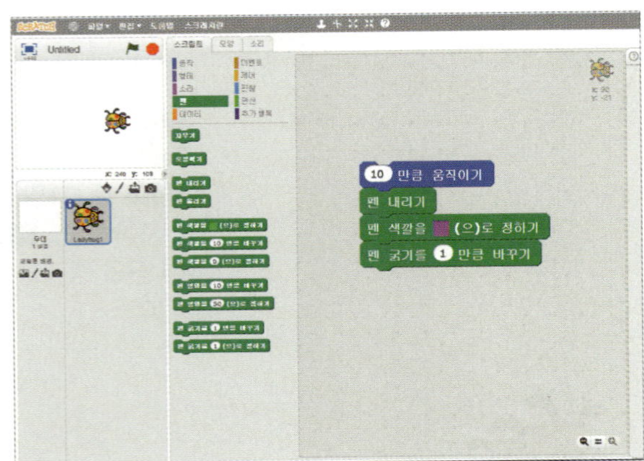

02 스프라이트를 동작하기 위해 [이벤트]의 스페이스 키를 눌렀을 때 블록을 추가합니다. 그리고 [동작]의 벽에 닿으면 튕기기 블록을 사용하여 벽에 닿을 경우 방향을 바꾸게 합니다.

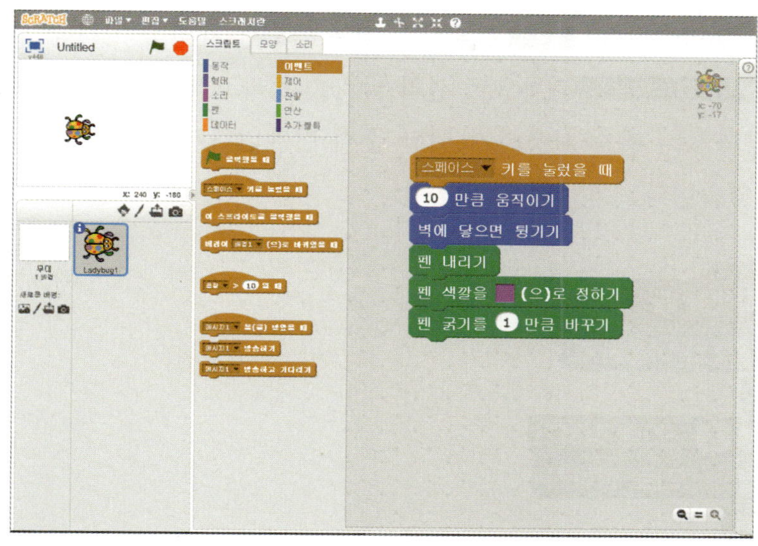

03 스크래치에서 펜의 색은 색상판이 따로 정해져 있지 않습니다. 스크래치 화면에 나타나 있는 색을 선택만 하면 자동으로 변경됩니다. 예를 들면, [스크립트] 탭에 있는 10종류의 블록 색이나 스크립트 영역에 있는 블록 색을 선택하면 자동으로 펜 색이 변합니다.

자~ 펜 색을 변경하기 위해 먼저 펜 색깔을 (으)로 정하기 블록의 색을 클릭합니다. 변경하고자 하는 색은 스크래치 화면에 표시되는 색상 중에서 원하는 색을 클릭하면 자동으로 변경됩니다. 여기서는 스크립트 영역에 있는 블록색인 파랑을 선택합니다.

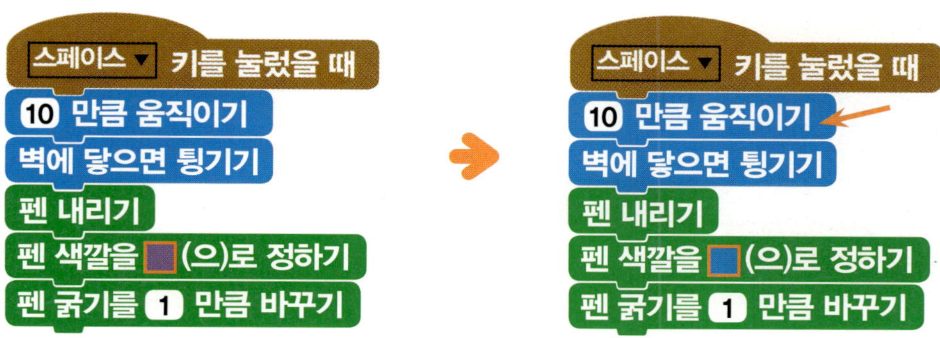

04 이번에는 반복적으로 삼각형을 그려 거미줄을 만들어 봅시다. 먼저 클릭했을 때 거미줄을 그리는 거미의 위치는 `x: 1 y: 0 로 이동하기` 블록을 사용해 지정합니다. 출발 위치의 좌표는 자유롭게 지정할 수 있습니다. `지우기` 블록은 깃발을 클릭할 때마다 이전에 그려진 펜을 지우는 기능입니다. `펜 굵기를 1 (으)로 정하기` 블록으로 선의 굵기를 정하고 `펜 색깔을 (으)로 정하기` 블록으로 펜 색을 정합니다. 지금까지는 펜을 사용하기 위한 준비 단계입니다. `펜 내리기` 블록으로 펜을 사용해 그릴 준비가 되었습니다.

```
클릭했을 때
x: 1  y: 0 로 이동하기
지우기
펜 굵기를 5 (으)로 정하기
펜 색깔을 ▦ (으)로 정하기
펜 내리기
```

05 이제 거미줄을 어떻게 그릴지 정해 봅시다. 삼각형을 그리려면 3개의 선과 한 변의 길이, 각도가 필요합니다. 한 변의 길이를 100으로 정하고 그 길이만큼 거미가 이동하도록 `10 만큼 움직이기` 블록을 사용합니다. 그 다음 `15 도 돌기` 블록에 120을 입력하여 오른쪽으로 120도 돌아 다음 변을 그릴 수 있도록 합니다. 변마다 색을 달리 하기 위해 `펜 색깔을 10 만큼 바꾸기` 블록을 이용합니다. 이와 같은 과정을 3번 반복해야 삼각형 하나가 완성되므로 `10 번 반복하기` 블록에 반복 횟수를 3번으로 지정하여 아래와 같이 스크립트를 완성합니다.

```
3 번 반복하기
    1 초 기다리기
    100 만큼 움직이기
    ↻ 120 도 돌기
    펜 색깔을 10 만큼 바꾸기
```

TIP

삼각형은 내각 60°와 외각 120°로 이루어져 있습니다. 스크래치에서 도형을 그릴 때는 외각의 값을 사용합니다.

06 삼각형을 6개 그려 거미줄을 완성해야 하므로 `10 번 반복하기` 블록을 사용합니다. 반복 횟수는 6 입니다. 선 그리기 3번 반복으로 삼각형이 만들어지면, `15도 돌기` 블록을 사용하여 오른쪽으로 60° 돌기 한 후, 또 다른 삼각형을 그립니다.

```
6 번 반복하기
    3 번 반복하기
        1 초 기다리기
        100 만큼 움직이기
        ↺ 120 도 돌기
        펜 색깔을 10 만큼 바꾸기
    ↻ 60 도 돌기
```

07 완성된 스크립트 결과는 다음과 같습니다.

```
클릭했을 때
x: 1 y: 0 로 이동하기
지우기
펜 굵기를 5 (으)로 정하기
펜 색깔을 ■ (으)로 정하기
펜 내리기
6 번 반복하기
    3 번 반복하기
        1 초 기다리기
        100 만큼 움직이기
        ↺ 120 도 돌기
        펜 색깔을 10 만큼 바꾸기
    ↻ 60 도 돌기
펜 올리기
```

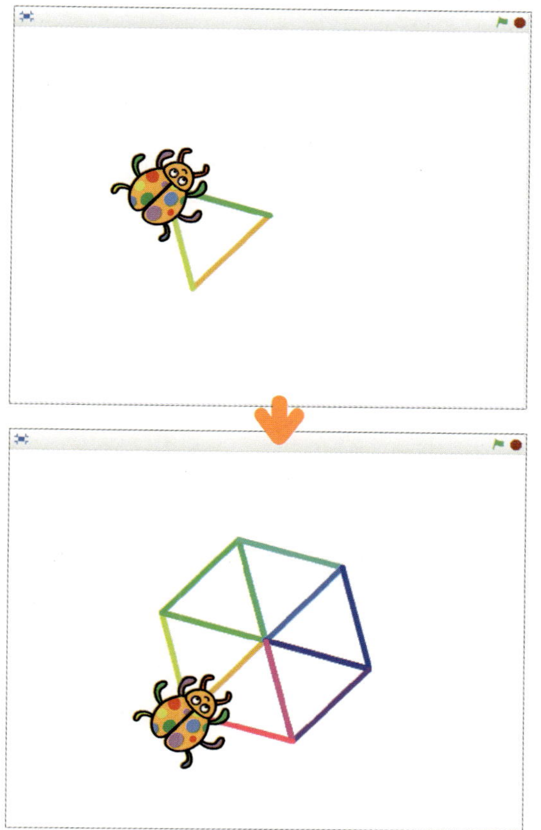

기초다지기

01 다음과 같이 마우스 포인터를 따라 이동하면서 펜 그리기 해 보세요.

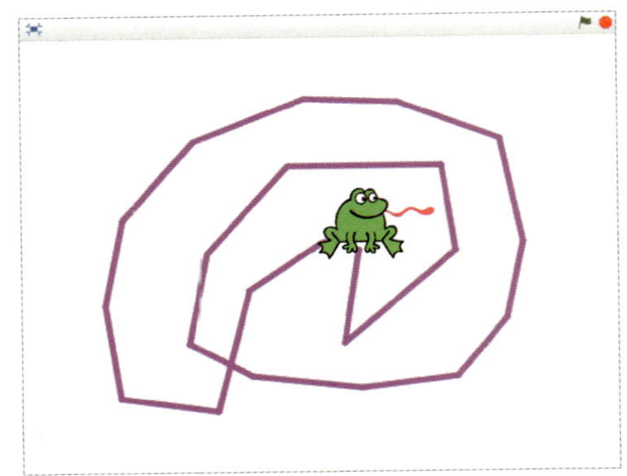

▶ 완성파일: 기초_04_01_완성

02 문제 **01**에 배경을 설정하고, 위치 이동방법과 펜 색깔, 펜 굵기를 변경해 보세요.

▶ 완성파일: 기초_04_02_완성

03 다음과 같이 사각형을 펜 그리기 해 보세요.

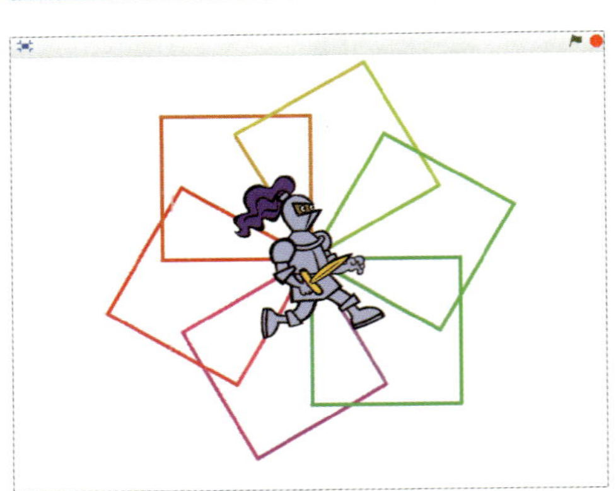

▶ 완성파일: 기초_04_03_완성

04 다음과 같이 8각형을 펜 그리기 해 보세요.

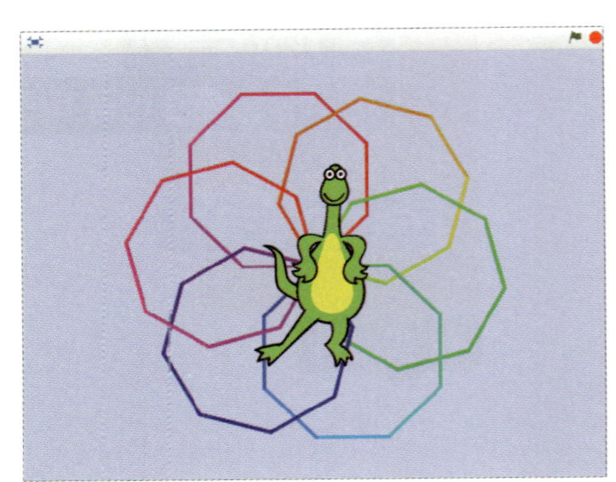

▶ 완성파일: 기초_04_04_완성

도전하기

01 다음과 같이 도장찍기를 반복 사용하여 움직이는 스프라이트를 만들어 보세요.

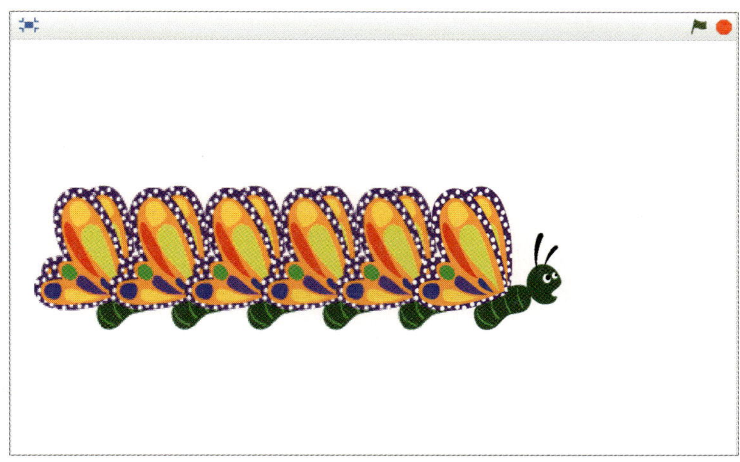

▲ 완성파일: 심화_04_01_완성

조건
- 5번 반복하기
- 도장찍기
- 움직이기 값: 50

02 다음과 같이 스페이스키를 눌렀을 때 펜을 사용하여 원을 그리고 원이 사라지는 프로젝트를 완성해 보세요.

▲ 완성파일: 심화_04_02_완성

05 사자가 쥐를 잡아요

이번에는 조건에 따라 움직이는 스프라이트를 만들어 봅시다. 조건 구조는 주어진 조건을 만족하면 프로젝트를 처리하는 부분으로 이루어져 있습니다. 키보드를 이용하여 스프라이트를 이동시키는 프로젝트를 만들어 봅니다.

무엇을 만들까?

무한 반복하여 움직이는 사자와 방향키로 이동하는 쥐

▲ 완성파일: 05_01_완성

무엇을 배울까?

STEP 1 계속 움직이는 사자 만들기

STEP 2 방향키로 이동하는 쥐 만들기

STEP 3 사자를 만나면 사라지는 쥐 만들기

STEP 1 계속 움직이는 사자 만들기

　스프라이트를 움직이는 방법은 [동작] 블록을 사용합니다. 움직이는 방향은 좌우나 상하 혹은 각도를 주어 움직일 수 있습니다. 이번에는 일정한 거리만큼 이동한 후 방향을 바꾸어 움직이는 스프라이트를 만들어 봅시다. 움직이는 거리와 각도와 더불어 반복 횟수는 정하지 않는 무한 반복을 사용해 봅시다.

01　먼저 스프라이트 저장소에서 'Lion'을 불러옵니다. [모양] 탭을 클릭하여 'lion-a' 모양과 'lion-b' 모양을 확인해 봅시다. 스프라이트의 [모양]탭에서 어떤 모양을 선택되어 있는지에 따라 보이는 모양이 다릅니다.

02　이제 사자를 움직이게 하기 위해 [동작] 블록의 10 만큼 움직이기 을 불러옵니다.

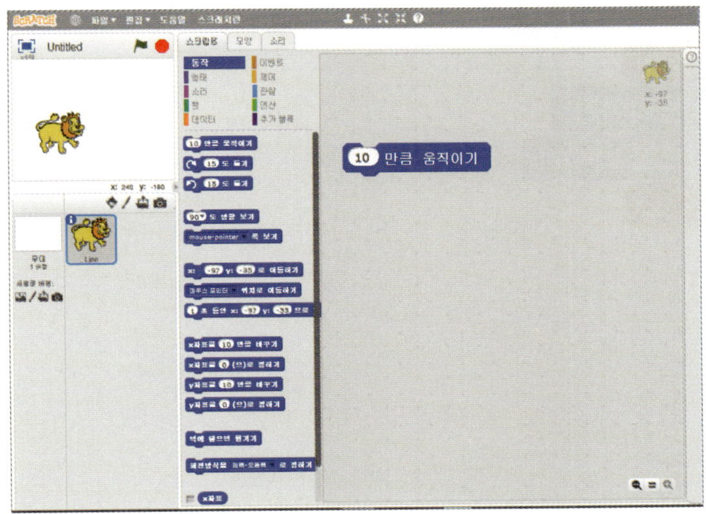

03 움직이면서 모양을 바꾸기 위해 [형태] 블록에서 다음 모양으로 바꾸기 를 불러옵니다. 블록을 클릭하여 확인해 볼까요? 10만큼씩 오른쪽으로 움직이면서 'lion-a' 모양에서 'lion-b' 모양으로 바뀌는 사자를 만날 수 있습니다.

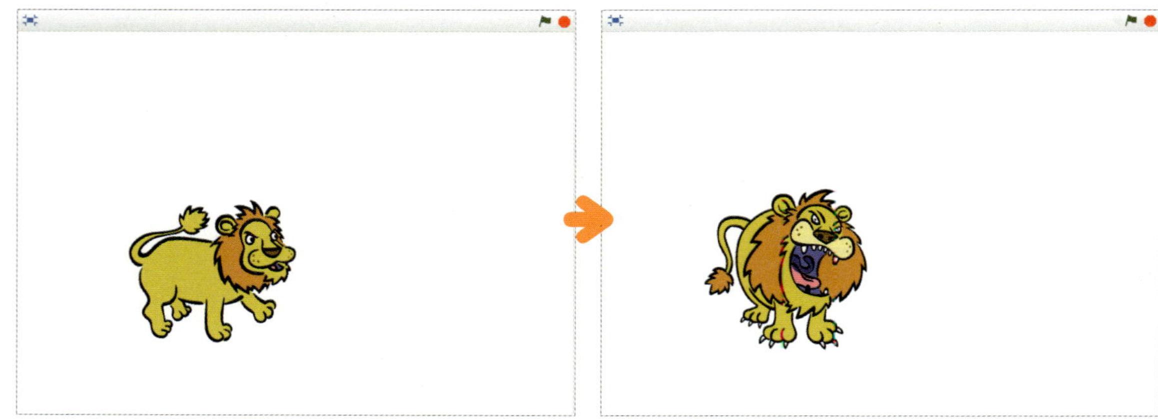

▲ 10만큼 이동 후 다른 모양으로 바뀌는 사자

04 이번에는 계속해서 움직이며 모양이 바뀌는 사자를 만들기 위해 [제어] 블록에서 무한 반복하기 를 불러옵니다.

05 이런, 무한 반복을 사용하니 2가지 문제가 생겼습니다.
첫째, 사자 모양이 바뀌는 시간이 너무 짧아서 변하는 사자의 모습을 보기가 어렵습니다.
둘째, 무한 반복해 이동하여 사자가 무대에서 사라졌습니다.

06 문제를 해결하기 위해 [제어] 블록의 `1 초 기다리기` 를 추가하고 기다리는 시간은 '0.5'로 값을 지정합니다. 그 다음 [동작] 블록의 `벽에 닿으면 튕기기` 를 추가하여 벽에 닿으면 되돌아오게 합니다.

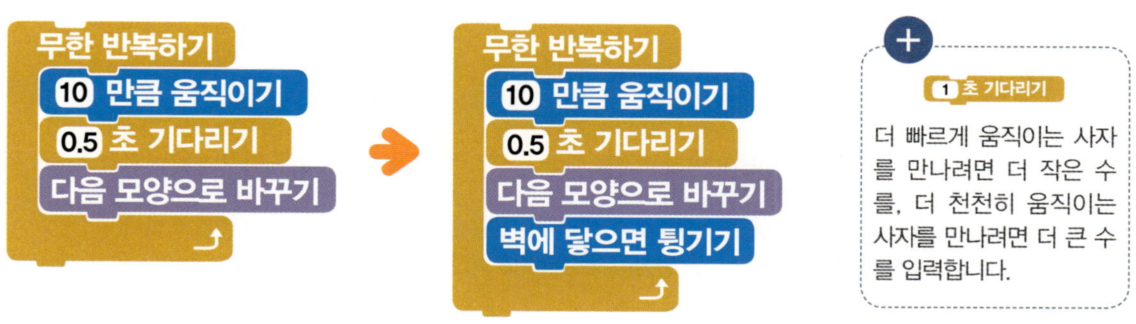

07 자~ 이제 블록을 클릭하여 프로젝트를 확인해 볼까요?

08 이런, 벽에 닿은 사자가 뒤집어진 상태로 움직이고 있습니다.
사자 스프라이트의 [Info]에서 회전 방향을 ↔ (왼쪽에서 오른쪽으로만)로 변경합니다.

TIP

회전 방향

- ↻ 회전 가능: 스프라이트의 이동 방향이 변경될 때마다 스프라이트가 회전합니다. 이 기능은 사자가 거꾸로 된 상태에서 이동하게 만든 기능입니다.
- ↔ 왼쪽에서 오른쪽으로만: 스프라이트의 이동 방향이 변경될 때 좌우로만 회전하여 이동하게 합니다.
- ● 회전할 수 없음: 스프라이트의 이동 방향이 변경되어도 회전하지 않습니다. 그래서 벽에 닿아 튕길 때 사자가 뒤로 움직이는 것처럼 보일 수도 있습니다.

09 사자가 좌우로만 움직이면 너무 심심할까요? 그럼, 다음과 같이 새로운 블록을 추가합니다. [동작] 블록에서 ⟳ 15 도 돌기 블록을 추가하여 값을 '25'로 정합니다. 그리고 무한 반복을 합니다. 사자가 같은 자리에서 도는 동작을 제어하기 위해 1 초 기다리기 블록을 추가합니다.

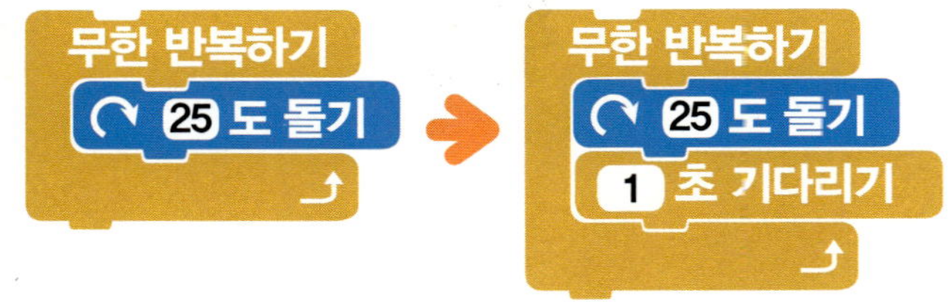

10 이제 프로젝트를 실행해 봅시다. [이벤트] 블록의  를 추가하여 실행해 봅시다.

11 사자 스프라이트는 10만큼 움직이며 무대 곳곳을 활보합니다. 무대 벽에 닿으면 좌우로 회전하여 이동합니다.

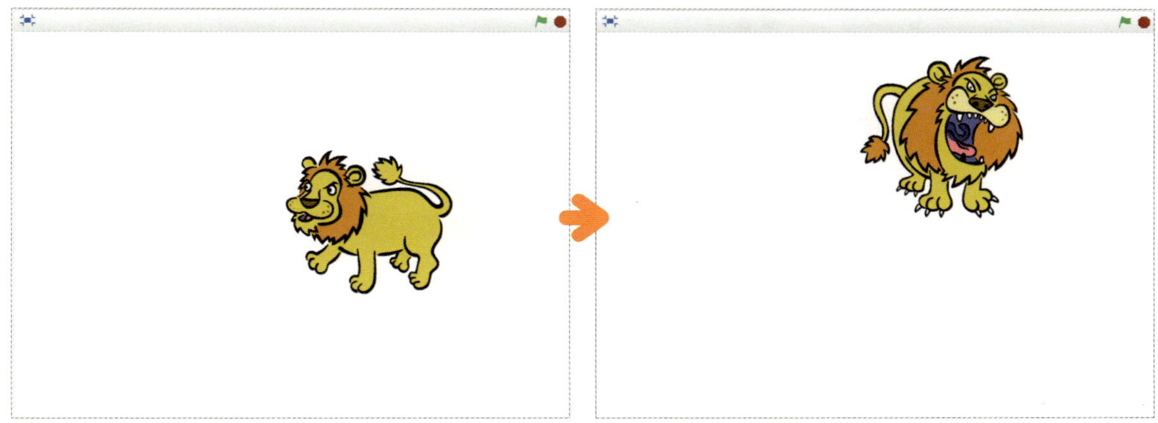

TIP

사자의 움직임이 자연스럽게 보이기 위해 **무한 반복하기** 을 따로 두 번 사용합니다.

STEP 2 방향키로 움직이는 쥐 만들기

스프라이트를 자유자재로 움직이게 할 수 있으면 더 재미있고 흥미르운 프로젝트를 만들 수 있습니다. 키보드의 방향키를 사용하여 스프라이트를 원하는 방향으로 이동하는 화면을 만들어 봅니다. 다음과 같이 쥐 모양의 스프라이트를 키보드의 방향키로 움직이게 합니다.

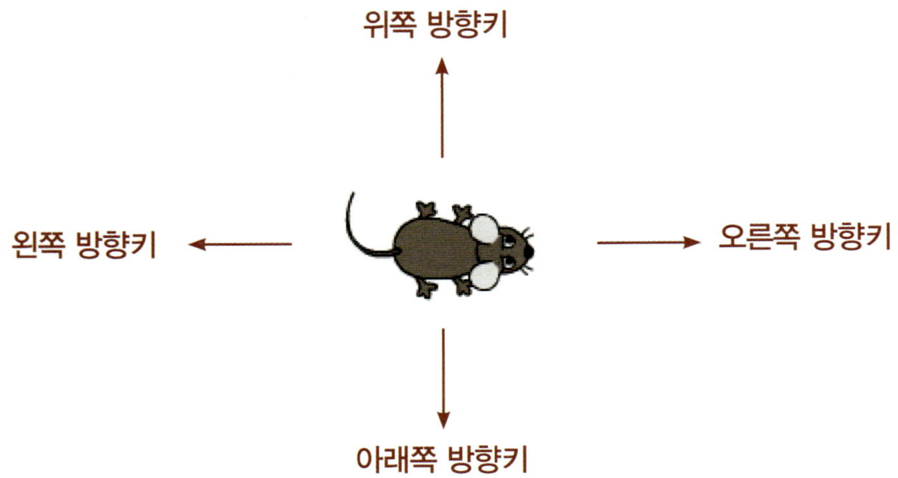

01 스프라이트 저장소에서 'Mouse1' 스프라이트를 불러옵니다. [제어] 블록에서 조건을 추가할 수 있는 `만약 라면`를 불러옵니다.

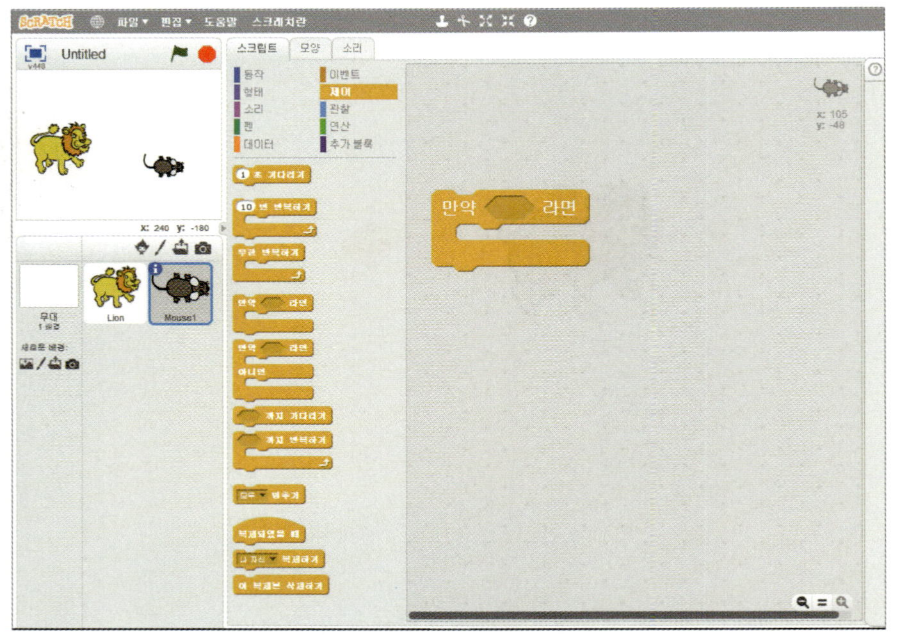

02 조건을 만들기 위해 [관찰] 블록에서 <스페이스▼ 키를 눌렀는가?> 를 불러옵니다. 블록의 선택 버튼을 클릭하면 선택할 수 있는 키보드의 키 종류가 나타납니다. 먼저 '오른쪽 화살표'를 선택합니다.

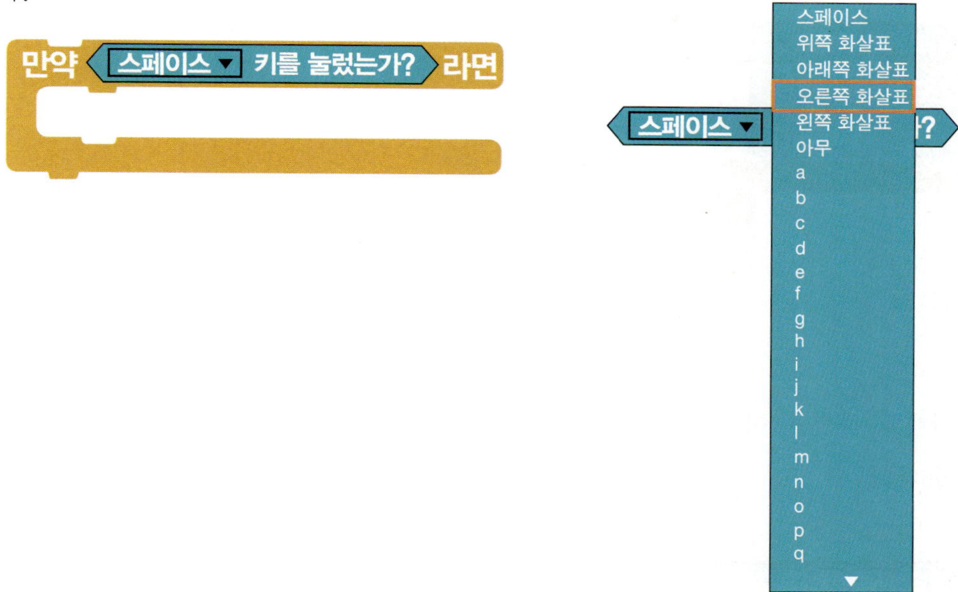

03 오른쪽 방향키를 눌렀을 때 동작하도록 [동작] 블록의 90▼ 도 방향 보기 을 추가합니다. 블록의 선택 버튼을 클릭하면 선택할 수 있는 방향이 나타납니다. 오른쪽 방향인 '(90)오른쪽'을 선택합니다.

04 지정된 방향으로 움직이도록 하기 위해 움직임을 위해 아래와 같이 10 만큼 움직이기 블록을 추가합니다.

05 이번에는 블록을 복사하여 다른 방향으로 움직이는 블록을 만듭니다. 블록을 복사하기 위해 마우스 오른쪽 버튼을 클릭한 후 [복사]를 선택합니다.

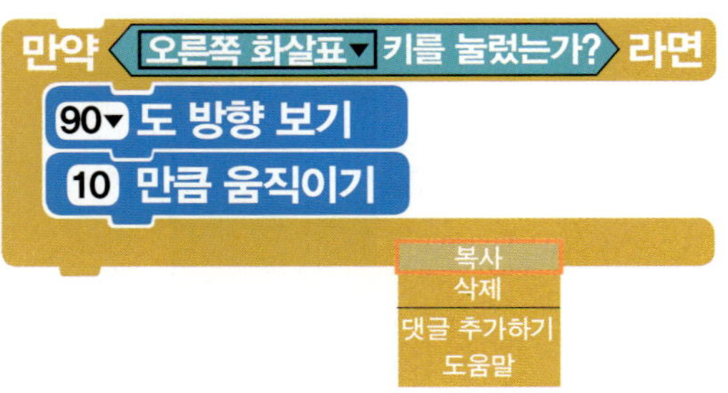

06 복사된 3개의 블록을 아래와 같이 연결합니다. 각 조건 블록에 다음과 같은 조건을 입력하여 완성합니다.

07 블록을 무한반복으로 실행하기 위해 클릭했을 때 블록과 무한 반복하기 블록을 사용합니다. 실행한 후 방향키를 눌러 쥐가 움직이는 방향을 확인해 봅시다.

STEP 3 ★ 사자를 만나면 사라지는 쥐 만들기

움직이는 한 스프라이트가 다른 스프라이트와 만나면 어떻게 될까요? 이런 경우, 두 스프라이트는 서로 겹쳐지며, 스쳐 지나가게 됩니다. 그럼, 사자와 쥐가 만난다면 어떻게 될까요? 상상만으로도 무서운 일인데요~ 아마도 쥐가 사라진다고 볼 수 있을 것입니다. 그럼, 쥐가 사자를 만났을 때, 움직이다가 사자와 부딪히면 사라지는 스크립트를 만들어 봅니다.

01 [제어] 블록에서 만약 ◯ 라면 를, [관찰] 블록에서 ▼에 닿았는가? 를 추가하여 연결합니다.
▼에 닿았는가? 블록은 선택 버튼을 클릭하면 메뉴가 나타납니다. 메뉴는 기본적으로 '마우스 포인터'와 '벽'이 있으며, 작성 중인 프로젝트에 사용된 스프라이트에 따라 메뉴가 추가됩니다. 여기서는 메뉴 중 'Lion' 스프라이트를 선택합니다.

02 쥐가 사자와 닿을 때 사라지게 하기 위해 [형태] 블록에서 아래와 같이 숨기기 를 추가합니다. 그 다음 쥐가 사라지면 현재 진행 중인 스크립트를 멈추게 해봅시다. 쥐가 사라지고 1초 동안 기다린 후 모든 스프라이트의 움직임을 중지하기 위해 [제어] 블록의 1초 기다리기 와 모두▼ 멈추기 를 추가합니다.

03 스크립트를 무한 반복으로 실행하기 위해 무한 반복하기 블록과 클릭했을 때 블록을 사용합니다.

04 자~ 이제 스크립트를 실행해 봅시다. 키보드의 방향키를 사용하여 사자로부터 쥐를 도망가게 합니다. 쥐가 잡힌 경우는 어떤 일이 생길까요? 모든 스프라이트가 중지 상태가 됩니다. 그런데, 다시 스크립트를 실행한다면 앞서 사라진 쥐가 다시 보일까요? 아마 다시는 보이지 않을 것입니다. 이런 문제를 해결하기 위해 [형태] 블록의 보이기 를 클릭했을 때 아래에 추가합니다.

TIP

클릭했을 때 아래 보이기 를 추가해야 쥐가 숨기기 를 통해 사라진 후 다시 스크립트가 시작될 때 보여집니다.

05 쥐 스프라이트 전체 스크립트 화면을 확인합니다.

사자를 만나면 사라지는 스크립트와 방향키를 사용하여 움직이게 하는 스크립트입니다.

```
클릭했을 때
보이기
무한 반복하기
    만약 [Lion▼]에 닿았는가? 라면
        숨기기
        1 초 기다리기
        [모두▼] 멈추기
```

```
클릭했을 때
무한 반복하기
    만약 [오른쪽 화살표▼] 키를 눌렀는가? 라면
        [90▼] 도 방향 보기
        10 만큼 움직이기
    만약 [왼쪽 화살표▼] 키를 눌렀는가? 라면
        [-90▼] 도 방향 보기
        10 만큼 움직이기
    만약 [위쪽 화살표▼] 키를 눌렀는가? 라면
        [0▼] 도 방향 보기
        10 만큼 움직이기
    만약 [아래쪽 화살표▼] 키를 눌렀는가? 라면
        [180▼] 도 방향 보기
        10 만큼 움직이기
```

기초다지기

01 주어진 조건에 따라 프로젝트를 완성해 보세요.

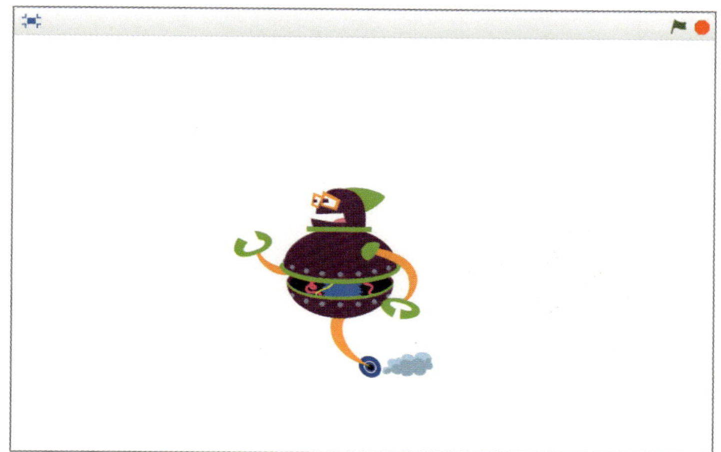

▲ 완성파일: 기초_05_01_완성

조건
- 무한 반복하기
- 왼쪽 화살표를 누르면 −90도 방향 보기
- 오른쪽 화살표를 누르면 90도 방향 보기

02 주어진 조건에 따라 프로젝트를 완성해 보세요.

▲ 완성파일: 기초_05_02_완성

조건
- [스페이스] 키를 누르면 20만큼 이동하기
- 시계 방향으로 5도씩 움직이기
- 0.5초 기다렸다가 모양 바꾸기
- 벽에 닿으면 튕기기(360도 방향)

도전하기

01 주어진 조건에 따라 프로젝트를 완성해 보세요.

▲ 완성파일: 심화_05_01_완성

조건 **막대 스프라이트**

- 막대의 크기는 50%로 조절하기
- 마법사가 막대를 쏘면 앞으로 10만큼씩 이동하기를 무한 반복하기
- 벽에 닿으면 숨기고, 다시 처음 위치로 이동하기

02 문제 **01**의 결과에 주어진 조건을 추가하여 프로젝트를 완성해 보세요.

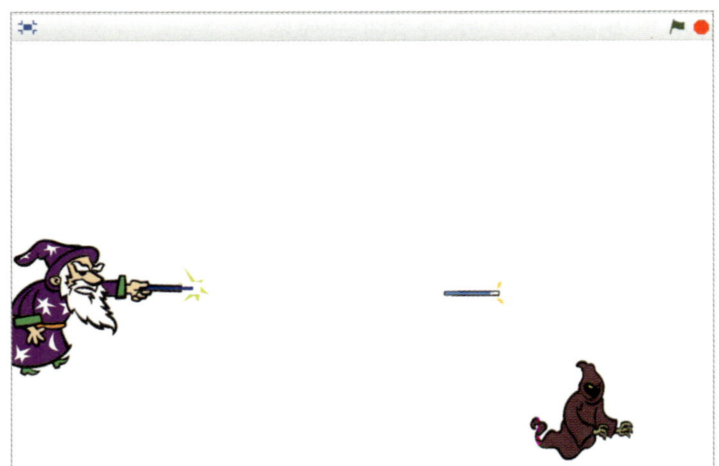

▲ 완성파일: 심화_05_02_완성

조건 **유령 스프라이트**

- 유령의 크기는 50%로 조절하기
- 키보드의 위와 아래 화살표를 누르면 상하로 이동하기
- 막대에 닿으면 모든 동작 멈추기

다양한 배경과 음악을 추가해요

프로젝트를 만들 때 스크립트에 따라 한 개 이상의 배경을 사용할 수 있습니다. 한 프로젝트에서 여러 개의 배경을 스크립트의 선택에 따라 배경이 변하도록 하는 방법을 알아봅시다. 또한 배경에 알맞은 음악을 추가하고 배경을 선택하듯이 재생되는 소리도 선택되도록 하는 방법도 알아봅시다.

무엇을 만들까?

다음 배경으로 바꾸기

▲ 완성파일: 06_01_완성

주어진 조건에 따라 배경이 변경

▲ 완성파일: 06_02_완성

무엇을 배울까?

STEP 1 다른 배경으로 바꾸기

STEP 2 내 마음대로 배경 선택하기

STEP 3 배경 음악 삽입하기

STEP 1 다른 배경으로 바꾸기

프로젝트에서 배경은 상황을 암시하는 중요한 역할을 합니다. 하나의 프로젝트에 한 개 이상의 배경을 사용할 수 있으며, 원하는 배경을 선택하는 스크립트를 만들 수 있습니다.

01 스프라이트 리스트 영역에서 [무대]를 선택한 후, [배경] 탭을 클릭합니다. 배경에는 기본 배경인 흰색 배경이 보입니다.

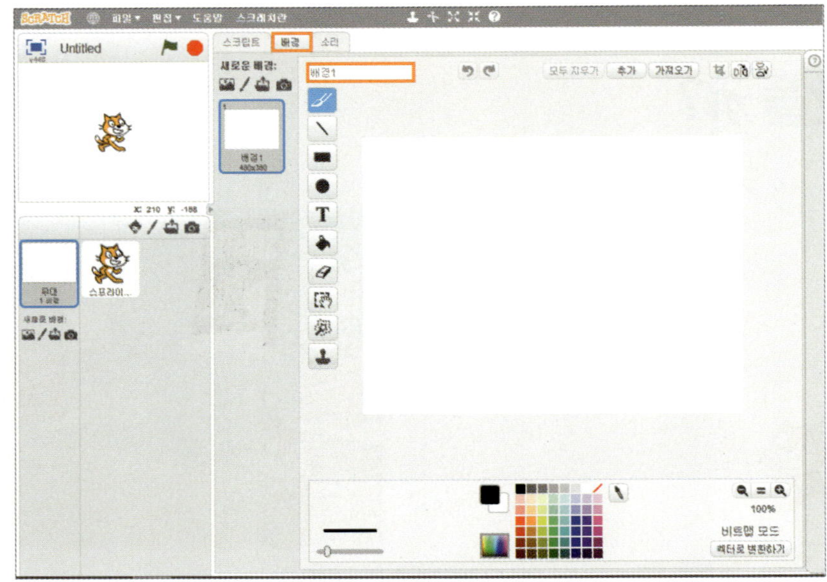

02 새로운 배경을 추가하기 위해 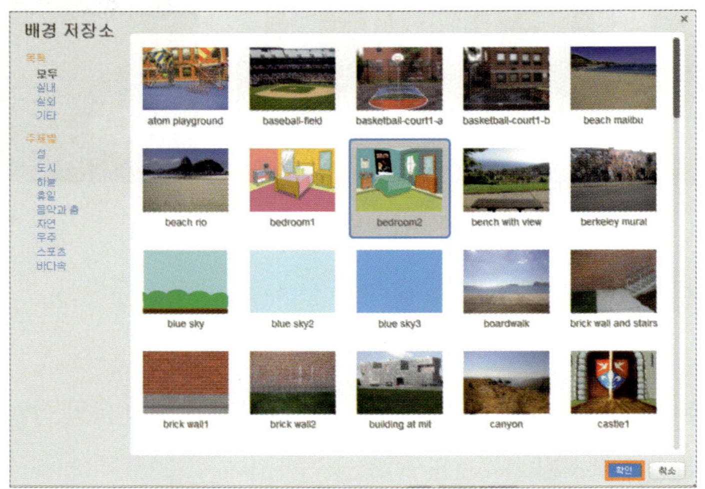(저장소에서 배경 선택)을 클릭합니다. 배경 저장소에서 'bedroom2'를 선택한 후 [확인]을 클릭합니다.

03 배경 저장소에서 선택한 'bedroom2' 배경이 추가되었습니다. 아래와 같이 배경 이름을 "침대"로 변경합니다.

04 다른 배경을 추가하기 위해 (저장소에서 배경 선택)을 클릭합니다. 이번에는 여러 개의 배경을 선택해 봅시다. 저장소에서 'playing-field'를 선택한 후 [Shift]키를 누른 상태에서 'school1'도 선택합니다. 선택이 완료되면 [확인]을 클릭합니다.

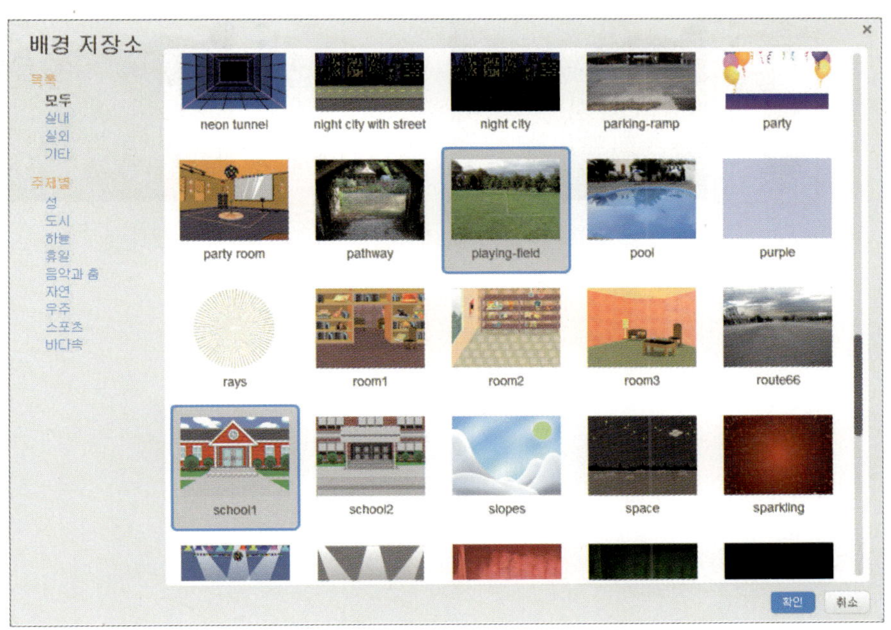

05 새로 추가된 배경의 이름은 'school1'은 "학교"로, 'playing-field'은 "운동장"으로 변경합니다.

TIP

배경 위치 변경하기
배경의 순서 변경은 배경을 드래그하여 원하는 위치로 이동합니다.

06 [형태] 블록에서 배경을 배경1 (으)로 바꾸기 를 스크립트 영역으로 드래그합니다. 블록 메뉴를 클릭하여 '다음 배경으로 바꾸기'를 선택하여 배경을 다음 배경으로 바꾸기 (으)로 바꾸기 으로 변경합니다.

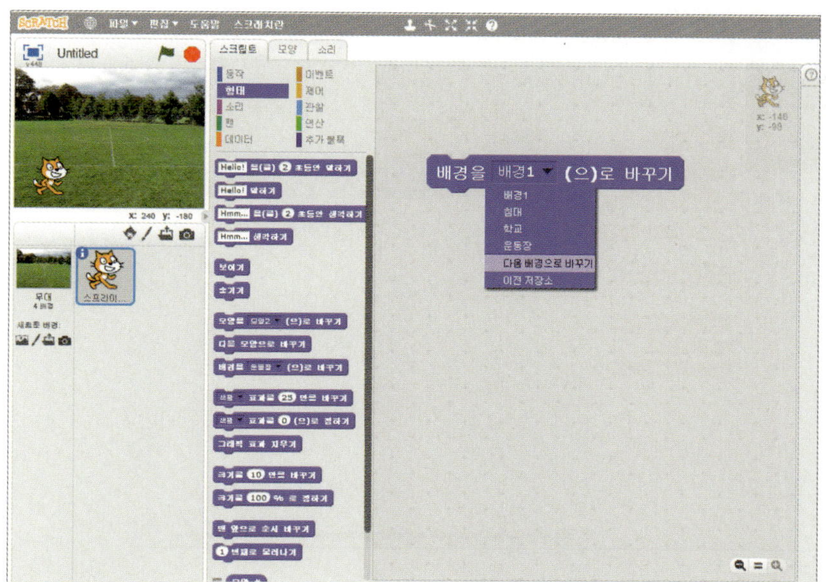

배경을 다음 배경으로 바꾸기 (으)로 바꾸기

다음 배경으로 바꾸기는 배경의 [모양] 탭에서 위쪽에서 아래쪽의 순서대로 배경을 바꿔가며 보여줍니다.

07 스크립트를 실행하기 위해 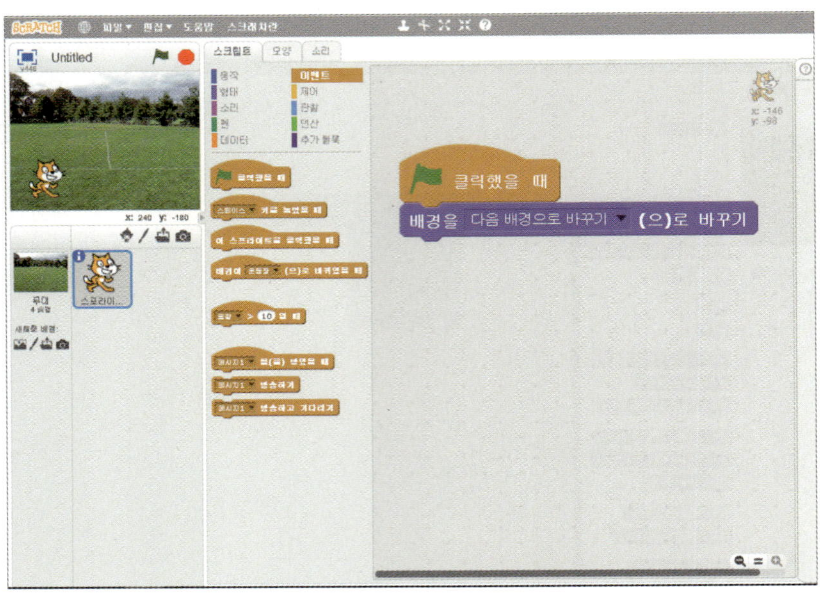 블록을 추가합니다.

08 스크립트 실행 결과는 깃발을 클릭할 때마다 배경이 순서대로 변경됩니다. 즉, [배경 1] → [침대] → [학교] → [운동장] 순입니다.

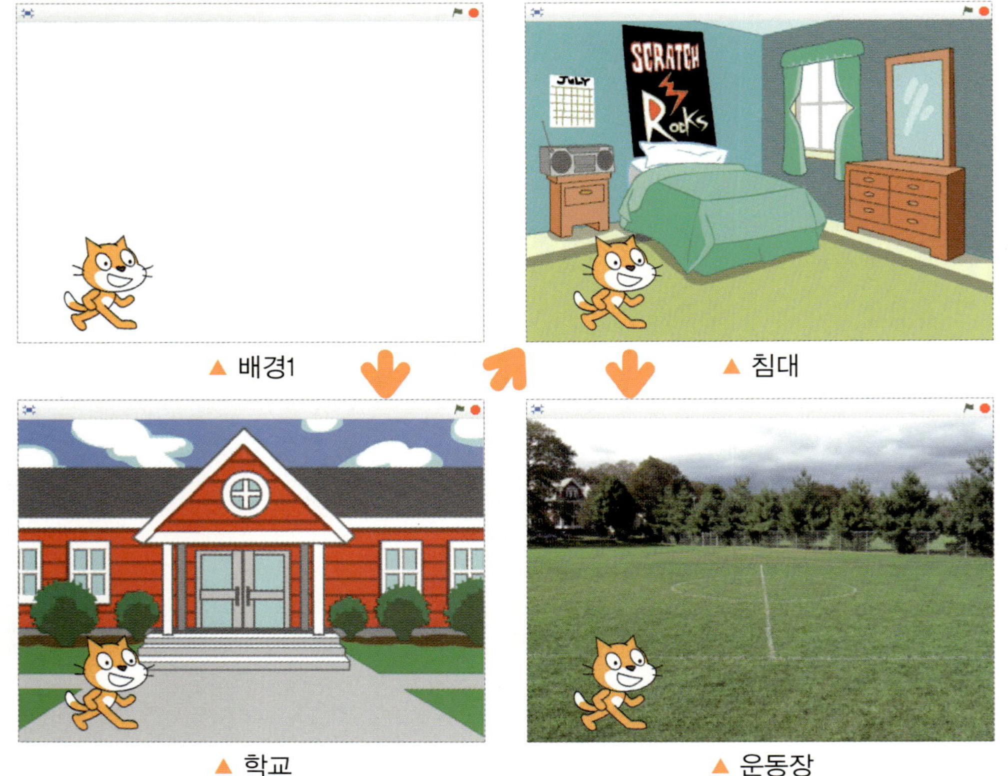

▲ 배경1

▲ 침대

▲ 학교

▲ 운동장

STEP 2 내 마음대로 배경 선택하기

여러 개의 배경 중에서 내가 원하는 배경을 선택하는 방법은 없을까요?
원하는 배경을 직접 선택하는 프로젝트를 만들어 봅시다. 먼저, 배경 선택 알고리즘을 생각해 봅시다.

첫째, [질문 1]에서는 어떤 배경을 선택할지에 대하여 질문합니다.
둘째, [질문 2]는 선택할 배경 이름과 번호를 제시합니다.
셋째, 질문에 따라 입력된 숫자에 해당되는 배경을 선택합니다.

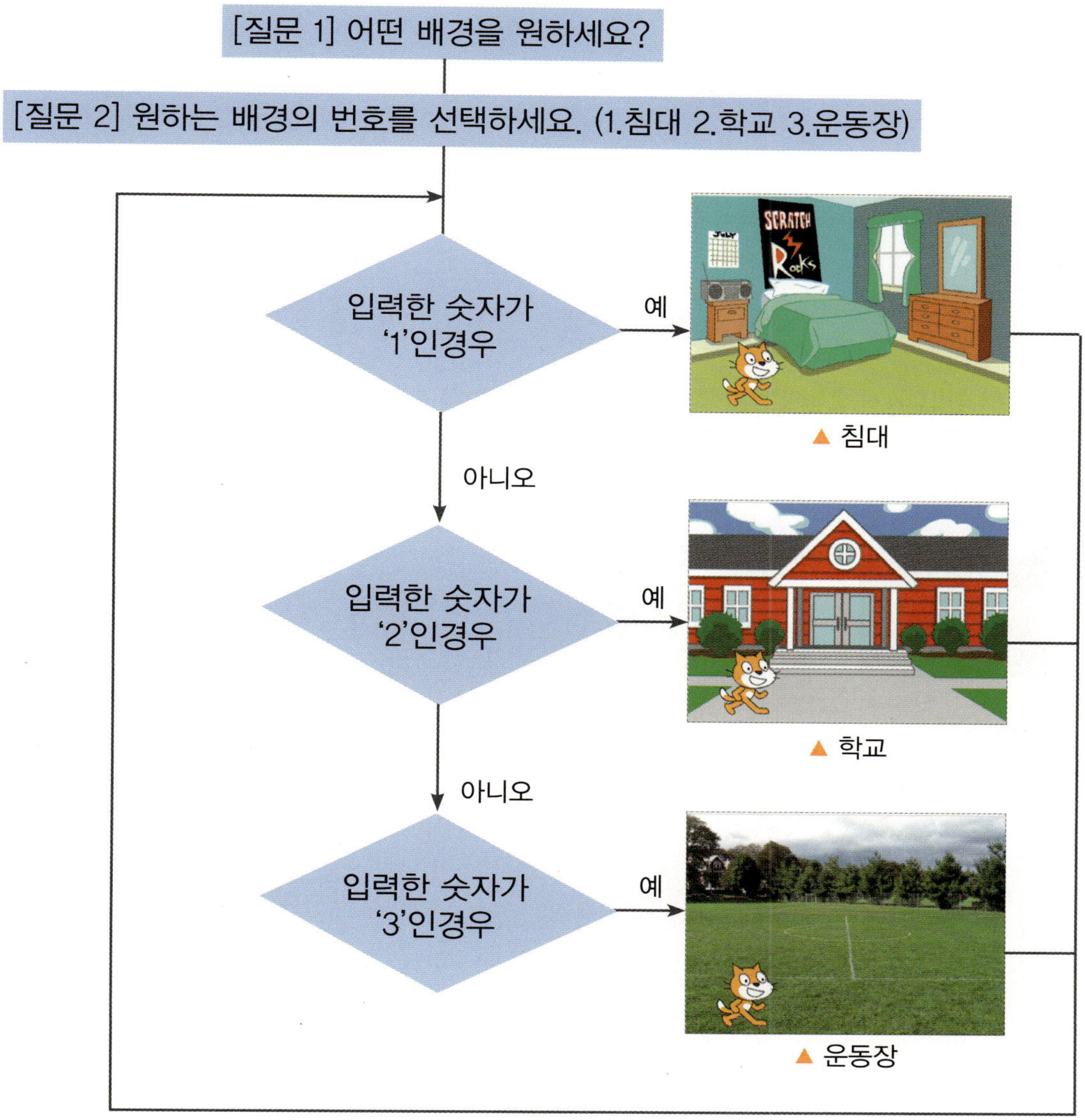

[질문 1] 어떤 배경을 원하세요?

[질문 2] 원하는 배경의 번호를 선택하세요. (1.침대 2.학교 3.운동장)

입력한 숫자가 '1'인경우 — 예

▲ 침대

아니오

입력한 숫자가 '2'인경우 — 예

▲ 학교

아니오

입력한 숫자가 '3'인경우 — 예

▲ 운동장

01 먼저 배경을 선택하기 위해 [제어] 블록에서 `만약 라면` 를 추가합니다. 다음에는 [관찰] 블록에서 `스페이스▼ 키를 눌렀는가?` 를 추가하여 연결합니다.

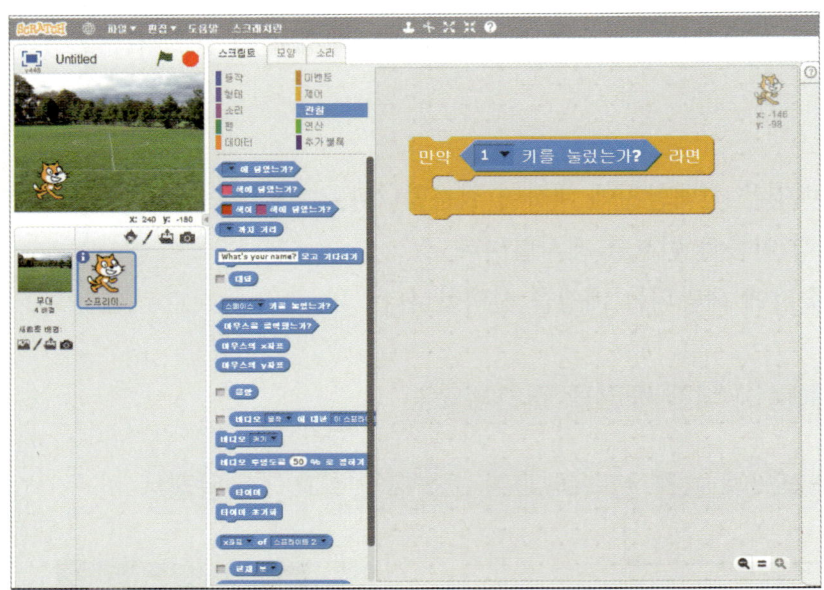

`스페이스▼ 키를 눌렀는가?` 블록에서 메뉴 버튼을 클릭하여 '1'을 선택합니다.

02 [형태] 블록에서 `배경을 배경1▼ (으)로 바꾸기` 를 `만약 라면` 블록에 연결합니다.

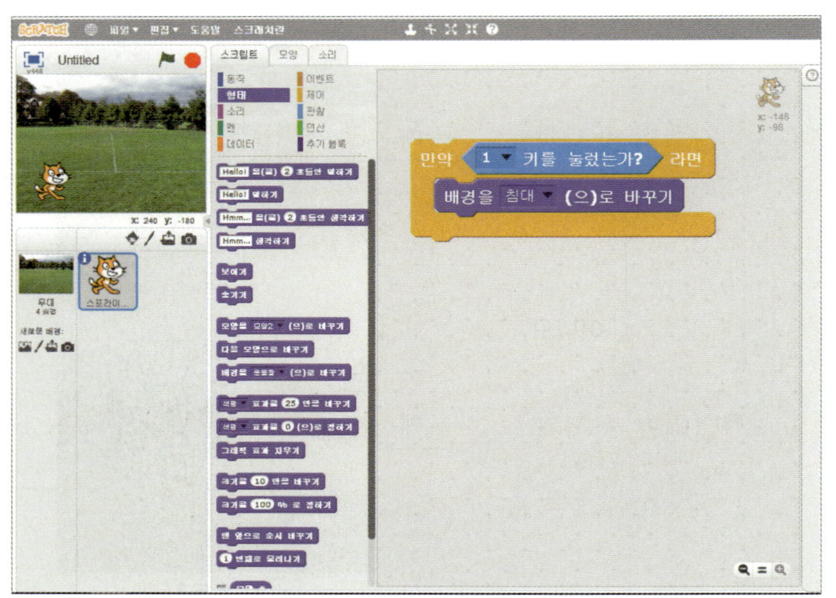

`배경을 배경1▼ (으)로 바꾸기` 블록에서 메뉴 버튼을 클릭하여 배경을 '침대'로 선택합니다.

03 블록을 복사하여 이어 붙이고 다음과 같이 조건을 변경합니다.

04 배경을 선택하는 것을 무한 반복하도록 [제어] 블록에서 무한 반복하기 를 추가합니다.

05 이제 질문과 답변을 주고 받아 배경을 선택할 수 있도록 [형태] 블록에서  를 가져옵니다. 다음과 같이 [질문 1]과 [질문 2]로 나누어 블록을 구성합니다.

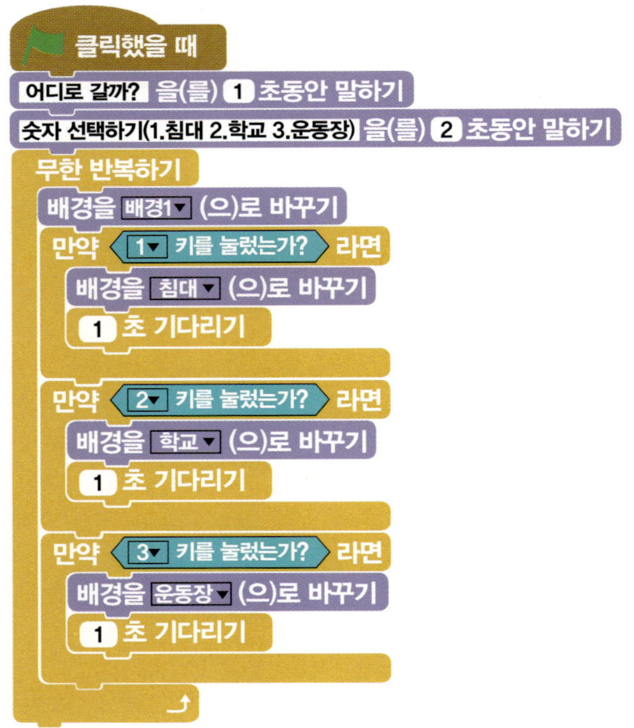

06 작성된 스크립트를 실행하기 위해 [클릭했을 때] 블록을 추가하여 완성합니다. 스크립트를 실행하면 고양이 스프라이트가 질문을 하고 키보드로 번호를 선택하면 그 번호에 해당하는 배경으로 화면이 바뀝니다.

STEP 3 배경 음악 삽입하기

01 [무대]를 클릭한 후, [소리] 탭에서 소리를 추가하기 위해 🔊 (저장소에서 소리 선택)을 선택합니다.

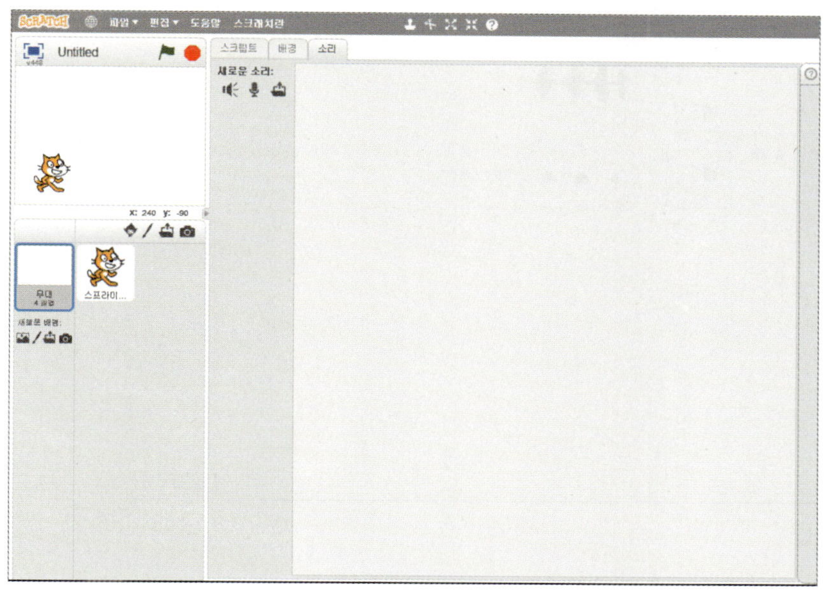

02 소리 저장소에서 원하는 소리를 선택한 후 [확인]을 클릭합니다. 소리 파일의 ▶를 클릭하면 미리 소리를 들을 수 있습니다. 여러 개의 파일을 선택하려면 [Shift] 키를 누른 상태에서 소리 파일을 선택합니다.

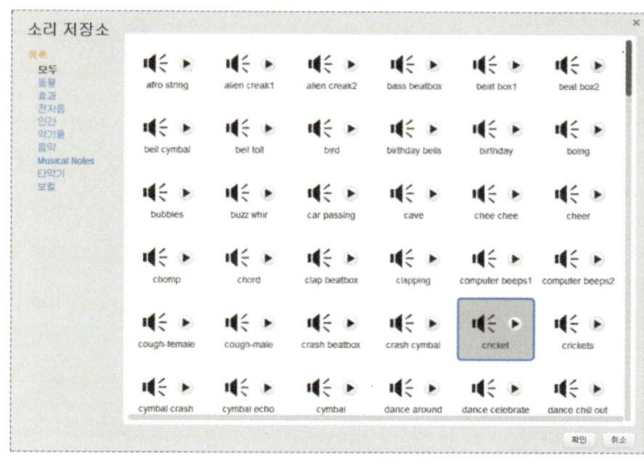

▲ 소리 파일 선택

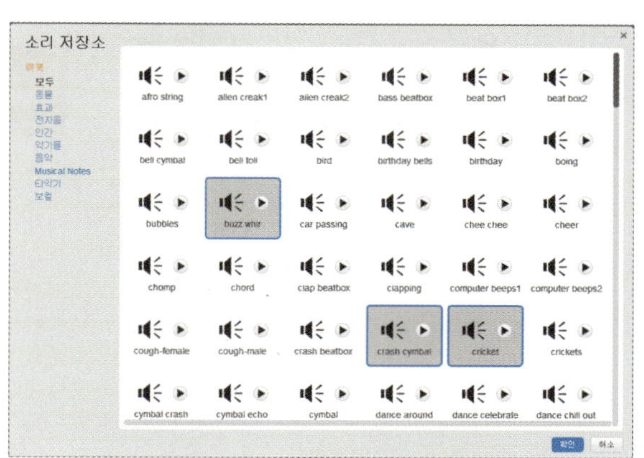

▲ 여러 개의 소리 파일 선택

03 아래와 같이 소리가 선택되어 졌습니다. 각 소리를 선택하면 소리를 들을 수 있으며, 편집도
가능합니다.

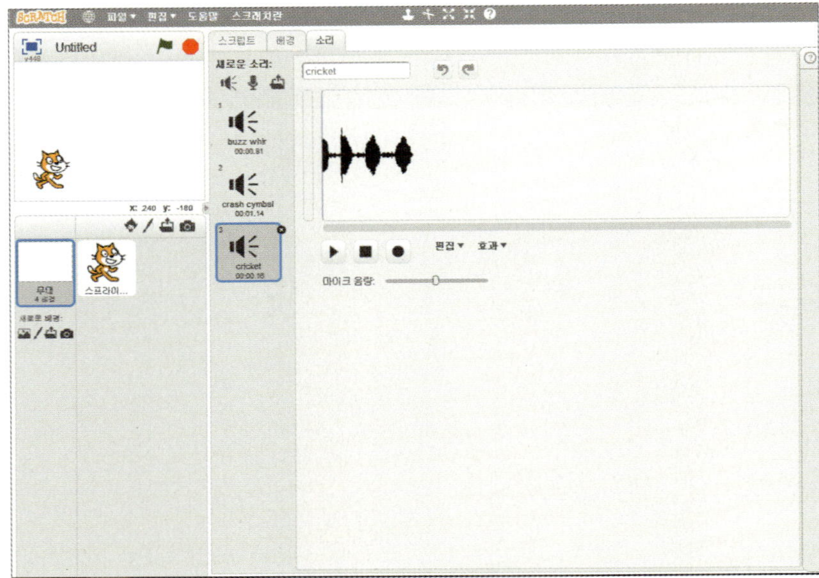

이 프로젝트에서 사용할
소리는 buzz whir, crash
cymbal, cricket입니다.

04 조건에 따라 소리를 재생하기 위해 [제어] 블록의 만약 라면 와 [관찰] 블록의
스페이스 키를 눌렀는가? 를 사용합니다.

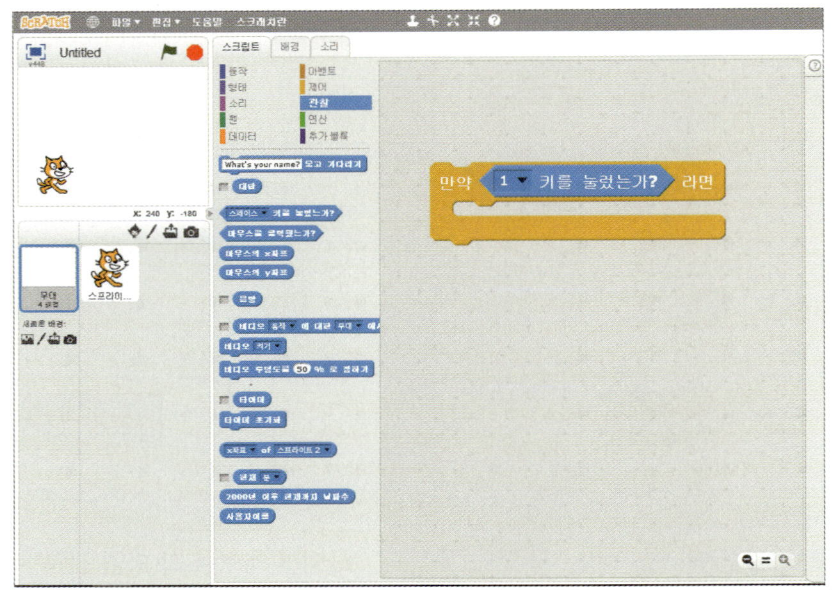

스페이스 키를 눌렀는가? 블록
에서 메뉴 버튼을 클릭하
여 '1'을 선택합니다.

05 [소리] 블록의 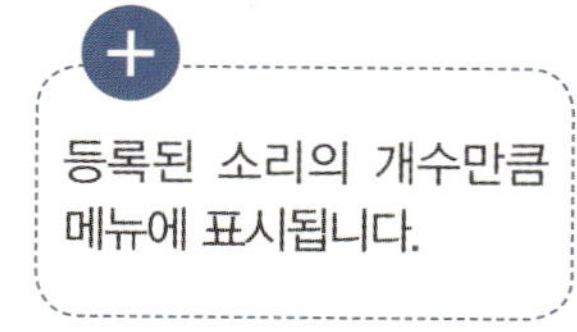 를 추가하여 아래와 같이 연결합니다. 블록의 메뉴 버튼을 클릭한 후 소리를 선택합니다.

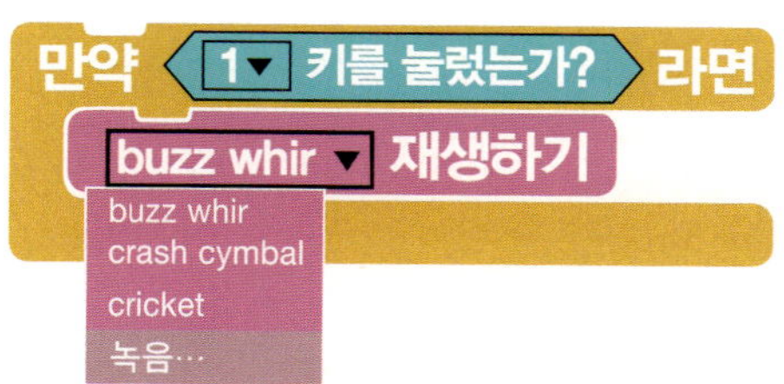

등록된 소리의 개수만큼
메뉴에 표시됩니다.

06 배경 선택에 따라 다른 소리가 재생되도록 하기 위해 **05** 블록을 복사해 아래와 같이 연결시킵니다.

07 작성된 스크립트를 실행하기 위해 클릭했을 때 블록을 추가하여 완성합니다. 스크립트를 실행하면 키보드로 선택된 번호에 해당하는 소리가 재생됩니다.

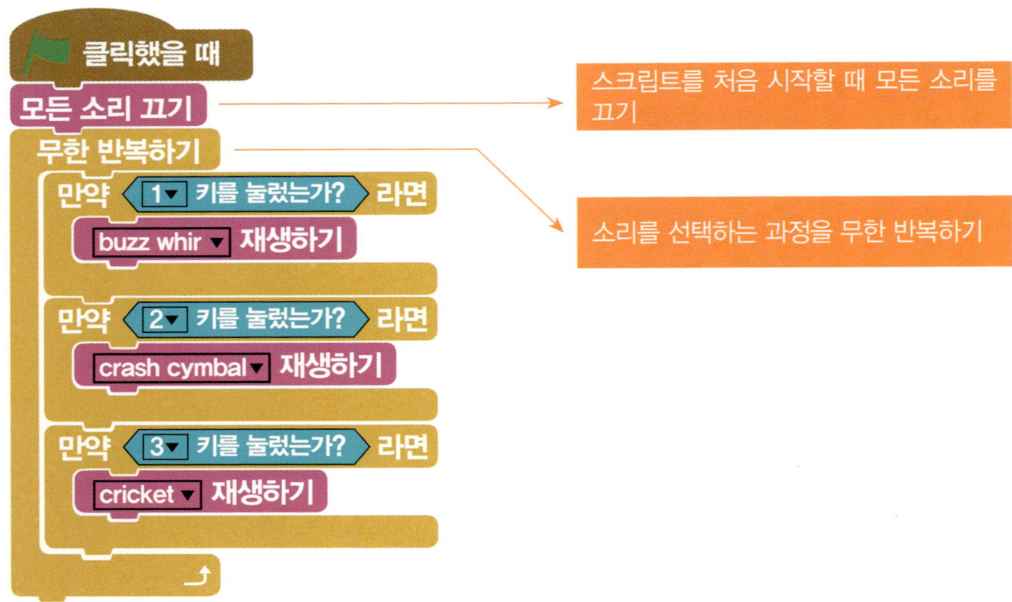

▲ 완성파일: 06_03_완성

기초다지기

01 다음과 같이 배경 스프라이트를 추가하여, 각각 배경 이름을 "무대1", "무대2"로 변경해 보세요.

▲ 완성파일: 기초_06_01_완성

02 문제 **01**에 춤추는 댄서 스프라이트를 추가하고 [스페이스] 키를 누를 때마다 모양과 배경이 바뀌도록 만들어 보세요.

▲ 완성파일: 기초_06_02_완성

도전하기

01 다음 스프라이트를 선택하고 각 스프라이트를 클릭하면 배경이 변하는 프로젝트를 완성해 보세요.

▲ 완성파일: 심화_06_01_완성

조건
- 배경: hearts1, blue sky, underwater3

02 문제 **01**에서 배경이 변경될 때 소리가 함께 재생되도록 만들어 보세요.

▲ 완성파일: 심화_06_02_완성

조건
- 배경이 'blue sky'일 때: 'bird' 재생
- 배경이 'underwater3'일 때: 'bubbles' 재생

건반으로 멋지게 음악을 연주해요 

학습목표

이번에는 스크래치에서 제공하는 건반 스프라이트를 활용하여 음악을 연주해 봅시다. 저장소에 원하는 스프라이트가 없다면 파일을 업로드하거나 직접 그려서 사용해 봅시다.

자~ 이젠 즐거운 음악 연주를 시작해 볼까요?

무엇을 만들까?

숫자 '3'을 누르면 세 번째 건반을 누르고 연주하기

버튼을 누르면 자동으로 연주하기

▲ 완성파일: 07_01_완성

무엇을 배울까?

STEP 1 피아노 스프라이트 만들기

STEP 2 건반을 누르며 연주하기

STEP 3 자동으로 동요 재생하기

STEP 1 피아노 스프라이트 만들기

01 저장소에서 피아노 건반 스프라이트를 찾아 추가합니다.
그 다음 [모양] 탭에서 'keyboard-a' 만 남겨둡니다.

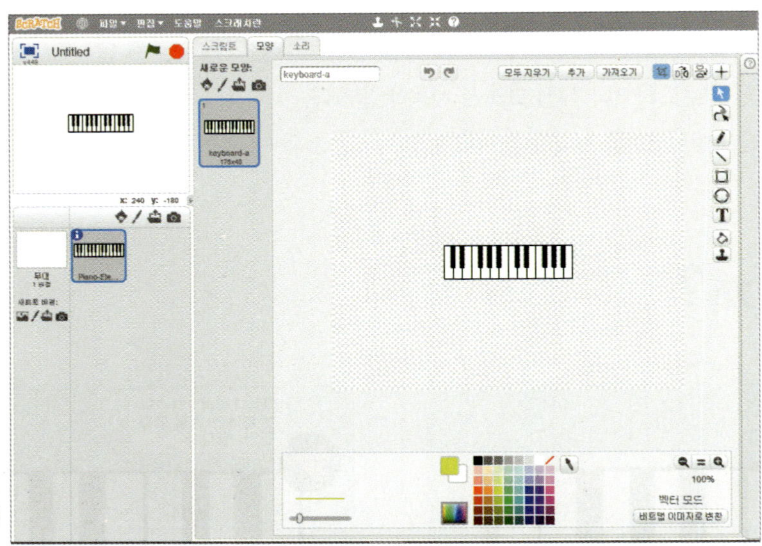

02 현재 벡터 모드에서 비트맵 모드로 변환하여 건반 모양을 원하는 크기만 잘라 사용할 수 있
도록 합니다.

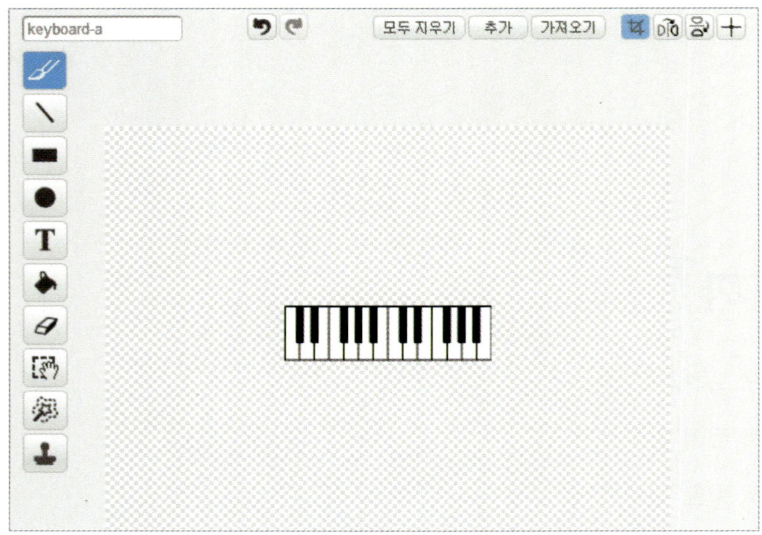

03 비트맵 모드의 메뉴에서 (선택하기)를 클릭한 후 원하는 크기만큼 드래그합니다. 영역이
지정되면 오른쪽 위쪽에 있는 메뉴에서 (Crop to selection)을 선택합니다.

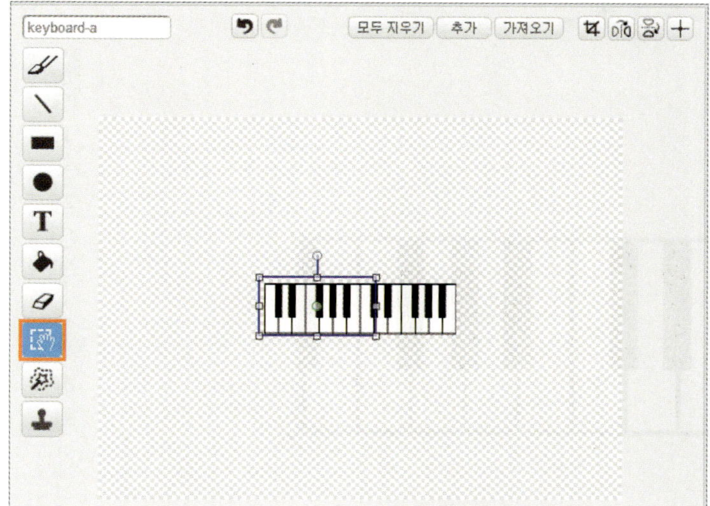

이 프로젝트에서는 건반
은 도, 레, 미, 파, 솔, 라,
시, 도로 8개만 필요합니
다.

04 자르기를 통해 건반의 일부만 선택되었습니다. 현재의 비트맵 모드를 [벡터로 변환하기]를
클릭하여 다시 벡터 모드로 변환합니다.

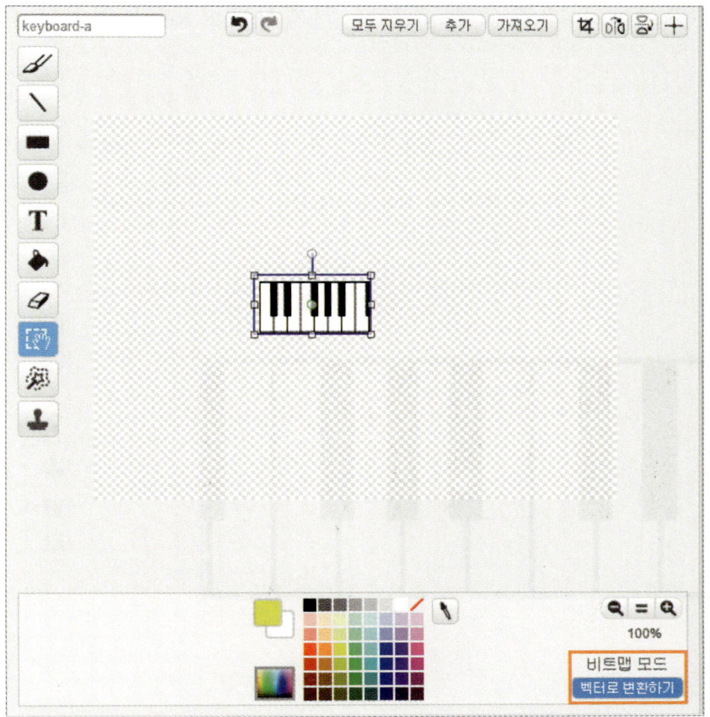

05 [벡터 모드]의 오른쪽 메뉴에서 (선택하기)를 클릭합니다. 스프라이트 가장자리에 크기 조절점을 드래그하여 크기를 확대합니다.

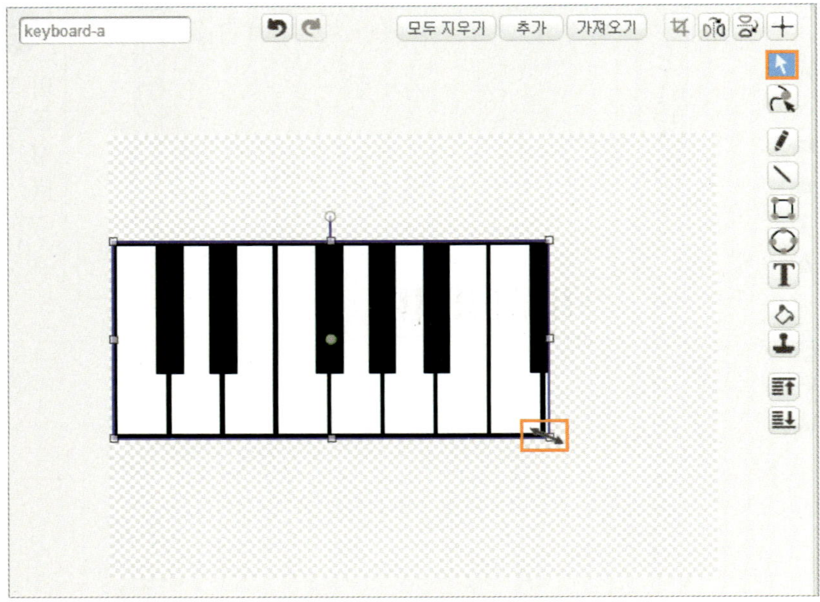

06 이어, 선택하기 상태에서 마우스 포인터가 손 모양일 때 드래그하여 건반의 위치를 이동할 수 있습니다. 건반의 크기는 무대의 80% 정도를 차지하도록 하고 위치는 드래그하여 가운데로 이동시킵니다.

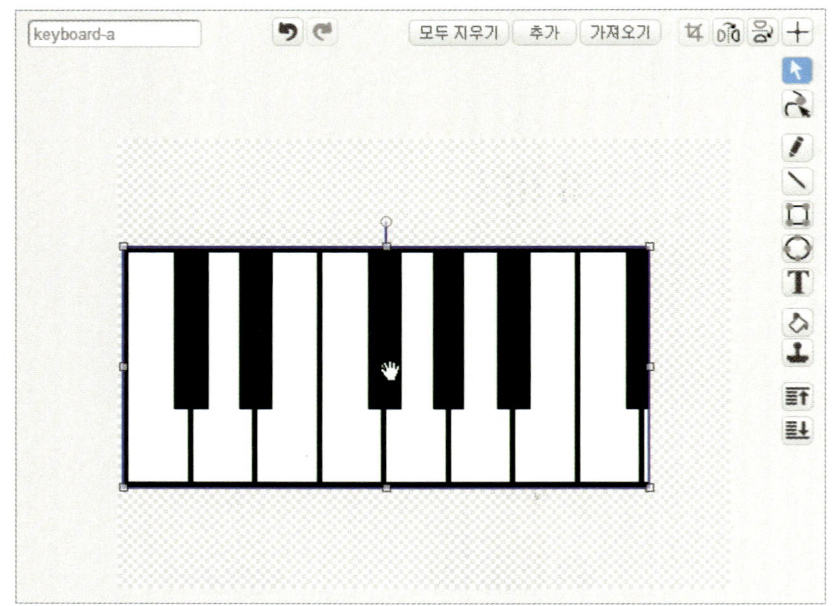

STEP 2 건반을 누르며 연주하기

이번에는 건반을 누르면 소리가 나는 스크립트를 만들려고 합니다. 어떤 스프라이트 모양과 스크립트 동작이 필요할까요?

- 손가락 모양의 스프라이트 필요
- 손가락으로 건반의 음계를 누를 때마다 음소리 재생
- 음소리와 더불어 해당 음계를 텍스트로 표시

01 (스프라이트 파일 업로드하기)를 클릭하여 'finger' 파일을 불러옵니다.

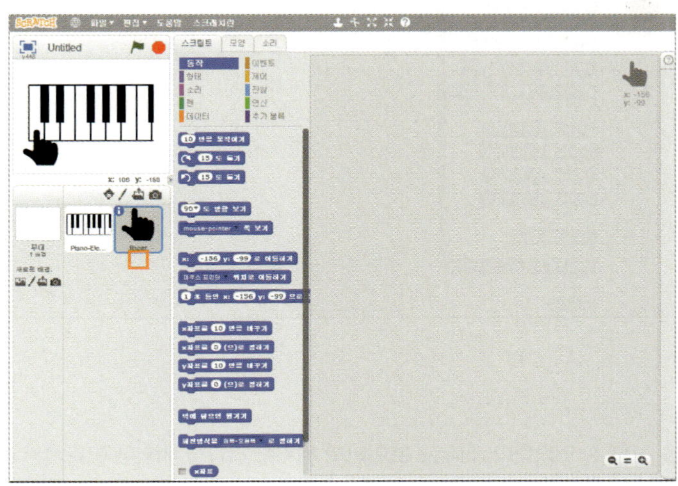

02 손가락 스프라이트의 크기는 [모양] 탭의 [벡터 모드]에서 조절합니다.

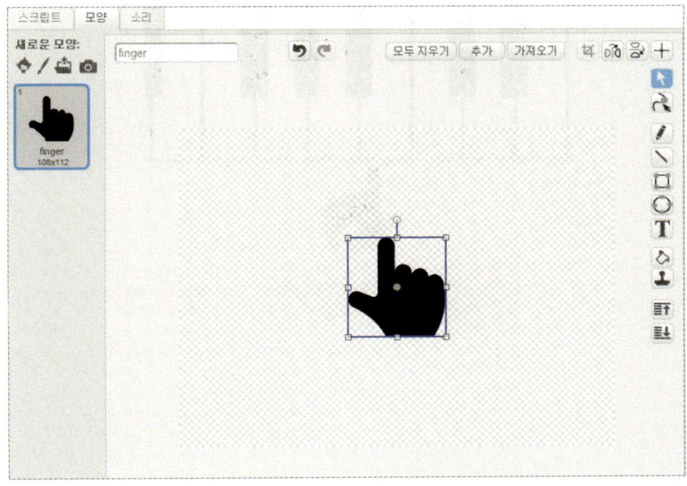

03 손가락 스프라이트에 [이벤트] 블록에서 `클릭했을 때` 과 [동작] 블록에서 `x: 0 y: -130 로 이동하기` 를 사용하여 스크립트를 만듭니다. 이 스크립트를 시작하면 손가락의 위치를 x축은 '0', y축은 '-130'인 위치로 이동합니다.

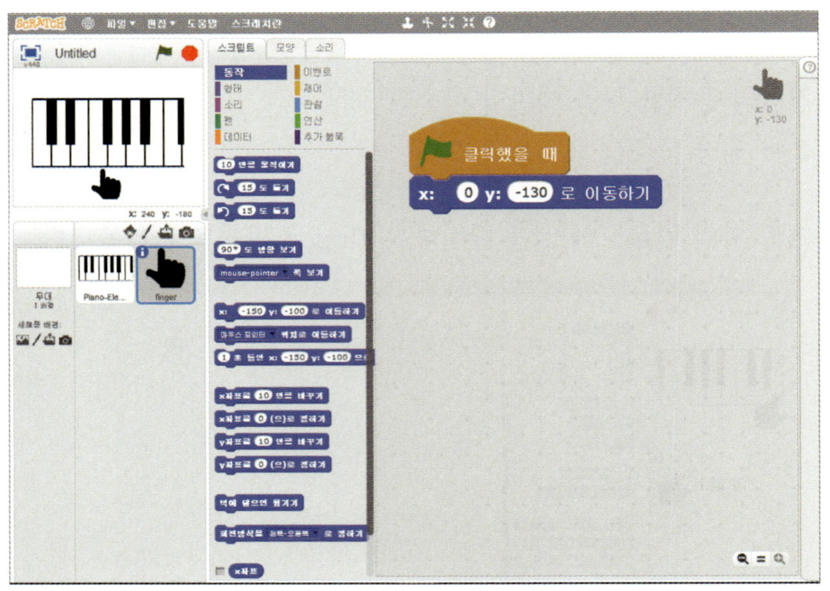

TIP

손가락 스프라이트의 위치를 정할 수 있습니다. 마우스 포인터의 위치를 적당한 위치로 이동시킨 후 오른쪽 아래에 표시된 x값과 y값을 `x: 0 y: -130 로 이동하기` 입력합니다. 값을 입력한 후 깃발을 눌러 손가락에 위치를 확인합니다.

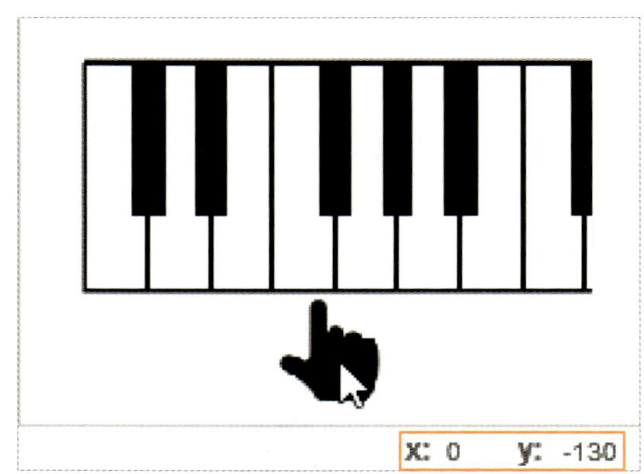

04 자~ 이번에는 각 건반을 누르면 음계의 소리가 나는 스크립트를 만들어 봅시다. 먼저 어떤 키를 누르면 어떤 음과 연결할지 생각해 볼까요? 가령, 숫자 '1'을 입력하면 손가락은 낮은 '도'의 위치로 이동합니다. 그럼, '2'를 입력하면 '레'의 위치로 이동하겠죠?

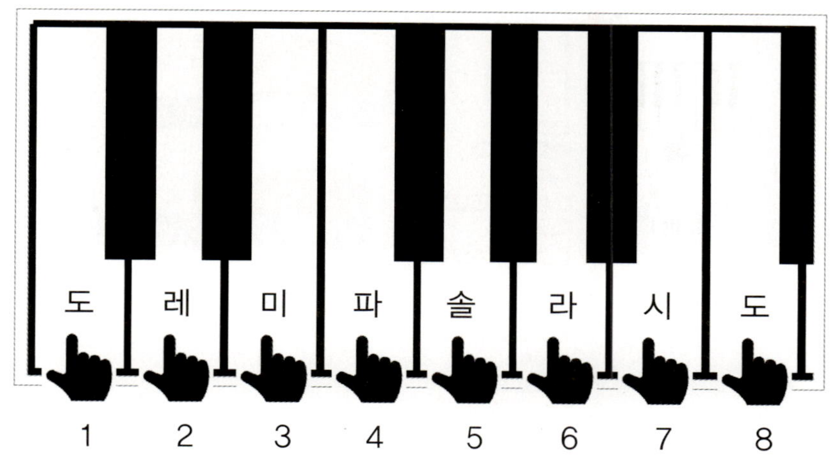

05 다음은 손가락 스프라이트가 건반 위를 오가며 연주할 수 있도록 x축과 y축의 값을 정해야 합니다. 이 때, y축의 값은 동일합니다. 간단하게 표로 나타내 보면 다음과 같습니다.

숫자	1	2	3	4	5	6	7	8
음계	도	레	미	파	솔	라	시	도
x	−150	−100	−55	−10	40	85	130	180
y	−90	−90	−90	−90	−90	−90	−90	−90

TIP

학습자마다 설정한 스프라이트의 크기나 위치에 따라 드디어 좌표가 다르게 설정됩니다. 각자의 좌표를 확인한 후 블록에 숫자를 입력해야 합니다.

06 손가락 스프라이트에 [이벤트] 블록의 스페이스 키를 눌렀을 때 와 [동작] 블록의 x: 0 y: -130 로 이동하기 를 추가합니다. 스페이스 키를 눌렀을 때 의 메뉴에서 '1'을 찾아 바꾸고, 이동 위치는 x: -150, y: -90으로 입력합니다.

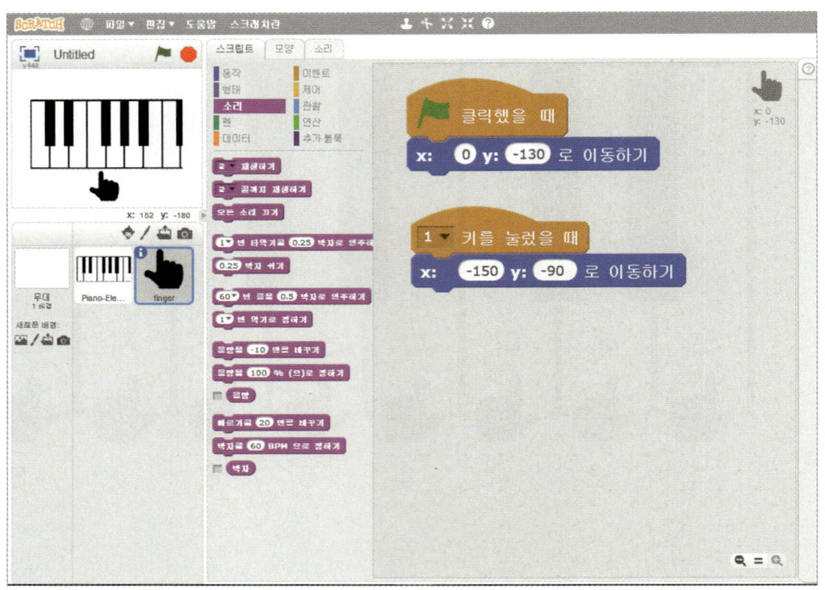

07 스크립트를 실행해 키보드의 숫자 '1'을 누르면 손가락 스프라이트가 x: -150, y: -90으로 이동합니다.

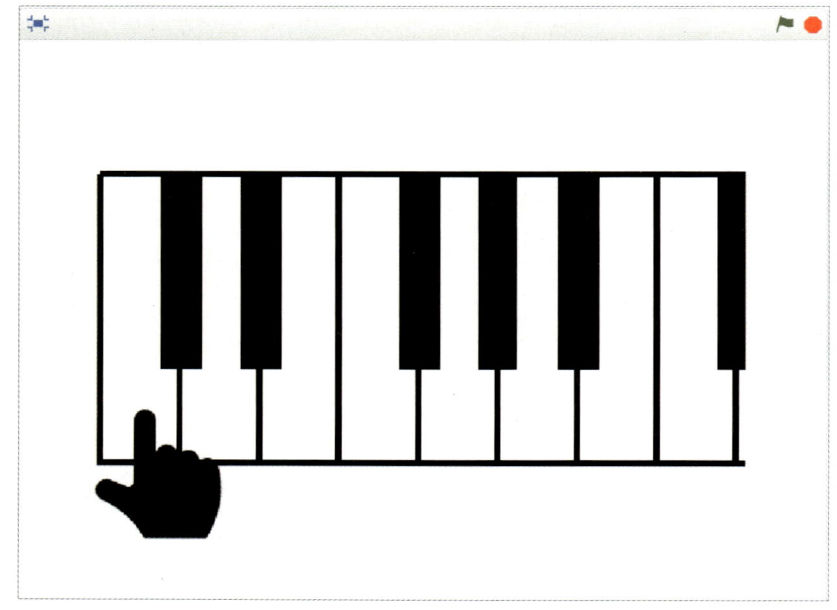

08 [형태] 블록의 Hello! 말하기 를 아래와 같이 추가하여 "도"를 입력합니다.

09 [소리] 블록의 60▼ 번 음을 0.5 박자로 연주하기 를 추가합니다. 이 블록의 선택 버튼을 클릭하면 해당 음의 건반 위치가 나타납니다. 건반의 위치에 따라 음과 그 음의 값이 표시됩니다. 여기서는 낮은 '도'의 값으로 '60'번이 표시됩니다. 박자는 '0.5'로 지정합니다.

10 키보드의 숫자 '1'을 누르면 손가락이 x: −150, y: −90에 위치하고 '도'라는 텍스트가 나타나고 소리도 납니다.

11 이번에는 '레'를 선택하기 위한 스크립트를 만들어 봅시다. 11의 블록을 복사한 후 수정합니다. 연주하기 블록의 선택 버튼을 클릭한 후 '레' 건반의 위치와 해당 번호를 선택합니다.

12 자~ 이제 블록을 복사하여 나머지 음을 연주하기 위한 블록들로 수정해 봅니다.

STEP 3 자동으로 동요 재생하기

음악을 자동으로 재생하는 스크립트를 만들기 위해 재생 버튼 모양의 스프라이트를 직접 제작해 봅시다. 재생 버튼 스프라이트를 클릭하면 '봄나들이' 동요가 재생되도록 해봅시다.

01 먼저 재생 버튼 스프라이트를 만들어 봅시다. 새로운 스프라이트를 만들기 위해 스프라이트 영역의 ✏(새 스프라이트 색칠)을 클릭합니다. 새로운 스프라이트가 생깁니다.

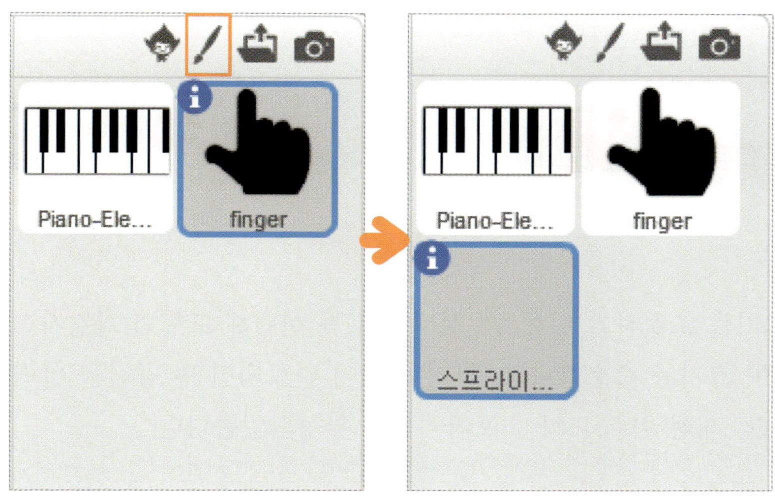

02 새 스프라이트를 선택한 상태에서 [모양] 탭을 클릭합니다. 비트맵 모드에서 ●(타원)과 ＼ (선)을 사용하여 도형을 그립니다. 아래와 같이 정원을 그리려면 [Shift]키를 누른 상태에서 드래그합니다.

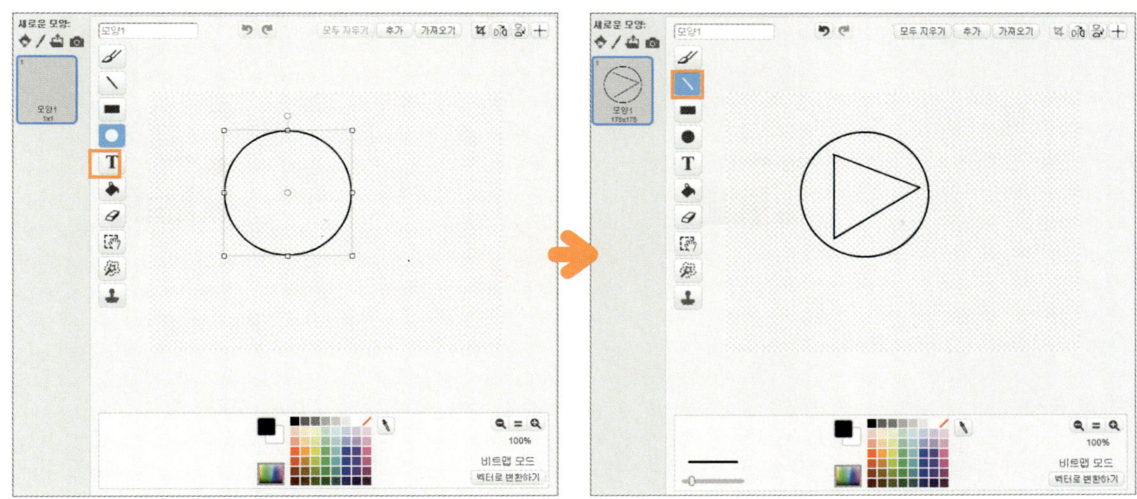

03 이번에는 (색칠하기)를 선택하여 도형을 선택하여 아래와 같이 색을 채웁니다.

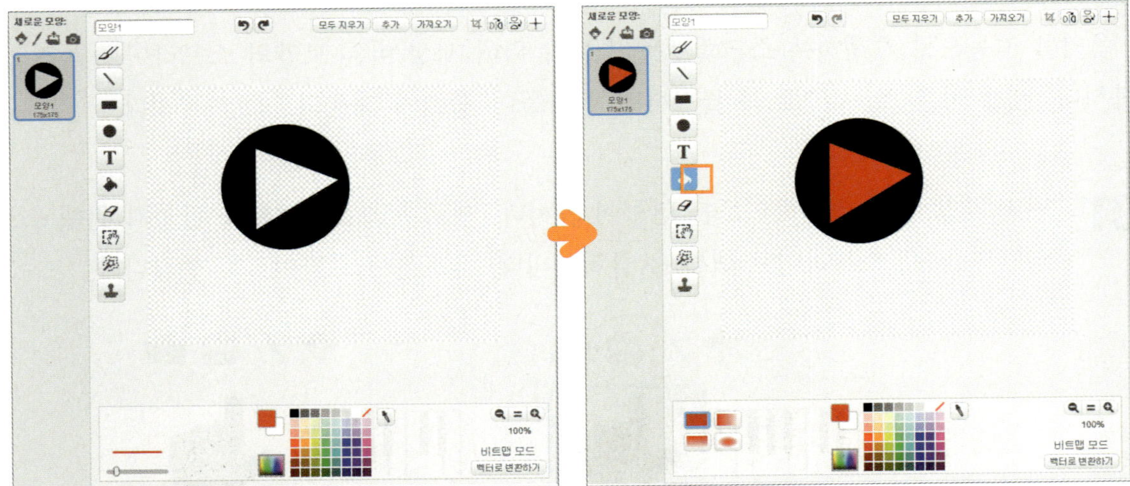

04 도형의 크기를 조절하기 위해 (선택하기)를 선택해 도형의 가장자리에 표시되는 조절점을 드래그하여 크기를 축소합니다. 크기 조절이 완료되면 빈 공간을 클릭하여 가장자리의 선을 해제합니다. 재생 버튼 모양 스프라이트가 완성되었습니다.

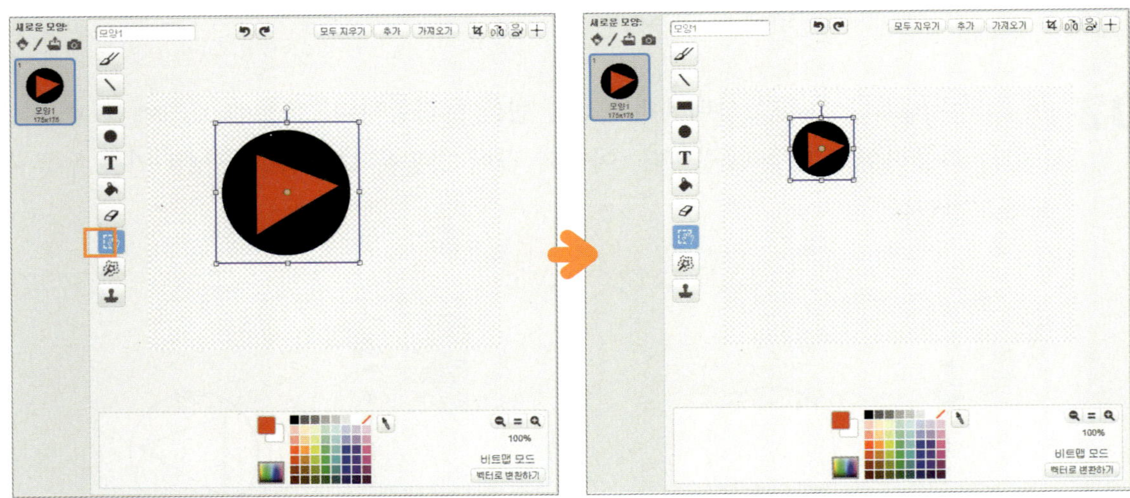

05 재생 버튼 스프라이트에 [이벤트] 블록의 [클릭했을 때] 와 [동작] 블록의 [x: 0 y: -130 로 이동하기] 를 사용하여 스크립트를 만듭니다. 스크립트를 시작하면 위치를 x: -80, y: 0 위치로 이동합니다.

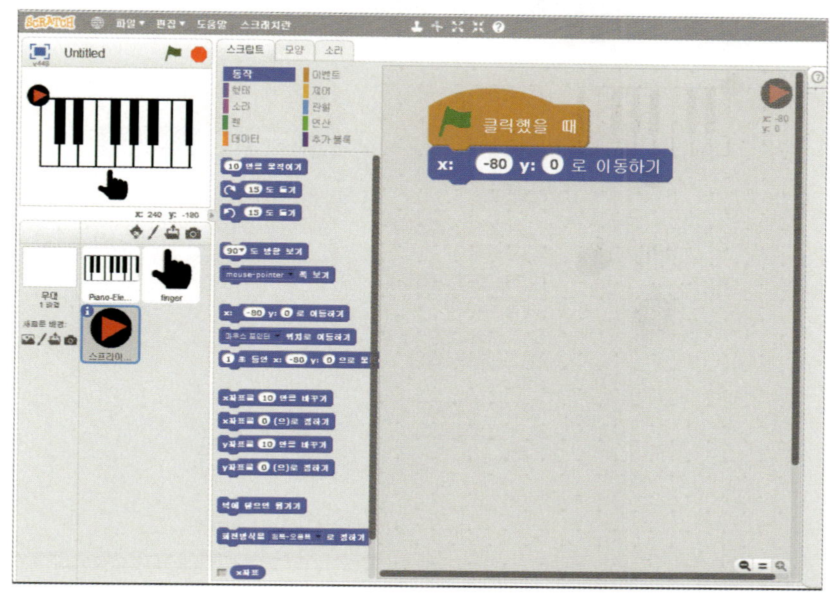

06 자~ 이제 본격적으로 연주를 해볼까요?

다음은 '봄나들이' 동요 악보입니다. '나리나리 개나리 입에 따다 물고요' 부분만 연주하는 스크립트를 완성해 봅시다. 계이름은 '솔미솔미 솔라솔 미솔미도 레미레'입니다.

봄나들이

07 [이벤트] 블록의 `이 스프라이트를 클릭했을 때` 와 [소리] 블록의 `60▼ 번 음을 0.5 박자로 연주하기` 를 연결한 스크립트를 만듭니다. 연주하기 블록은 '솔' 음인 '67'을 선택한 후 '0.5' 박자를 선택합니다.

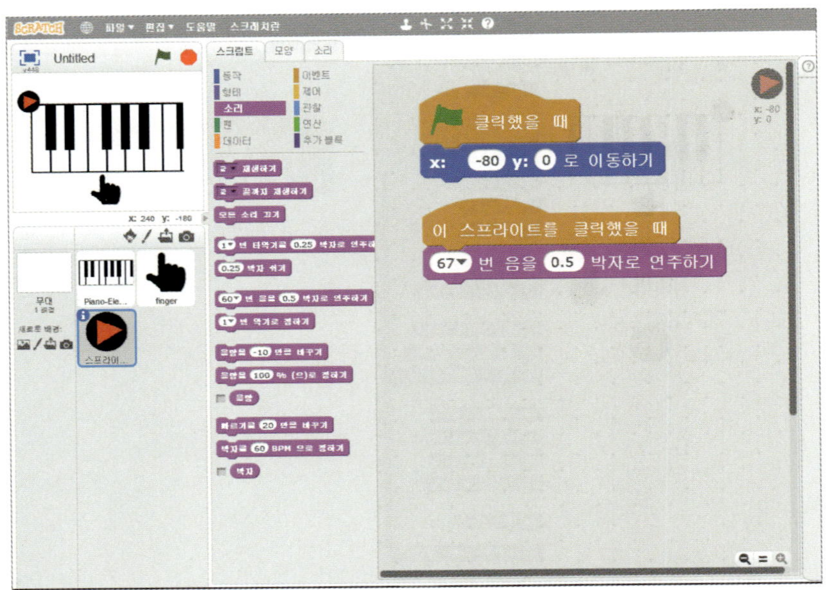

08 **06**의 악보를 보고 **07**의 블록을 다음과 같이 스크립트를 완성해 봅시다.
음표의 길이에 따라 '0.5'와 '1' 박자를 사용하는 연주가 있으니, 유의하여 완성해 봅시다.

09 연주되는 동요의 가사가 표시되면 듣는 사람들이 더욱 즐겁게 들을 수 있을 것입니다. [형태] 블록의 `Hello! 말하기` 를 추가하여 연주되는 동요 가사를 입력합니다.

이 스프라이트를 클릭했을 때

['봄 나들이'] 나리나리 개나리 입에 따다 물고요 말하기

67▼ 번 음을 0.5 박자로 연주하기
64▼ 번 음을 0.5 박자로 연주하기
67▼ 번 음을 0.5 박자로 연주하기
64▼ 번 음을 0.5 박자로 연주하기
67▼ 번 음을 0.5 박자로 연주하기
69▼ 번 음을 0.5 박자로 연주하기
67▼ 번 음을 1 박자로 연주하기
64▼ 번 음을 0.5 박자로 연주하기
67▼ 번 음을 0.5 박자로 연주하기
64▼ 번 음을 0.5 박자로 연주하기
60▼ 번 음을 0.5 박자로 연주하기
62▼ 번 음을 0.5 박자로 연주하기
64▼ 번 음을 0.5 박자로 연주하기
62▼ 번 음을 1 박자로 연주하기

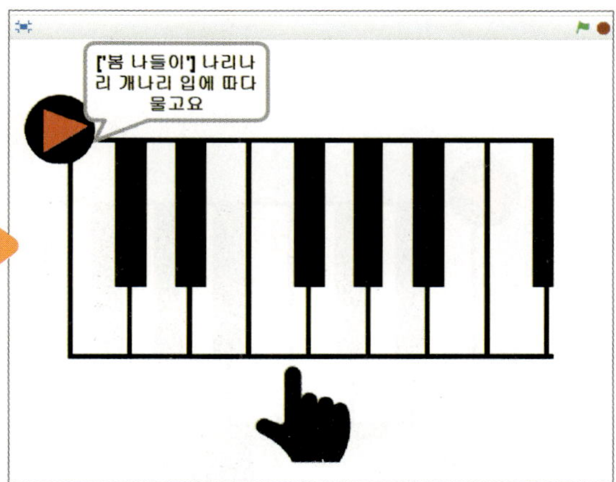

119

10 자~ 이제 프로젝트가 완성되었습니다.

하지만, 사용자가 어떤 동작을 해야 이 스크립트를 사용할 수 있을지에 대한 안내 내용이 필요합니다. 피아노 모양의 스프라이트에 [형태] 블록의 `Hello! 을(를) 2 초동안 말하기` 를 추가하여 안내 글을 입력합니다.

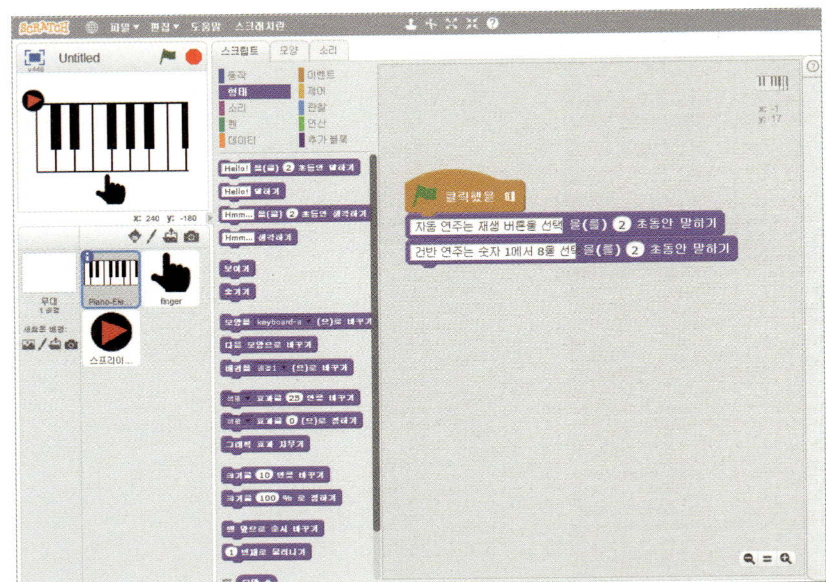

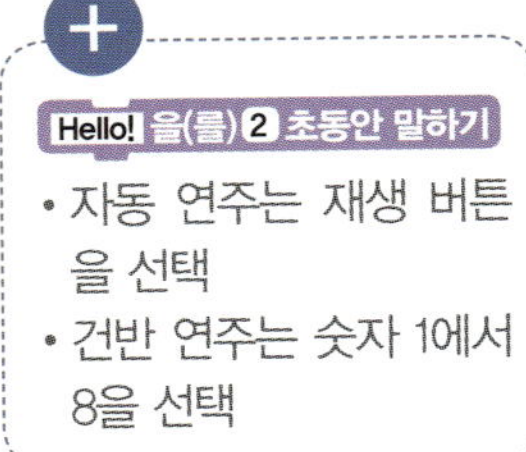

11 마지막으로 [저장소에서 배경 선택]을 클릭해 무대 배경을 설정합니다. 여기서는 무대 배경으로 'blue sky'를 선택하였습니다.

기초다지기

01 주어진 조건에 따라 프로젝트를 완성해 보세요.

▲ 완성파일: 기초_07_01_완성

조건
- 10번 반복하기
- 타악기 '1' 번을 '0.25'박자로 연주하기
- 타악기 연주 후 '0.1'박자 쉬기

02 주어진 조건에 따라 프로젝트를 완성해 보세요.

▲ 완성파일: 기초_07_02_완성

조건

사람 스프라이트
- 10번 반복하기
- 계속해서 다른 모양으로 바꾸기

기타 스프라이트
- 10번 반복하기
- C2 elec bass를 선택해 끝까지 소리내기

도전하기

01 주어진 조건에 따라 악기 스프라이트를 클릭하면 소리가 재생되는 프로젝트를 완성해 보세요.

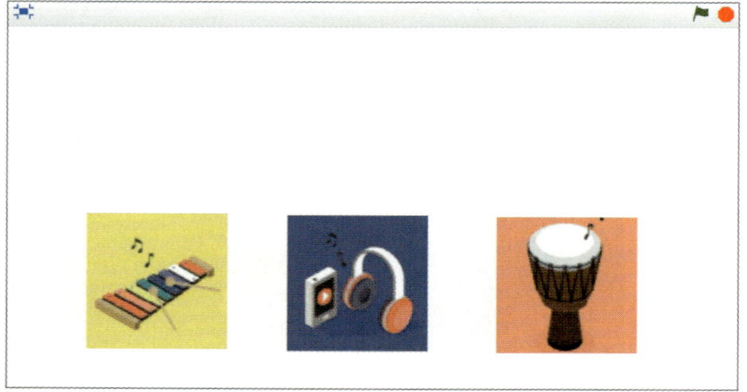

▲ 완성파일: 심화_07_01_완성

조건
- 스프라이트 파일 업로드(sound1.jpg, sound2.jpg, sound3.jpg)
- 스프라이트에 반투명 효과 '24'
- 스프라이트를 클릭하면 소리 재생(elec piano loop, space ripple, drum jam)

02 문제 **01**을 완성한 후, 주어진 조건에 따라 소리를 멈추는 스프라이트를 추가하여 프로젝트를 완성해 보세요.

▲ 완성파일: 심화_07_02_완성

조건
- 배경 파일 업로드(speaker.jpg)

STOP 스프라이트
- 스프라이트에 반투명 효과 '24'
- 스프라이트를 클릭하면 모든 소리 끄기

구구단에 도전해요 08

학습목표

이번에는 구구단을 외우기 위한 프로젝트를 만들어 봅시다. 구구단 문제를 만들기 위해서는 사용되는 숫자를 불규칙하게 만드는 난수가 필요합니다. 또한 이러한 숫자들을 저장할 수 있는 장소인 변수도 필요합니다. 이젠 구구단을 외우기 위한 프로젝트를 만드는 방법에 대해 알아볼까요?

무엇을 만들까?

구구단을 묻고 기다리기

정답을 말한 경우　　　　　틀린 답을 말한 경우

▲ 완성파일: 08_01_완성

무엇을 배울까?

STEP 1 변수 만들기　　　　**STEP 3** 방송하기

STEP 2 난수 활용하기　　　　**STEP 4** 방송받기

STEP 1 변수 만들기

프로그램에서 수나 문자를 저장하는 공간을 변수라고 합니다. 변수는 이름을 가지며, 사용에 따라 변수에 저장되는 값들은 변합니다. 스크래치 프로그램에서는 필요에 따라 변수 블록을 만들어서 사용할 수 있습니다. 새로 만든 변수들은 현재 사용 중인 프로젝트 안에서만 사용이 가능합니다. 변수의 이름은 수정할 수 있으며, 필요에 따라 삭제할 수도 있습니다.

01 구구단 프로젝트를 만들기 위해 마법사 스프라이트를 추가합니다. 마법사 스프라이트가 선택된 상태에서 [이벤트] 블록의 클릭했을 때 와 [형태] 블록의 Hello! 을(를) 2 초동안 말하기 를 드래그하여 연결합니다.

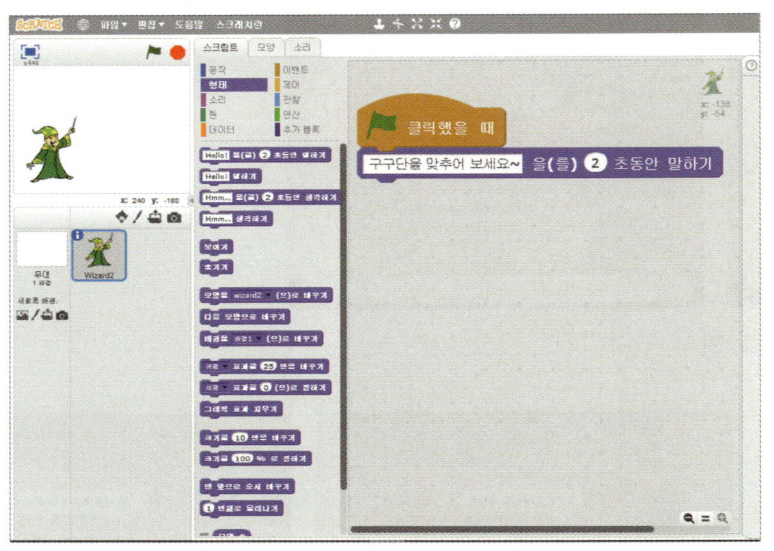

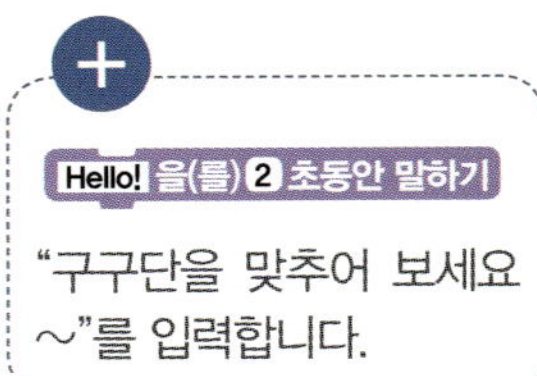

02 구구단 계산에서 필요한 변수는 몇 개일까요?
우선 구구단 형식을 살펴보면, '단'이 있고 단과 곱하는 숫자가 1~9까지 있습니다. 물론, 계산한 결과인 '정답'도 있습니다.
그러므로 변수의 이름을 '단', '수', '정답'으로 정합니다.

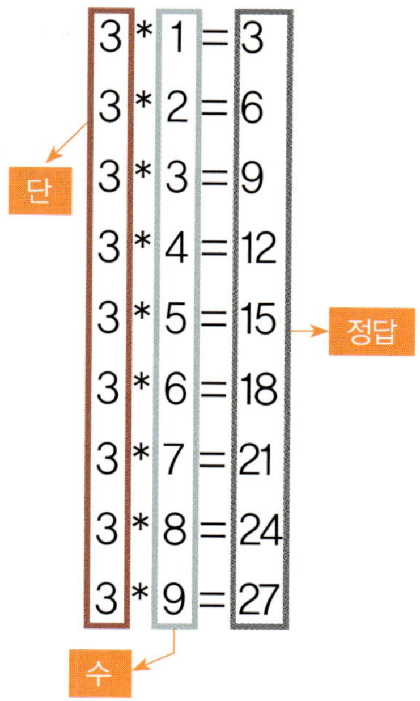

03 변수 블록을 사용하기 위해 [데이터] 블록을 클릭합니다. 현재 [데이터]는 빈 상태입니다. 새로운 블록을 추가하기 위해 변수만들기 를 선택합니다.

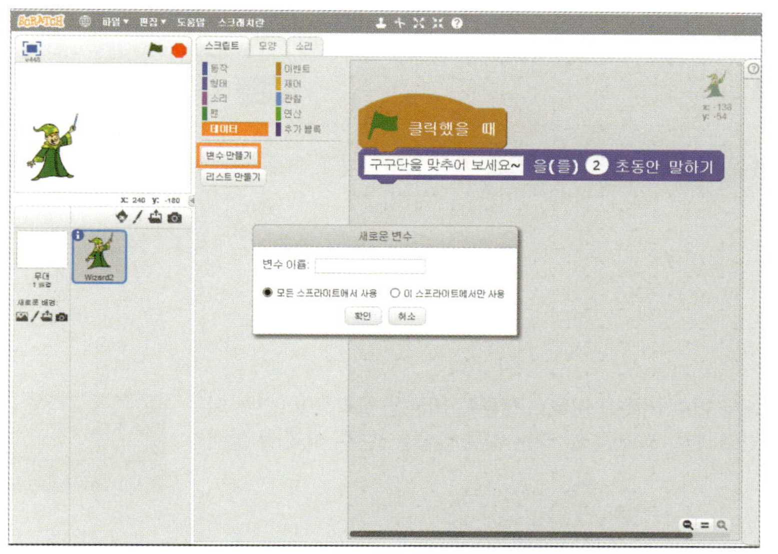

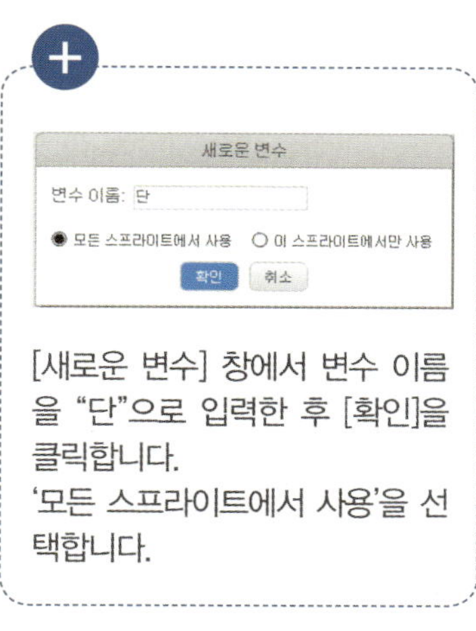

[새로운 변수] 창에서 변수 이름을 "단"으로 입력한 후 [확인]을 클릭합니다.
'모든 스프라이트에서 사용'을 선택합니다.

04 새로 "단"이라는 변수가 추가됩니다. 마찬가지 방법으로 [변수 만들기]에서 "수" 변수와 "정답" 변수를 추가합니다.

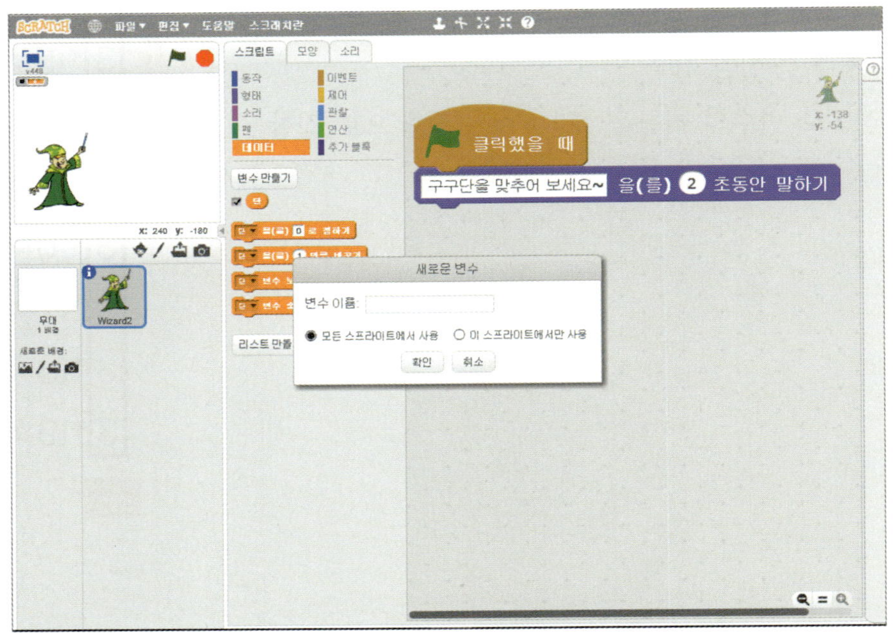

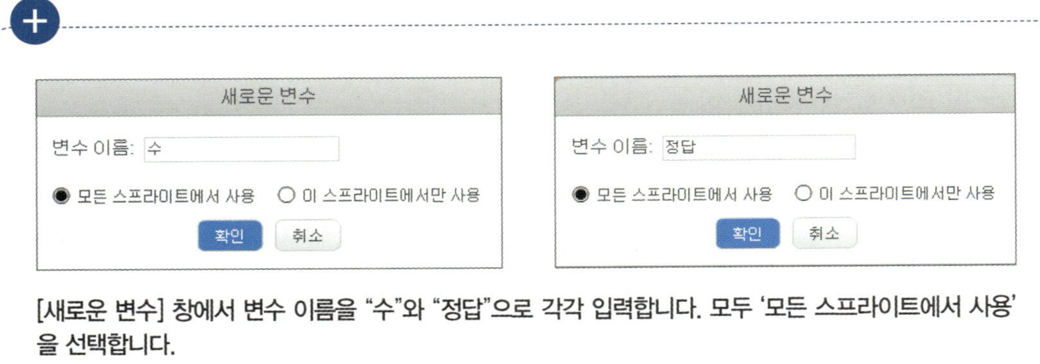

[새로운 변수] 창에서 변수 이름을 "수"와 "정답"으로 각각 입력합니다. 모두 '모든 스프라이트에서 사용'을 선택합니다.

TIP

변수 이름 수정/삭제하기
변수 이름을 수정할 때 [데이터]에서 변수 이름에 마우스 오른쪽 버튼을 클릭하여 [변수 이름 수정하기]를 통해 수정할 수 있고, 변수 삭제를 할 때는 같은 방법을 [변수 삭제]를 통해 삭제할 수 있습니다.

05 다음과 같이 [데이터] 블록에 새로운 변수가 3개 추가되었습니다. 새로 추가된 변수는 무대
영역에 표시됩니다. 만약 무대 영역에 보이지 않게 하려면 변수 블록의 체크를 해제합니다.

06 새 변수를 추가하면 사용할 수 있는 4개의 블록이 생깁니다.

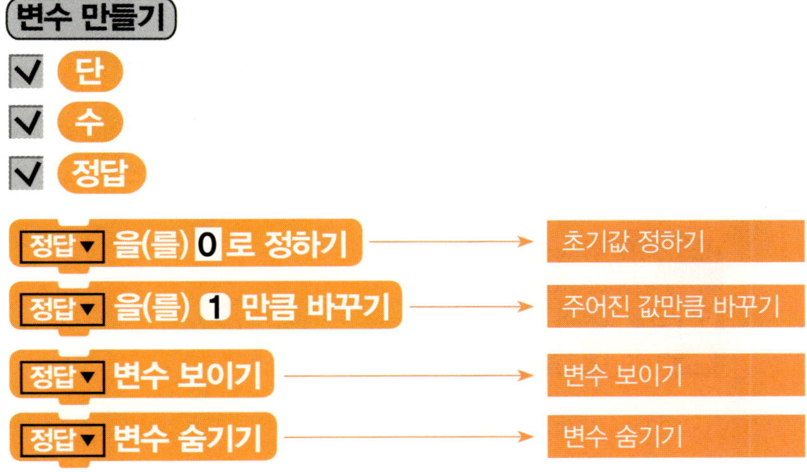

STEP 2 난수 활용하기

구구단에 사용되는 숫자는 1에서 9까지의 수입니다. 즉, 이 프로젝트는 1에서 9까지의 수를 조합하여 '단'과 '수'를 만들어 질문을 하게 됩니다. '단'과 '수' 변수에 무작위로 값을 지정하기 위해 난수를 만드는 블록을 활용해 봅시다.

01 [데이터] 블록의 `단▼을(를) 0로 정하기` 를 **STEP 1**에서 완성한 블록에 추가합니다. [연산] 블록의 `1 부터 10 사이의 난수` 를 아래와 같이 연결합니다. `단▼을(를) 0로 정하기` 블록은 '단'으로 선택합니다. `1 부터 10 사이의 난수` 블록은 1부터 9까지로 숫자로 수정합니다. 그러면 1부터 9까지의 수 중에서 무작위로 숫자를 사용하게 됩니다.

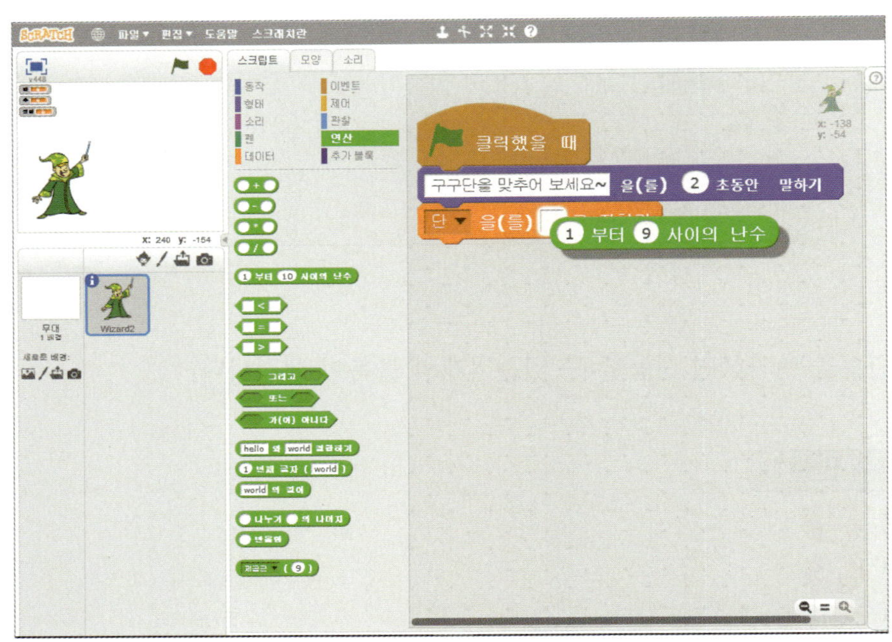

TIP

난수(Random number: 랜덤 수)는 특정한 순서나 규칙을 가지지 않는 수입니다. 이 스크립트에서 "단"과 "수"를 난수로 정하여 저장합니다. 여기서는 1~9로 수의 범위를 정했고 이 범위에서 수를 순서나 규칙 없이 사용합니다.

02 같은 방법으로 이번에는 `단▼ 을(를) 0 로 정하기` 블록에서 '수'로 선택합니다.
그리고 `1 부터 10 사이의 난수` 를 연결합니다. 마찬가지로 1부터 9까지로 수정합니다.
'단'과 '수'를 연결하면 다음과 같은 스크립트가 됩니다.

03 이번에는 `단▼ 을(를) 0 로 정하기` 블록에 [연산] 블록에서 `○ * ○` 를 연결합니다. `○ * ○` 은 왼쪽과 오른쪽에 있는 숫자 또는 변수(값)를 곱하기 위한 블록입니다. `단▼ 을(를) 0 로 정하기` 블록을 '정답'으로 변경하고 `○ * ○`의 왼쪽에는 `단`, 오른쪽에는 `수` 를 연결합니다.

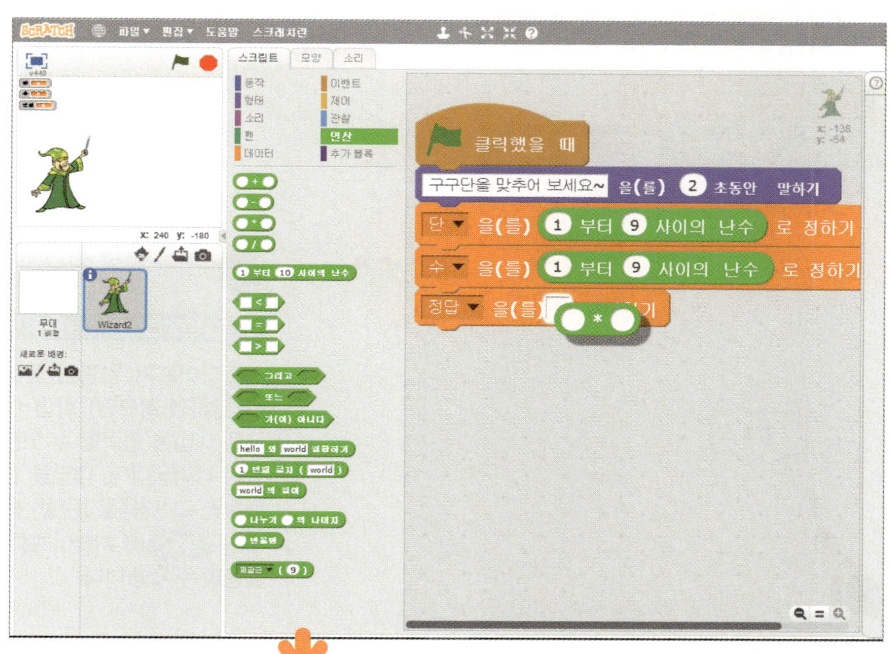

'단' 변수 값과 '수' 변수 값을 곱한
결과를 '정답' 변수에 저장

04 자! 이젠 구구단 문제를 내기 위해 다음과 같이 결합하기 블록을 사용합니다. [연산] 블록의
hello 와 world 결합하기 를 활용합니다. 추가된 블록을 복사하여 두 개의 블록을 연결합니다. 연결된 블록에 왼쪽에는 단 블록, 가운데에는 "*"를 입력하고, 오른쪽에는 수 블록을 연결합니다.

hello 와 hello 와 world 결합하기 결합하기 ➡ 단 와 * 와 수 결합하기 결합하기

05 구구단 문제를 내고 기다리는 화면이 필요합니다. [관찰] 블록의 What's your name? 묻고 기다리기 와
단 와 * 와 수 결합하기 결합하기 를 연결해 아래와 같이 완성합니다.

What's your name? 묻고 기다리기

스프라이트가 입력된 문장을 말하면(물으면) 화면 아래에 대답을 입력할 수 있는 창이 나타납니다. 대답을 입력하면 그 내용은 [관찰] 블록의 대답 에 저장이 되어 활용할 수 있습니다.

STEP 3 방송하기

 방송하기 블록으로 다른 스프라이트와 상호 작용을 할 수 있습니다. 방송을 하면 그 방송을 받은 스프라이트의 스크립트가 실행됩니다.

구구단 프로젝트에서는 정답과 대답이 같다면 '잘했어요'라고 방송합니다. 같지 않다면 '다시도전'이라고 방송하게 됩니다.

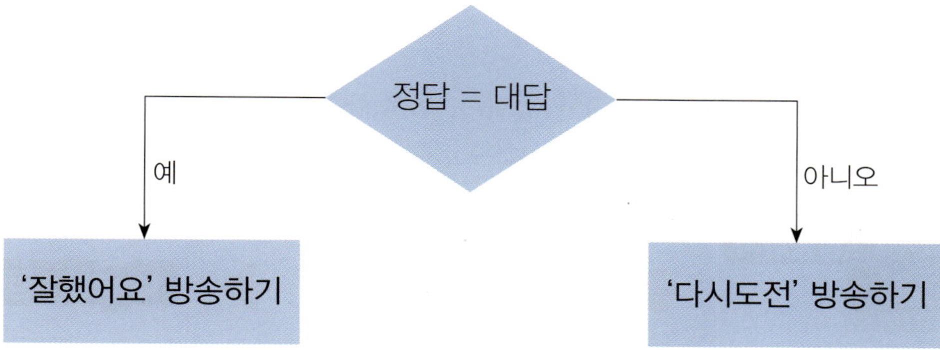

01 05의 블록에 먼저 [제어] 블록에서 `만약 ~라면` ~ `아니면` 블록을 추가합니다. [연산] 블록의 `=` 를 추가하여 왼쪽에는 [데이터]의 `정답` 블록을 오른쪽에는 [관찰]의 `대답` 블록을 연결합니다. 연결된 스크립트는 다음과 같습니다.

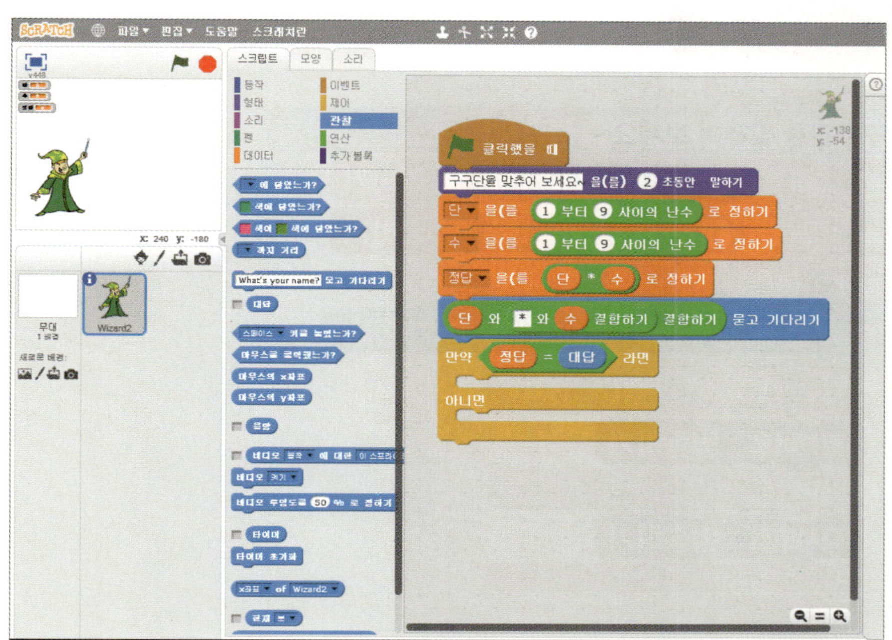

02 그 다음 [이벤트] 블록의 메시지1 방송하기 를 추가합니다. 목록 버튼을 클릭한 후 [새 메시지]를 클릭합니다. [새로운 메시지] 창에서 메시지 이름으로 "잘했어요"를 입력한 후 [확인]을 클릭합니다.

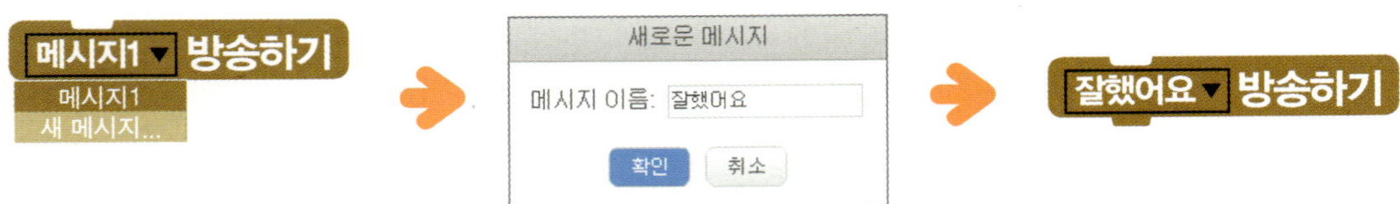

03 [이벤트] 블록의 메시지1 방송하기 를 추가합니다. 목록 버튼을 클릭한 후 [새 메시지]를 클릭합니다. [새로운 메시지] 창에서 메시지 이름으로 "다시도전"을 입력한 후 [확인]을 클릭합니다.

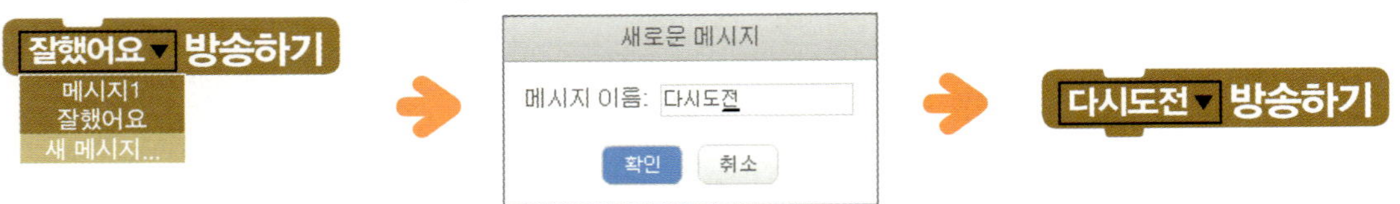

04 무한 반복하기 블록을 추가하여 구구단 문제를 계속해서 낼 수 있도록 합니다. 아래와 같이 스크립트를 완성합니다.

STEP 4 방송받기

방송하기를 통해 호출된 내용을 받은 스프라이트는 주어진 스크립트를 실행해야 합니다. 방송을
받은 스프라이트는 다음과 같이 구성됩니다.

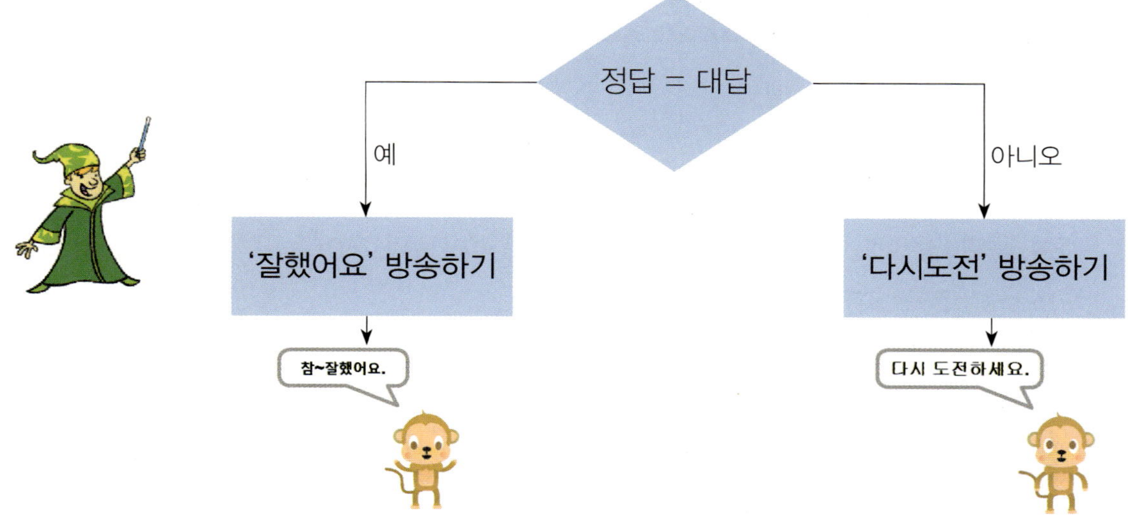

01 먼저, 원숭이 스프라이트를 추가합니다. 추가된 스프라이트를 선택한 후 [이벤트] 블록의
잘했어요 을(를) 받았을 때 와 [형태] 블록의 Hello! 을(를) 2 초동안 말하기 를 연결합니다.

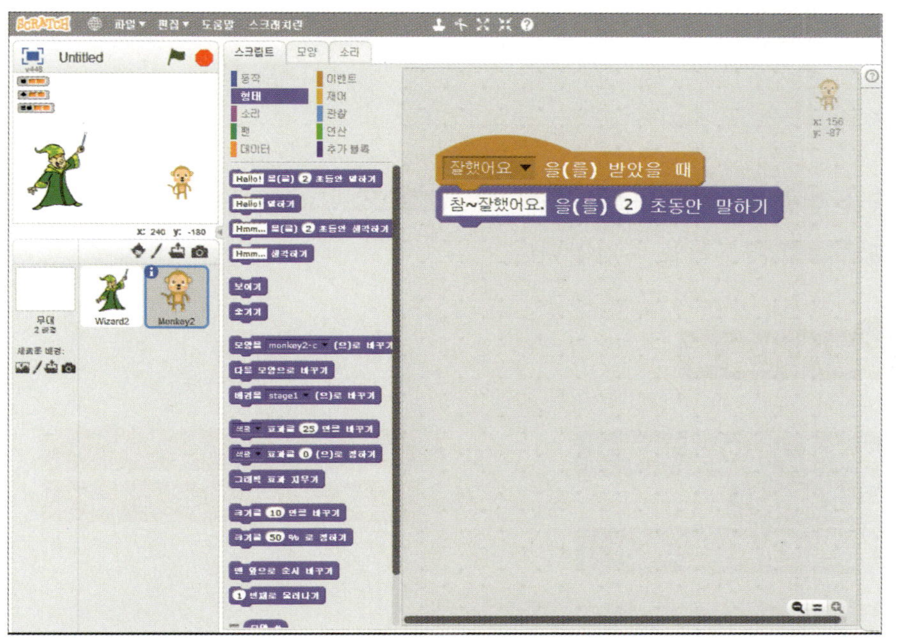
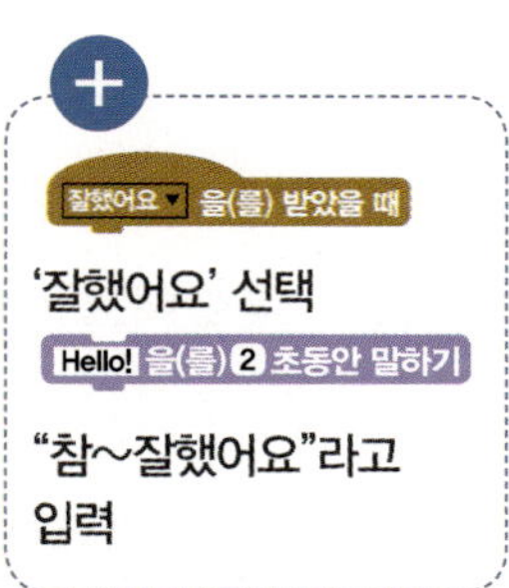

02 방송을 받을 때만 보였다가 사라지게 하기 위해 보이기 와 숨기기 블록을 추가합니다.

03 원숭이 스프라이트가 말할 때마다 모양이 변하도록 해 봅시다. 정답을 맞혔을 때와 정답이 틀린 경우로 나누어집니다. 원숭이 스프라이트의 모양은 3가지이지만, monkey2-a, monkey2-b 2가지만 사용합니다.

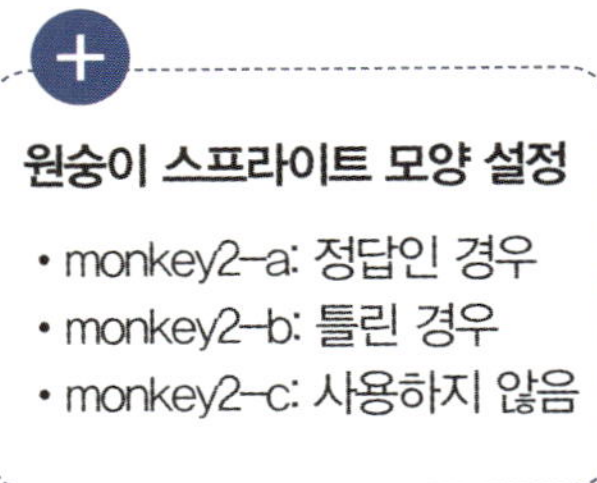

원숭이 스프라이트 모양 설정

- monkey2-a: 정답인 경우
- monkey2-b: 틀린 경우
- monkey2-c: 사용하지 않음

04 "잘했어요" 방송을 받았을 때 모양을 바꾸는 모양을 monkey2-a (으)로 바꾸기 블록과 스프라이트의 크기를 조절하는 크기를 50 % 로 정하기 블록을 추가합니다.

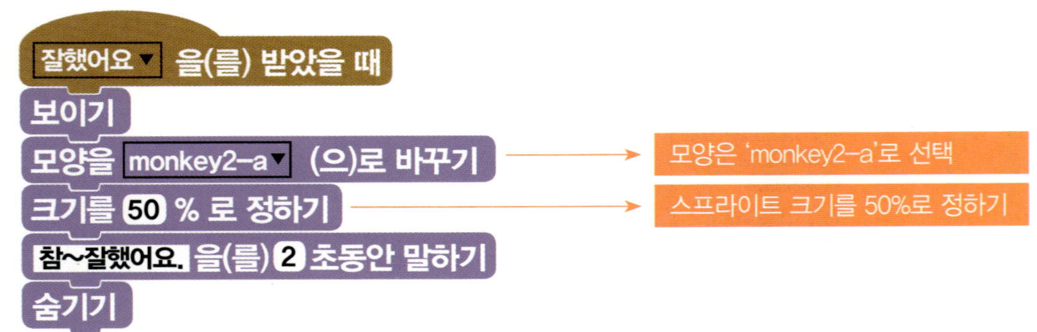

05 **04**에서 완성한 블록을 복사하여 아래와 같이 수정하여 "다시도전" 방송을 받았을 때 실행될
스크립트를 완성해 봅시다.

06 다음과 같이 원숭이 스프라이트의 스크립트가 모두 완성되었습니다.

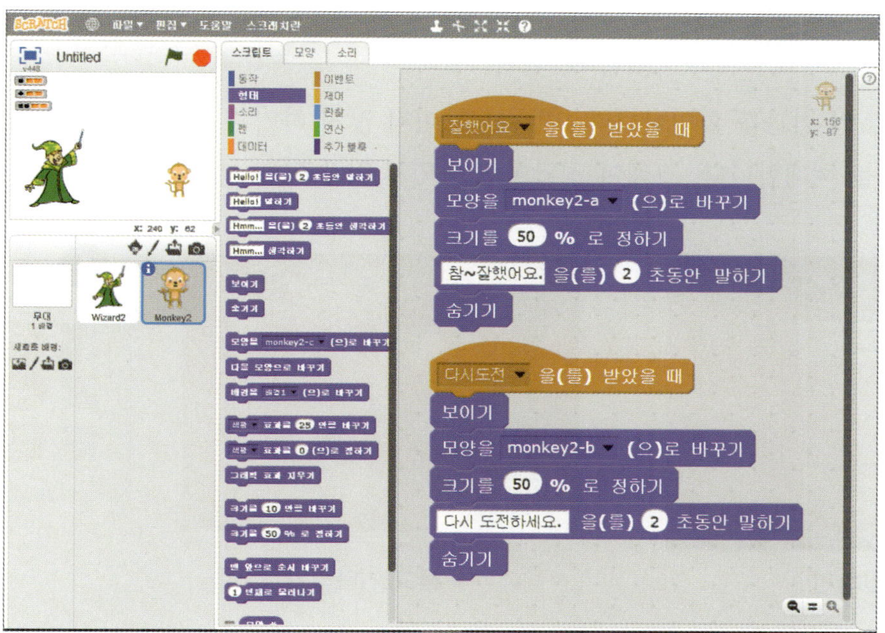

07 마지막으로 [저장소에서 배경 선택]에서 배경을 선택합니다.

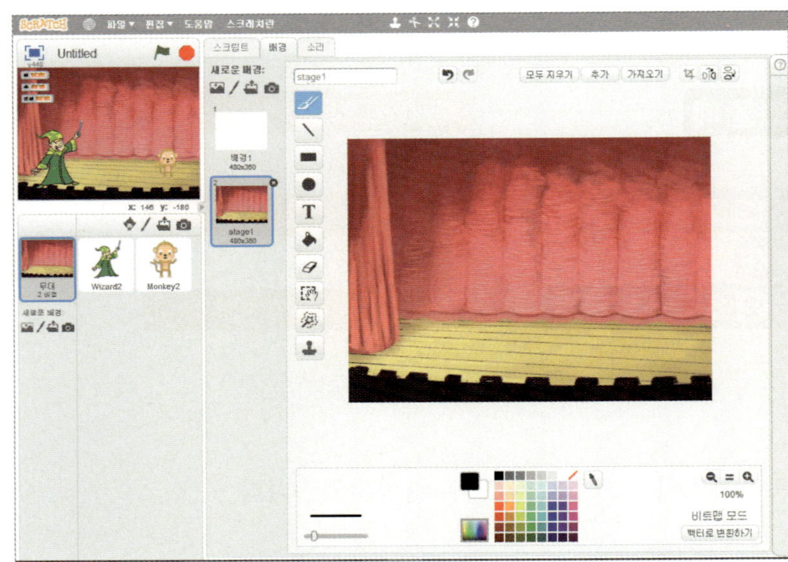

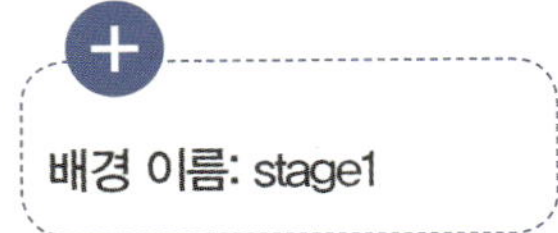

배경 이름: stage1

08 완성된 프로젝트의 결과를 확인합니다. 변수를 보이지 않게 하기 위해서 [데이터] 블록에서 변수 앞의 체크를 해제합니다. 그래야 정답이 노출되지 않겠죠?

▲ 말하기

▲ 묻고 기다리기

▲ 정답을 말한 경우

▲ 틀린 답을 말한 경우

단
수
정답

기초다지기

01 주어진 조건에 따라 [스페이스] 키를 누르면 자유롭게 이동하는 펭귄을 완성해 보세요.

▲ 완성파일: 기초_08_01_완성

조건
- 시작 위치는 x: 0, y: 0
- X축 : −100에서 100까지 사이를 자유롭게 이동
- Y축 : 0에서 −110까지 사이를 자유롭게 이동

02 다음과 같이 스프라이트가 서로 대화를 주고 받는 프로젝트를 완성해 보세요.

▲ 준비파일: 기초_08_02_준비 / 완성파일: 기초_08_02_완성

조건
- 방송하기 메시지명은 "장소"
- 왼쪽 스프라이트: "어디를 가니?" 말하기
- 오른쪽 스프라이트: "문구점에 가는 중이에요~" 말하기

도전하기

01 주어진 조건에 따라 두 수를 나누어 나머지를 맞추는 프로젝트를 만들어 보세요.

▲ 준비파일: 심화_08_01_준비 / 완성파일: 심화_08_01_완성

조건
- (나누기 의 나머지) 블록 사용
- 변수 : '나누어지는 수', '나누는 수', '나머지'
- 나누어지는 수 범위 : 1에서 99 사이의 난수
- 나누는 수 범위 : 1에서 9 사이의 난수

- 나머지와 대답이 같을 경우 "정답입니다."를 말하고, 다를 경우 "틀렸습니다."를 말하기

02 문제 **01**의 결과를 활용하여 주어진 조건에 따라 프로젝트를 만들어 보세요.

▲ 완성파일: 심화_08_02_완성

❶ 선생님 스프라이트가 말하기 블록을 통해 문제를 제시합니다. 이어서, "말하기" 메세지를 방송합니다.

❷ 고양이 스프라이트가 "말하기" 방송을 받아서 대답을 기다립니다. 대답이 입력되면 "대답하기" 메시지를 방송합니다.

❸ 선생님 스프라이트가 "대답하기" 방송을 받아서 대답에 따라 "틀렸습니다."와 "정답입니다."를 말합니다.

숫자 맞추기에 도전해요

학습목표

이번에는 생각하고 있는 숫자를 맞추는 프로젝트를 만들어 봅시다. 스무고개를 하듯이 상호 작용을 통해 서로가 생각하고 있는 내용이 맞는지 확인하는 과정이 반복됩니다. 변수를 사용하여 대답한 횟수를 저장하여 몇 번만에 대답을 했는지를 알려줍니다. 지금부터 상호 작용을 통해 숫자 맞추기 게임에 도전하는 프로젝트를 만들어 볼까요?

무엇을 만들까?

숫자 맞추기 게임하기

 ▲ 준비파일: 09_01_준비 / 완성파일: 09_01_완성

무엇을 배울까?

STEP 1 질문에 답하기

STEP 3 방송하기로 실행하기

STEP 2 대답 횟수 확인하기

STEP 1 질문에 답하기

질문의 순서와 정답과 대답이 같은지에 따라 스크립트가 달라집니다.

그럼, 순서를 먼저 알아볼까요?

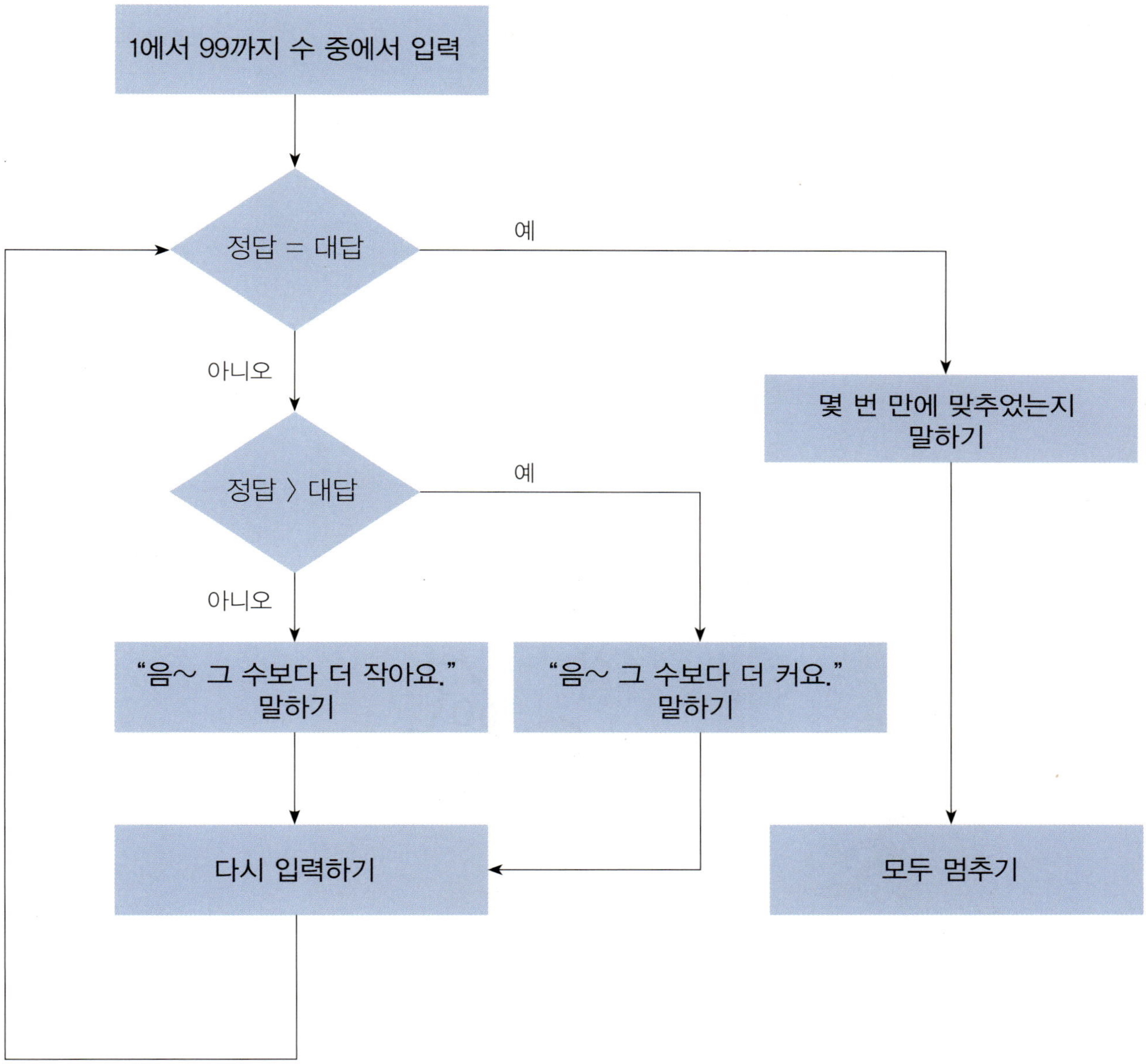

01 먼저 [파일]-[열기]하여 준비파일을 열고 유령 스프라이트가 선택된 상태에서 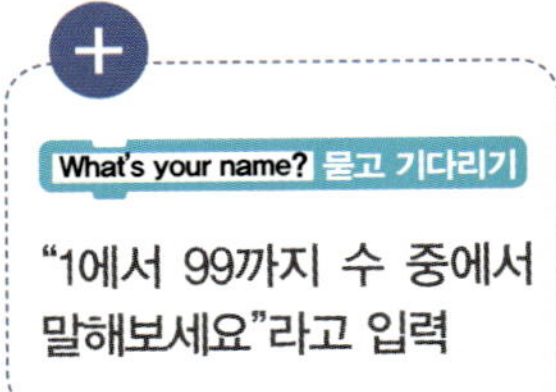 블록과 What's your name? 묻고 기다리기 블록을 연결하여 스크립트를 만듭니다.

02 다음은 이 프로젝트에 필요한 변수를 만들어 보도록 합시다. 정답과 대답이 몇 번 만에 일치하는지 그 횟수를 저장하는 변수가 필요합니다. 또한 컴퓨터에서 1~99의 수 중 선택된 "정답"을 저장하는 변수가 필요합니다. 이는 입력된 대답과 비교할 때 활용됩니다. 변수 블록을 만들기 위해 [데이터] 블록에서 변수 만들기 를 선택합니다.

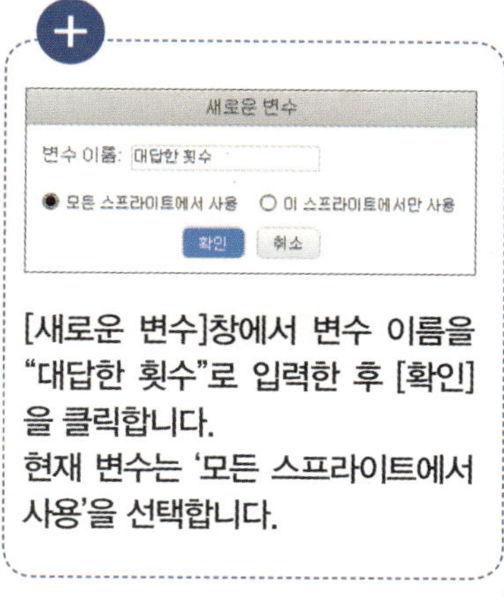

[새로운 변수]창에서 변수 이름을 "대답한 횟수"로 입력한 후 [확인]을 클릭합니다.
현재 변수는 '모든 스프라이트에서 사용'을 선택합니다.

03 먼저 "대답한 횟수"라는 변수가 추가되었습니다. 다시 한 번 변수 만들기 를 선택하여 "정답" 변수를 추가합니다. [데이터] 블록에 새로운 변수가 2개 추가되었습니다. 새로 추가된 변수는 무대 영역에 표시됩니다.

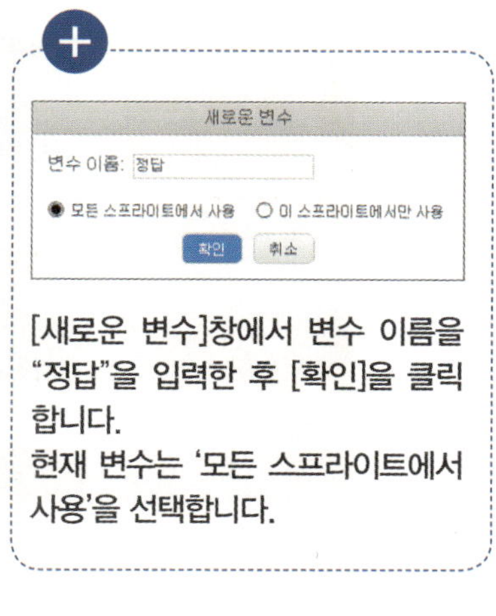

[새로운 변수]창에서 변수 이름을 "정답"을 입력한 후 [확인]을 클릭합니다.
현재 변수는 '모든 스프라이트에서 사용'을 선택합니다.

04 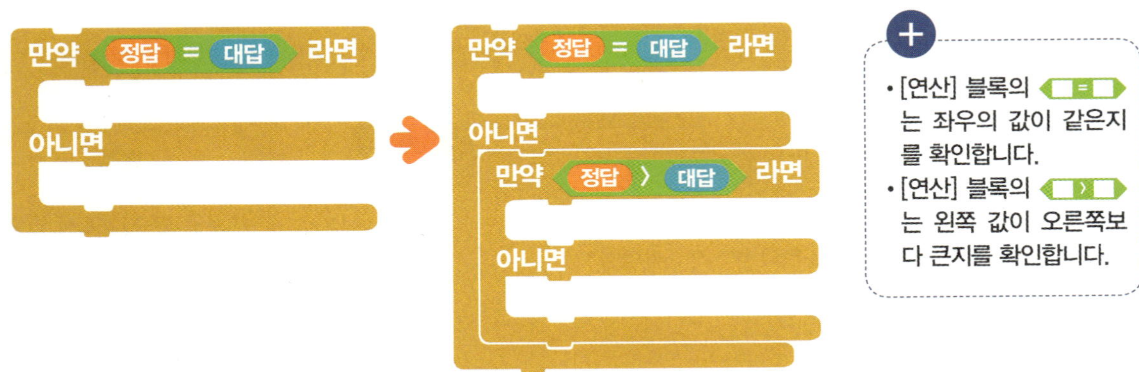 블록은 주어진 조건을 만족할 경우와 그렇지 않을 경우 각각 스크립트가 다르게 실행됩니다. 여기서는, 정답과 대답이 동일한 경우와 동일하지 않는 경우로 나누어집니다. 또한, 정답과 대답이 같지 않다면 한 번 더 조건을 확인합니다. 정답이 클 경우와 그렇지 않은 경우(작은 경우)로 나누어 각각 스크립트를 다르게 실행시킵니다.

- [연산] 블록의 ◯ = ◯ 는 좌우의 값이 같은지를 확인합니다.
- [연산] 블록의 ◯ > ◯ 는 왼쪽 값이 오른쪽보다 큰지를 확인합니다.

05 각 조건에 따라 실행된 스크립트를 만들어 봅시다. 먼저 hello 와 world 결합하기 와 대답한 횟수 를 연결하고 텍스트를 수정하여 대답한 횟수 와 번만에 맞추었어요. 결합하기 블록을 완성하여 Hello! 을(를) 2 초동안 말하기 블록과 연결합니다. 그 다음 정답과 대답이 같으면, 이 게임을 종료시키기 위해 모두▼ 멈추기 를 추가합니다.

06 이제 정답과 대답이 같지 않은 경우를 생각해 볼까요?

먼저 '정답 〉 대답'인 경우는 "음~ 그 수보다 더 커요."라고 말합니다. '정답 〉 대답'이 아닌 경우는 (즉, '정답 〈 대답'인 경우는) "음~ 그 수보다 작아요."라고 말합니다. 이때, Hello! 을(를) 2 초동안 말하기 블록을 반복 사용하여 텍스트를 입력합니다.

```
만약  정답 = 대답  라면
    대답한 횟수  와  번만에 맞추었어요.  결합하기  을(를) 2 초동안 말하기
    모두▼ 멈추기
아니면
    만약  정답 〉 대답  라면
        음~그 수보다 더 커요.  을(를) 2 초동안 말하기
    아니면
        음~그 수보다 작아요.  을(를) 2 초동안 말하기
```

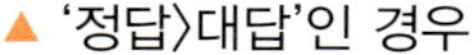

▲ '정답〉대답'인 경우

▲ '정답〉대답'이 아닌 경우

07 '정답 = 대답'이 아닌 경우 다시 게임을 진행하기 위해 <다시 시작해 보세요. 묻고 기다리기>를 아래와 같이 추가하여 대답을 기다립니다.

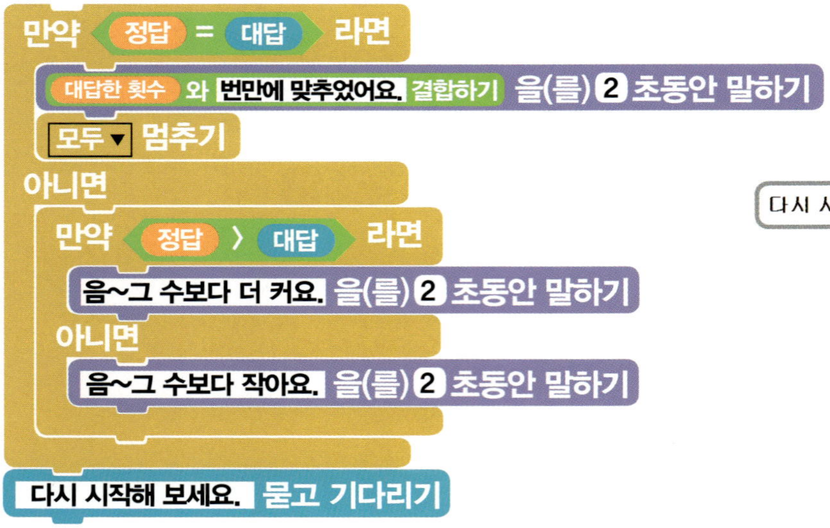

만약 (정답 = 대답) 라면
  (대답한 횟수) 와 (번만에 맞추었어요. 결합하기) 을(를) 2 초동안 말하기
  (모두 ▼) 멈추기
아니면
  만약 (정답 > 대답) 라면
    음~그 수보다 더 커요. 을(를) 2 초동안 말하기
  아니면
    음~그 수보다 작아요. 을(를) 2 초동안 말하기
다시 시작해 보세요. 묻고 기다리기

08 정답과 대답이 일치할 때까지 스크립트는 무한 반복되어야 하므로 <무한 반복하기>를 추가하여 스크립트를 완성합니다.

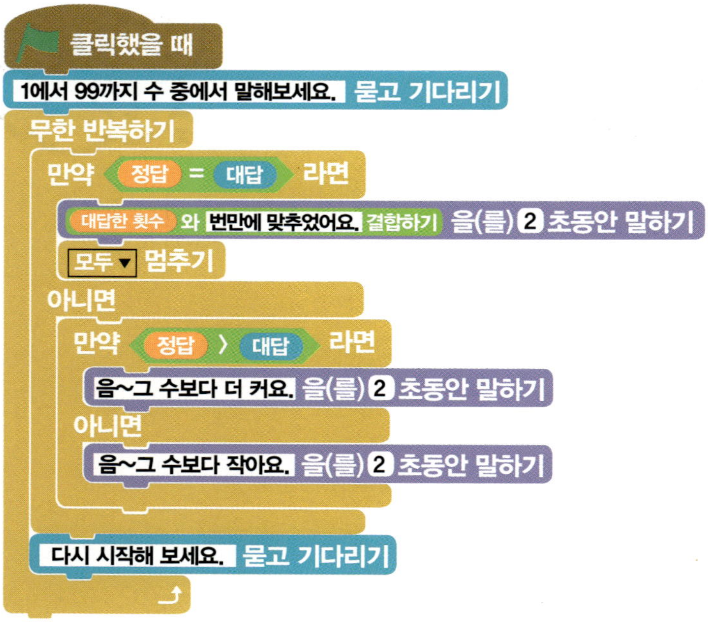

클릭했을 때
1에서 99까지 수 중에서 말해보세요. 묻고 기다리기
무한 반복하기
  만약 (정답 = 대답) 라면
    (대답한 횟수) 와 (번만에 맞추었어요. 결합하기) 을(를) 2 초동안 말하기
    (모두 ▼) 멈추기
  아니면
    만약 (정답 > 대답) 라면
      음~그 수보다 더 커요. 을(를) 2 초동안 말하기
    아니면
      음~그 수보다 작아요. 을(를) 2 초동안 말하기
  다시 시작해 보세요. 묻고 기다리기

STEP 2 대답 횟수 확인하기

 자~ 지금까지 잘 진행하셨나요?

그럼 현재까지 만든 프로젝트를 실행하여 문제점은 없는지 확인 과정이 필요합니다.

음~ 실행 결과에서 예상과 다른 2가지 문제가 생겼습니다.

첫째, 정답이 표시되지 않습니다.

정답에는 1에서 99까지의 수 중에서 선택된 숫자가 표시되어야 합니다.

둘째, 대답한 횟수가 증가되지 않습니다.

정답과 대답이 일치하지 않을 때 카운트되는 "대답한 횟수"에서 횟수가 표시되지 않습니다. 즉, 대답한 횟수를 체크하기 위한 스크립트가 필요합니다.

어디에 어떤 스크립트를 추가시켜야 할까요?

01 "정답" 변수는 이 프로젝트에서 1~99의 수 중 자동으로 선택된 한 수를 저장합니다. 즉, "정답"을 자동으로 만들기 위해 [1 부터 99 사이의 난수] 블록과 이 난수를 저장할 [정답 ▼ 을(를) ▢ 로 정하기] 블록이 필요합니다. 이 두 블록을 연결하여 아래와 같이 적용시킵니다.

> "정답"변수를 1~99사이의 난수로 정하기

02 이런 생각을 해 볼까요? 만약, 난수를 만드는 스크립트와 묻고 기다리는 스크립트의 순서가 바뀐다면 어떻게 될까요? 스크립트를 시작할 때 [대답]이 먼저 입력되어 [정답]과 비교할 수가 없습니다. 따라서 "정답" 변수에 저장될 난수를 먼저 생성한 후, 묻고 기다리기를 통해 얻은 [대답]을 비교하여야 원하는 방향으로 프로젝트가 완성될 수 있습니다.

03 "대답한 횟수 변수의 초기 값은 0이며, 오답이 반복되면 1씩 증가해야 합니다. 또한 정답과 대답이 동일하면 메시지를 보내고 값은 다시 초기 값인 0으로 바뀌어야 합니다.

그러기 위해서 `대답한 횟수 을(를) 0 로 정하기` 블록과 `대답한 횟수 을(를) 1 만큼 바꾸기` 블록을 사용합니다.

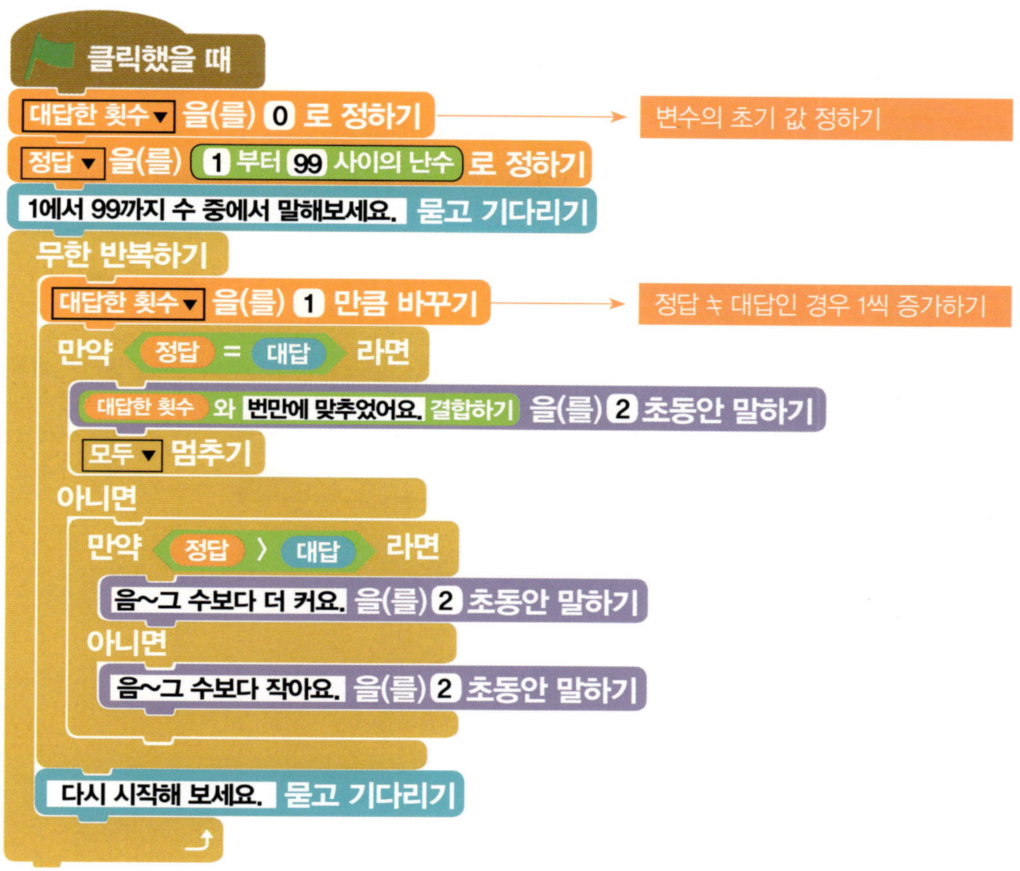

STEP 3 방송하기로 실행하기

게임의 시작을 안내하는 고양이 스프라이트와 start 버튼 스프라이트를 추가하여 게임을 좀 더 '게임답게' 만들어 봅시다. 이때, 방송하기 블록을 활용하여 스프라이트 간에 상호작용을 해 스크립트가 차례로 실행되게끔 완성해 봅시다.

01 먼저 고양이 스프라이트를 통해 게임 시작을 알리도록 해 봅시다.

[클릭했을 때] 블록과 [Hello! 을(를) 2 초동안 말하기] 블록을 추가하여 아래와 같이 텍스트를 입력합니다.

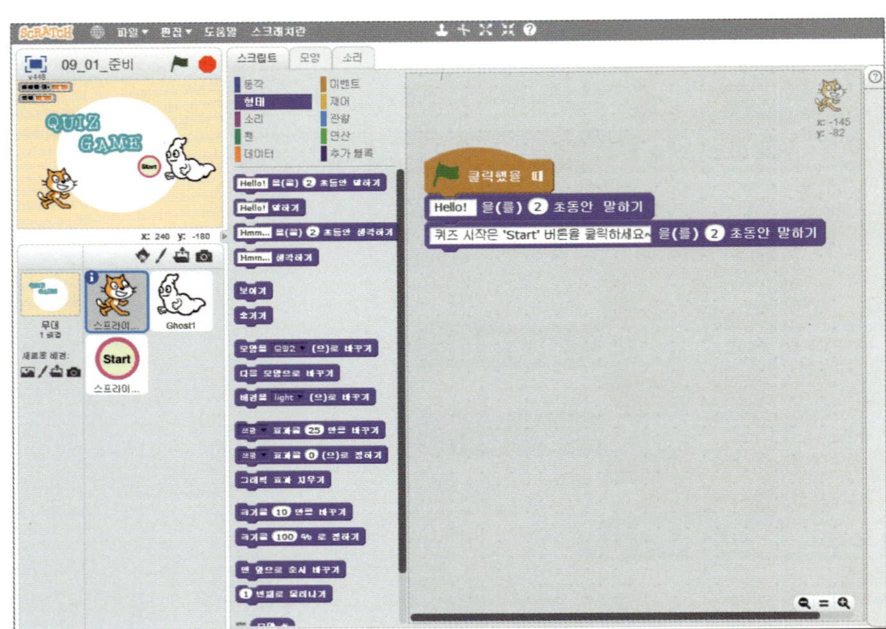

> **+**
> 말하기 블록에 "퀴즈 시작은 'start'버튼을 클릭하세요~"를 입력합니다.

02 다음은 'Start' 버튼 스프라이트를 클릭하면 "시작" 방송하기를 통해 스크립트가 실행되어 본격적인 게임이 시작되도록 합니다. 이 스프라이트를 클릭했을 때 블록과 메시지1 ▼ 방송하기 블록을 연결합니다.

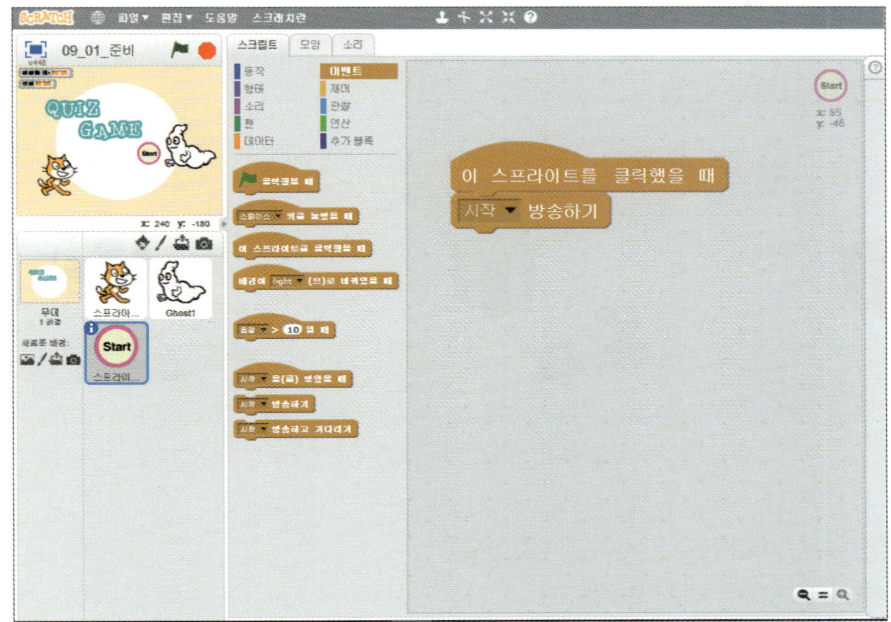

> ➕ 새 메시지 이름은 "시작"을 입력합니다.

03 유령 스프라이트에서 **STEP 2** 에서의 클릭했을 때 블록을 시작 ▼ 을(를) 받았을 때 블록으로 수정해 방송하기를 받아 게임이 실행되도록 만듭니다. 마지막으로 [데이터] 블록에서 "정답" 변수 앞 체크를 해제하여 화면에 정답이 보이지 않도록 합니다. 이제 게임을 시작해 볼까요?

기초다지기

01 주어진 조건에 따라 선물상자 스프라이트가 제시한 공의 번호를 선택하면 선물상자가 공으로 바뀌는 프로젝트를 만들어 보세요. 원하는 공의 번호를 입력하여 그 번호에 해당하는 공이 나타날 수 있도록 완성해 보세요.

▲ 준비파일: 기초_09_01_준비 / 완성파일: 기초_09_01_완성

조건
- 선물은 3가지 (1.야구공 2.농구공 3.축구공)
- 1~3 이외의 대답은 다시 입력하기

02 문제 **01**의 결과를 수정하여 주어진 조건에 따라 두 스프라이트를 상호 작용이 가능한 프로젝트로 변경해 보세요.

조건 **고양이 스프라이트**
- 클릭했을 때 말하기
- [선물] 방송하기

선물 스프라이트
- [선물]을 받았을 때 아래 조건을 무한 반복하기
- 모양 바꾸기
- 묻고 기다리기
- 대답이 1이면 모양 바꾸고 숨기기
- 대답이 2이면 모양 바꾸고 숨기기
- 대답이 3이면 모양 바꾸고 숨기기
- 대답이 1, 2, 3 이외의 답이면 다시 입력받기

▲ 완성파일: 기초_09_02_완성

도전하기

01 주어진 조건에 따라 고양이 스프라이트가 공룡 모양으로 바뀌도록 프로젝트를 만들어 보세요. 또한 공룡 모양으로 바뀐 후 다시 다른 공룡 모양으로 변하는 프로젝트를 완성해 보세요.

▲ 완성파일: 심화_09_01_완성

조건

- 고양이 스프라이트에 공룡 모양 추가하기(예시 화면에서는 dinosaur1_a, dinosaur1_c, dinosaur1_d를 추가하였음)
- 클릭했을 때 모양을 '모양1'로 바꾸기
- '모양1'일 때 말하기
- "번호" 변수 만들기
- 아래 조건을 무한 반복하기
- [스페이스] 키를 눌렀다면 아래 조건을 실행하도록 하기
- "번호" 변수에 저장될 1~3 사이의 난수를 정하도록 하기
- "번호"가 1일 때 공룡 모양 바꾸기
- "번호"가 3일 때 공룡 모양 바꾸기
- 번호가 2이면 모양 바꾸기
- 공룡 모양으로 바뀔 때 바다 0.5초씩 기다리도록 하기

02 문제 **01**의 결과에 소리를 추가하고 공룡 모양이 바뀔 때마다 배경을 바꾸어 보세요.

조건

- 'dance around' 소리 재생하기
- "번호"가 1이면 모양 바꾸고 배경도 바꾸기(배경: doily)
- "번호"가 2이면 모양 바꾸고 배경도 바꾸기(배경: light)
- "번호"가 3이면 모양 바꾸고 배경도 바꾸기(배경: stripes)

▲ 완성파일: 심화_09_02_완성

한글과 영어 단어를 변환해요

학습목표

리스트를 사용하여 자료를 활용하는 방법을 알아봅시다. 변수는 수나 문자 등의 자료를 하나만 저장할 수 있습니다. 반면, 리스트는 여러 개의 자료를 하나의 리스트에 저장하여 사용할 수 있습니다. 리스트의 기능을 사용하여 한글 단어가 제시되면 영어로, 영어 단어가 제시되면 한글로 맞추는 게임을 만드는 방법에 대하여 알아봅시다.

무엇을 만들까?

▲ 준비파일: 10_01_준비 / 완성파일: 10_01_완성

무엇을 배울까?

STEP 1 변수와 리스트 만들기

STEP 2 항목 수 나타내기

STEP 3 난수를 활용해 질문 정하기

STEP 4 질문에 대한 대답 확인하기

STEP 1 변수와 리스트 만들기

　변수와 리스트의 차이점에 대해 알아봅시다. 변수는 자료를 저장하는 공간으로 하나의 자료만을 저장할 수 있습니다.

　리스트 또한 자료를 저장하는 공간이지만 변수와 달리 여러 개의 자료를 저장할 수 있습니다. 리스트의 항목 수는 원하는 만큼 설정할 수 있습니다. 이러한 리스트를 활용하여 단어 맞추기 게임을 만들어 봅시다.

이 게임에서는 한글과 영어 단어를 저장하는 2개의 리스트가 필요합니다.
‘한글’ 리스트와 ‘영어’ 리스트에 각각 5개의 자료가 저장됩니다.
이 때, 자료가 리스트의 항목이 되며, 각 리스트의 항목 수는 5개가 됩니다.

‘한글’ 리스트			‘영어’ 리스트	
하늘	1		1	sky
기차	2		2	train
사과	3	← →	3	apple
책	4		4	book
컴퓨터	5		5	computer

‘질문’ 변수

　이 게임에서는 리스트도 필요하지만 변수도 필요합니다. 게임에 필요한 변수는 사용하는 단어의 수(항목 수)와 제시된 단어가 리스트의 몇 번째인지를 저장하는 변수가 필요합니다.

- “단어 수” 변수 : 제시되는 한글 단어와 영어 단어의 개수. 즉, 항목 수를 저장
- “질문” 변수 : 리스트의 순서이자 각 단어의 번호를 저장

　예를 들면, ‘한글’ 리스트의 ‘사과’를 제시하면 “질문” 변수에 ‘3’이 저장되며, 입력된 대답이 ‘영어’ 리스트의 ‘3’에 해당하는 ‘apple’와 같은지 비교합니다.

01 [파일] – [열기]하여 준비파일을 엽니다. [데이터] 블록에서 변수 만들기 를 선택합니다.

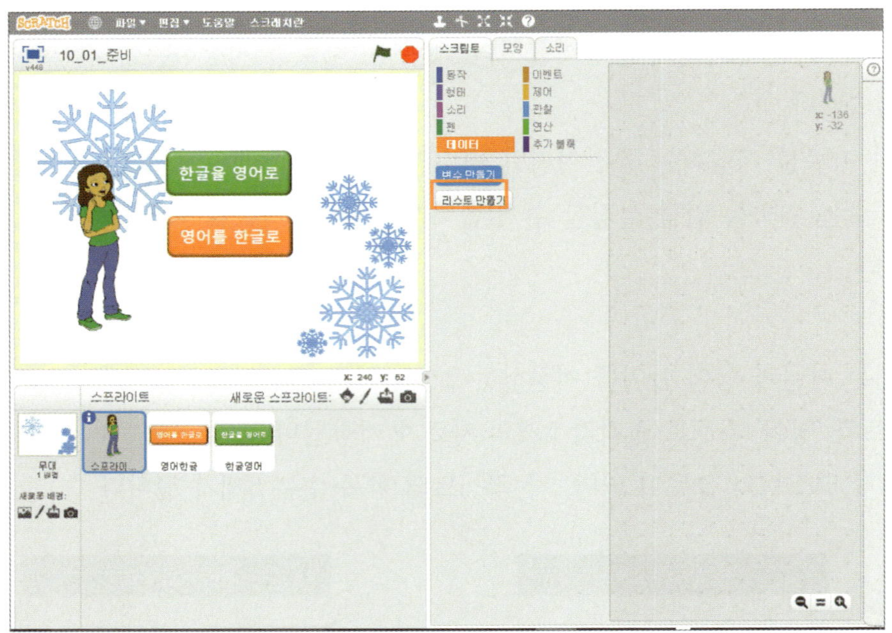

02 [새로운 변수] 창에서 첫번째 변수 이름은 "단어 수"로 입력하고 '모든 스프라이트에서 사용'을 선택한 후 [확인]을 클릭합니다. 같은 방법으로 두번째 변수 이름은 '질문'으로 입력하고 '모든 스프라이트에서 사용'을 선택한 후 [확인]을 클릭합니다.

TIP

[변수 만들기]에서 '단어 수'와 '질문'에 체크하여 화면에 변수가 보이게 합니다.

03 이번에는 단어를 저장할 리스트를 만들기 위해 [리스트 만들기]를 선택합니다.

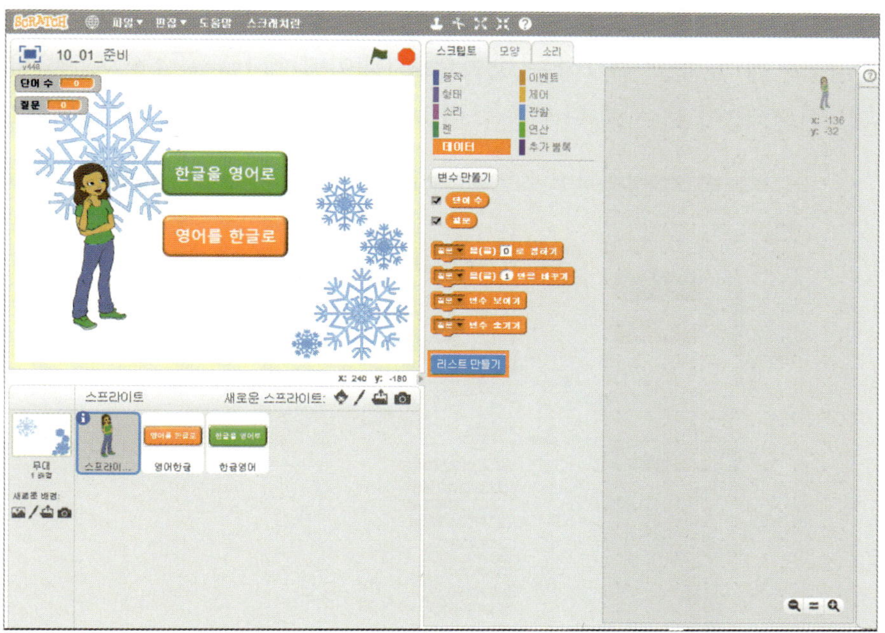

04 [새로운 리스트] 창에서 첫번째 리스트 이름은 "한글〉영어"를 입력하고 '모든 스프라이트에서 사용'을 선택한 후 [확인]을 클릭합니다. 같은 방법으로 두번째 리스트 이름은 반대인 "영어〉한글"을 입력하고 '모든 스프라이트에서 사용'을 선택한 후 [확인]을 클릭합니다. 다음과 같이 새로운 리스트와 사용할 수 있는 블록들이 나타납니다.

TIP

[리스트 만들기]에서 '영어〉한글'과 '한글〉영어' 항목에 체크하면 화면에 리스트 항목을 보이게 합니다.

05 리스트에 항목을 추가해 봅시다. '한글〉영어' 리스트에 하늘, 기차, 사과, 책, 컴퓨터 순으로 항목을 추가하려고 합니다.

먼저, 리스트에 항목을 추가하는 방법으로 [데이터]에 `thing 항목을 영어〉한글 ▼ 에 추가하기` 블록을 사용합니다. '한글〉영어'로 선택 단추를 클릭하여 변경하고 항목을 "하늘"이라고 입력합니다.

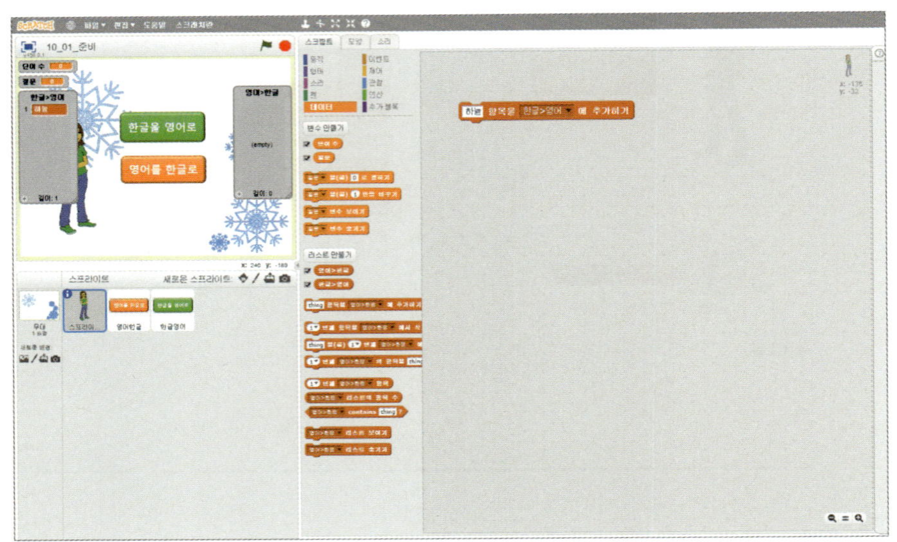

TIP

리스트 항목을 삭제하고 싶다면 리스트 항목을 클릭한 후 ⊗(삭제 버튼)을 클릭합니다.

06 **05**의 방법으로 '한글〉영어' 리스트에 나머지 항목을 추가합니다.

07 같은 방법으로 이번에는 '영어〉한글' 리스트에 항목을 추가해 봅시다.

[thing 항목을 영어〉한글 ▼ 에 추가하기] 블록에 항목을 "sky"를 입력합니다. 이어서 train, apple, book, computer를 항목에 추가하여 다음과 같이 '영어〉한글' 리스트를 완성해 봅시다.

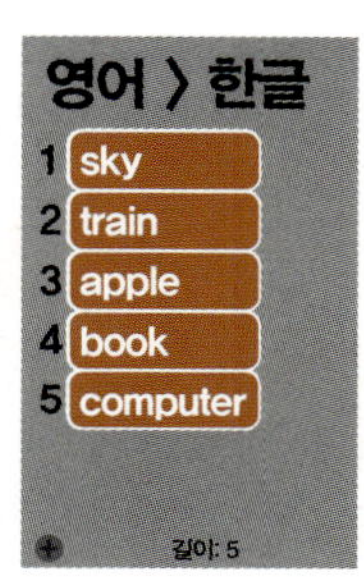

08 완성된 리스트를 무대에서 확인해 봅시다.

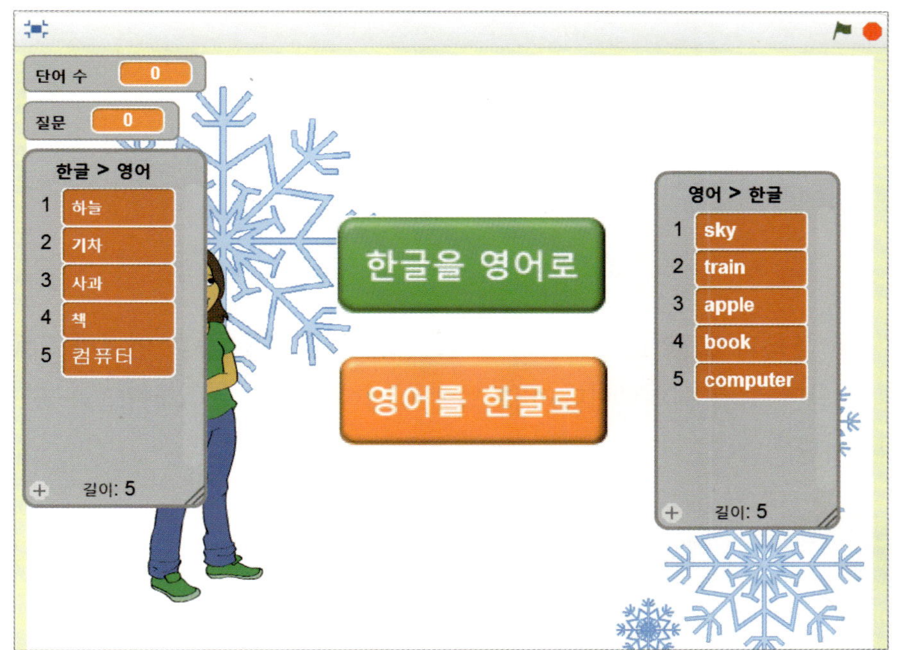

리스트 항목을 만들기 위해 **05~07**에서 추가하기 블록을 사용한 후 그 블록들을 삭제하고 다음 과정으로 넘어가도록 합시다.

STEP 2 항목 수 나타내기

01 먼저 사람 스프라이트에 다음과 같이 [클릭했을 때] 과 말하기 블록을 추가합니다. 말하기 블록의 내용은 아래와 같이 입력하여 게임에 대한 안내를 하도록 합니다.

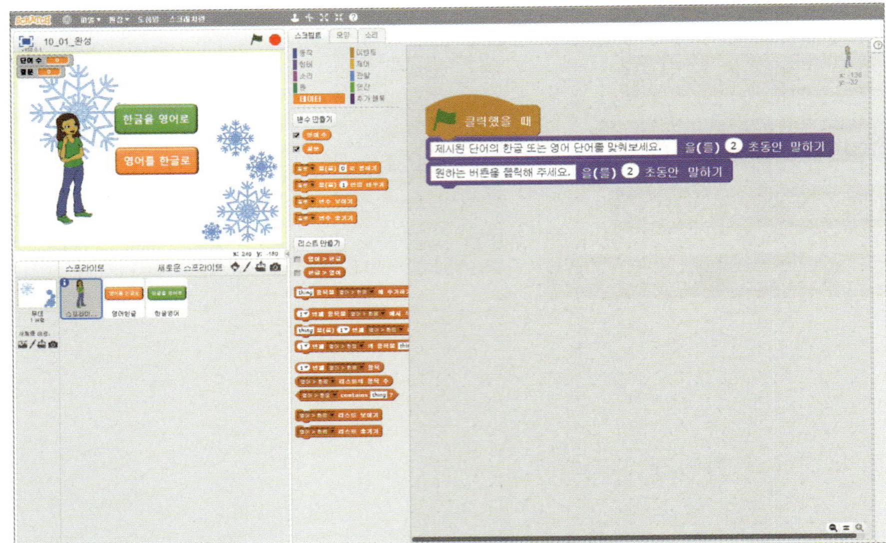

말하기 블록에 "제시된 단어의 한글 또는 영어 단어를 맞춰보세요."와 "원하는 버튼을 클릭해 주세요"를 입력해 봅시다.

02 [데이터] 블록의 [질문▼ 을(를) 0 로 정하기] 와 [한글〉영어 리스트의 항목 수] 를 연결하고 [질문▼ 을(를) 0 로 정하기] 블록에서 '단어 수'를 선택합니다. 리스트에 입력한 단어 수는 5개이므로 "단어 수" 변수에 '5'로 표시됩니다.

03 '한글〉영어' 리스트와 '영어〉한글' 리스트가 무대에 보이지 않게 숨겨 봅시다. 리스트가 보이면 정답이 노출되므로 아래와 같이 숨기기 블록을 추가합니다.

```
클릭했을 때
제시된 단어의 한글 또는 영어 단어를 맞춰보세요. 을(를) 2 초동안 말하기
원하는 버튼을 클릭해 주세요. 을(를) 2 초동안 말하기
단어 수▼ 을(를) [한글〉영어▼] 리스트의 항목 수 로 정하기
한글〉영어▼ 리스트 숨기기
영어〉한글▼ 리스트 숨기기
```

TIP

작업중에는 [데이터] 블록에서 두 리스트를 보이게 체크하여 스크립트의 진행 과정을 확인할 수 있습니다.

☑ 영어〉한글
☑ 한글〉영어

04 지금까지의 스크립트를 확인해 봅시다.

- 사람 스프라이트가 2회에 걸쳐 말하기를 하고 있나요?
- 2개의 리스트는 보이지 않나요?

STEP 3 난수를 활용해 질문 정하기

01 한글을 영어로 스프라이트에 스크립트를 추가해 봅시다. 이 버튼을 클릭하면 '한글>영어' 리스트 항목에 있는 한글 단어를 보여주고 해당 단어의 영어 단어를 입력하도록 질문을 합니다. 단, 한글 단어는 리스트에서 무작위로 선택되어 보여지도록 합니다.

02 리스트에서 단어가 무작위로 선택되어 보여지기 위해 난수를 사용하여 질문을 정하는 블록을 만들어 봅니다. 필요한 블록은 [데이터] 블록의 질문 ▼ 을(를) 0 로 정하기 , 한글>영어 ▼ 리스트의 항목 수 와 [연산] 블록의 1 부터 10 사이의 난수 입니다. 다음과 같이 블록을 연결해 봅시다.

질문 ▼ 을(를) 1 부터 한글>영어 ▼ 리스트의 항목 수 사이의 난수 로 정하기

+ '한글>영어' 리스트 항목 수는 5개이므로 "질문" 변수의 값은 1부터 5사이에서 정해집니다.

03 '한글>영어' 리스트에서 난수로 정해진 "질문" 변수의 값(1에서 5사이의 수)에 해당하는 한글 항목을 찾아 말하기합니다. 이 때, 필요한 블록은 [형태] 블록의 Hello! 말하기 와 [데이터] 블록의 1 ▼ 번째 영어>한글 ▼ 항목 와 질문 입니다. 다음과 같이 블록을 연결해 봅시다.

질문 번째 한글>영어 ▼ 항목 말하기 → 선택 메뉴에서 '한글>영어'로 선택하기

04 이번에는 한글 항목을 말하고 해당 단어의 영어 단어를 묻고 대답을 기다리는 블록을 추가합니다. 여기서는 1 초 기다리기 블록과 의 영어단어는? 묻고 기다리기 블록을 추가합니다.

질문 ▼ 을(를) 1 부터 한글〉영어 ▼ 리스트의 항목 수 사이의 난수 로 정하기
질문 번째 한글〉영어 ▼ 항목 말하기
1 초 기다리기
의 영어단어는? 묻고 기다리기

STEP 4 정답 확인하기

01 이제 질문(한글 단어)에 대하여 대답(영어 단어)이 맞는지 확인하는 스크립트를 만들어 봅시다. 질문에 대한 대답이 맞는 경우와 틀린 경우로 나누어 말합니다. 또한 질문에 대한 대답이 맞는 경우 리스트에서 해당 항목을 삭제합니다. 따라서 단어의 수가 1씩 줄어듭니다.

▲ 대답이 틀렸을 때

▲ 대답이 맞았을 때

02 먼저 조건을 설정하기 위해 필요한 블록은 [연산] 블록의 ◁ ▢=▢ ▷ 와 [데이터] 블록의 1▼ 번째 영어>한글 ▼ 항목 와 질문, [관찰] 블록의 대답 입니다. 이 때, 대답은 '영어>한글' 리스트에서 찾아야 합니다.

다음과 같이 질문에 대한 대답이 맞는지에 대한 블록을 연결해 봅시다.

03 질문에 대한 대답이 맞는지에 따라 말하는 내용은 달라집니다. 따라서 [제어] 블록의 만약 ⬡ 라면 ~ 아니면 를 사용하여 다음과 같이 연결합니다.

- 만약, 대답과 질문이 같다면(맞다면)
    - "맞습니다."라고 말하기
    - 질문한 번호에 해당하는 항목을 두 리스트에서 모두 삭제
    - 대답과 질문이 동일한 경우로 변수인 "단어 수"를 1개씩 감소
- 만약, 대답과 질문이 다르다면(틀리다면)
    - "틀렸습니다."라고 말하기

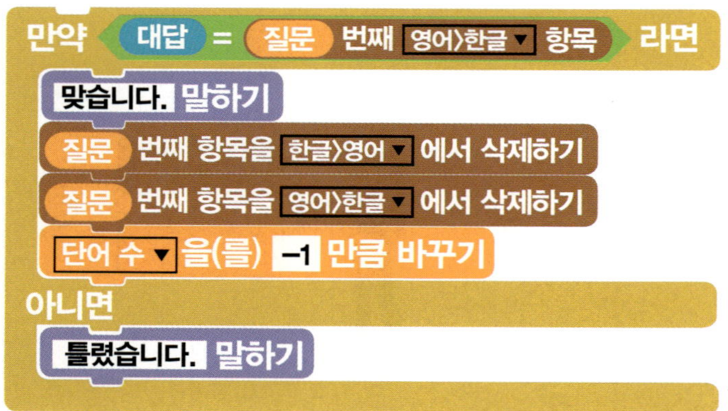

04 03의 스크립트를 반복할 횟수를 정해 봅시다. 반복 횟수는 리스트의 항복이 0이 될 때까지(리스트에 남아있는 항복이 없을 때까지) 반복하게 됩니다. 이 때, 필요한 블록은 `까지 반복하기` 와 `□ = □` , `한글〉영어 리스트의 항목 수` 입니다. 다음과 같이 연결해 봅시다.

```
한글〉영어 리스트의 항목 수 = 0 까지 반복하기
```

05 이 스크립트는 대답과 질문이 같으면 단어 수를 1씩 감소하여 0이 될 때 마지막 질문을 하게 됩니다. 0이 될 때 대답과 질문이 같다면 −1이 되어 반복이 종료되고 종료 메시지를 말하기 하도록 해 봅시다. 다음과 같이 스크립트를 완성해 봅시다. 이 스크립트는 `이 스프라이트를 클릭했을 때` 블록을 사용하여 실행하도록 합니다.

```
이 스프라이트를 클릭했을 때
한글〉영어 리스트의 항목 수 = 0 까지 반복하기
    질문 ▼ 을(를) 1 부터 한글〉영어 리스트의 항목 수 사이의 난수 로 정하기
    질문 번째 한글〉영어 항목 말하기
    1 초 기다리기
    의 영어단어는? 묻고 기다리기
    만약 대답 = 질문 번째 영어〉한글 항목 라면
        맞습니다. 말하기
        질문 번째 항목을 한글〉영어 에서 삭제하기
        질문 번째 항목을 영어〉한글 에서 삭제하기
        단어 수 ▼ 을(를) −1 만큼 바꾸기
    아니면
        틀렸습니다. 말하기
    1 초 기다리기
Mission 완성! 말하기
```

한 질문을 마친 후 1초 기다리기

리스트에 남아있는 항목이 없다면 "Mission 완성" 말하기

06 이제 영어 단어가 제시되면 해당 단어의 한글 단어를 맞추는 스크립트를 만들어 이 게임을 완성해 봅시다. 영어를 한글로 스프라이트에 스크립트를 추가합니다. 영어를 한글로 스프라이트를 클릭하면 '영어〉한글' 리스트 항목에 있는 영어 단어가 제시되고 해당 단어의 한글 단어를 입력 받아 정답인지 오답인지를 판단하여 메시지를 말하도록 합니다. 한글을 영어로 스프라이트와 같은 블록이 사용되므로 복사하여 수정해 보도록 합시다.

- **리스트 항목 추가 / 삭제하기**

이 프로젝트에서 리스트 항목은 질문과 대답이 동일할 때 하나씩 삭제됩니다. 마지막에는 모든 리스트 항목이 삭제됩니다. 만약, 프로젝트 제작 중간에 실행을 하면 추가한 리스트 항목이 삭제됩니다. 이러한 문제를 해결하려면 블록을 아래와 같이 분리하여 프로젝트 작업을 완성합니다.

리스트의 항목 추가 방법으로 리스트에서 ⊕버튼을 사용합니다. ⊕버튼을 클릭하면 항목 입력창이 추가되며, 원하는 내용을 입력합니다. 항목 삭제는 항목을 선택하면 표시되는 ⊗를 클릭합니다.

이 때, 항목 입력창이 추가되는 위치는 커서가 위치한 항목 아래에 추가됩니다.

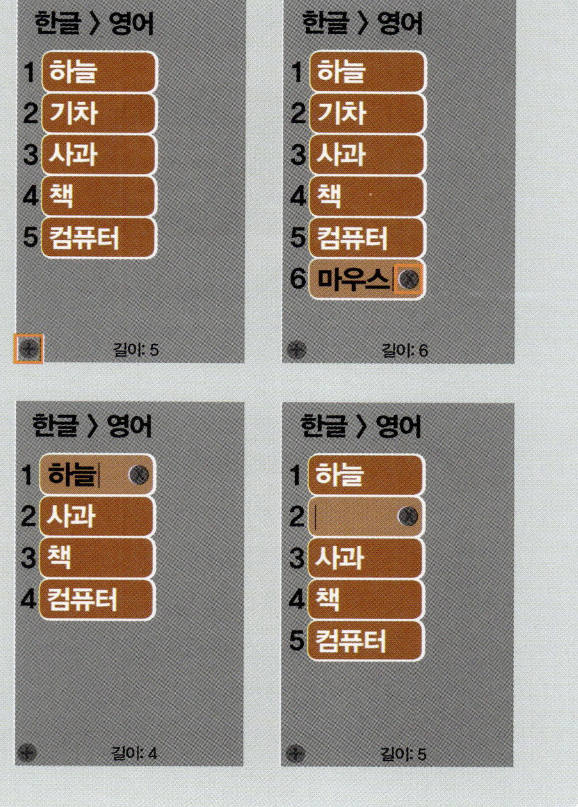

기초다지기

01 주어진 조건에 따라 요리사 스프라이트에 스크립트를 완성해 보세요.

▲ 준비파일: 기초_10_01_준비 / 완성파일: 기초_10_01_완성

조건
- 무대의 메뉴 순으로 "가격" 리스트 만들기
- 입력된 번호에 해당되는 메뉴의 가격 말하기
- 무한 반복하기

02 주어진 조건에 따라 여행지를 추가하거나 삭제하는 프로젝트를 완성해 보세요.

▲ 준비파일: 기초_10_02_준비 / 완성파일: 기초_10_02_완성

조건

선생님 스프라이트
- "여행지" 리스트 만들기
- 클릭했을 때 리스트의 모든 항목 삭제하기
- 두 버튼에 대해 말하기

추가(Insert) 스프라이트
- "추가할 여행지는?" 묻고 기다리기
- 입력받은 '대답'을 리스트에 추가하기

삭제(Delete) 스프라이트
- "삭제할 여행지 번호를 선택하세요!" 묻고 기다리기
- 리스트 번호를 입력 받으면 리스트에서 삭제하기

도전하기

01 주어진 조건에 따라 프로젝트를 완성해 보세요.

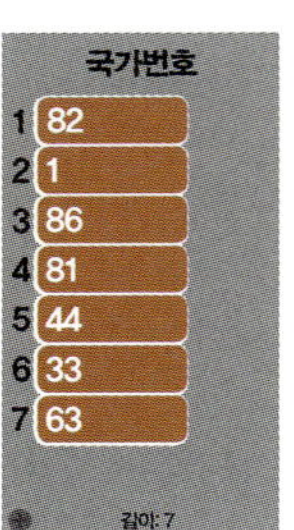

▲ 준비파일: 심화_10_01_준비 / 완성파일: 심화_10_01_완성

조건	• "국가번호", "국가이름" 리스트 만들기 (단, "국가번호" 리스트는 숨기기) • 입력된 번호의 국가 이름을 말한 후 국가 번호 말하기

02 문제 **01**의 결과에 주어진 조건을 추가하여 프로젝트를 완성해 보세요. 두 스프라이트가 국가번호와 그 국가의 수도를 묻고 답하는 스크립트를 만들어 보세요.

조건

아빠 고양이 스프라이트	아기 고양이 스프라이트
• "질문" 변수 만들기(변수 숨기기) • "국가이름" 리스트 추가하기(모든 리스트 숨기기) • "질문"을 "국가이름" 리스트의 항목 중 무작위로 하나를 정하기 (예: 한국) • 무작위로 정해진 국가이름 말하기(예: 한국) • "의 국가 번호는 무엇일까요?" 말하기 • "메시지1" 방송하기	• "메시지1"을 받기 • "국가 번호는?" 말하기 • 해당 국가번호 말하기 (예: 82) • "메시지2" 방송하기
• "메시지2"를 받기 • "수도는 어디일까요?" 말하기 • "메시지3" 방송하기	• "메시지3"을 받기 • 해당 국가수도 말하기 (예: 서울) • 모두 멈추기

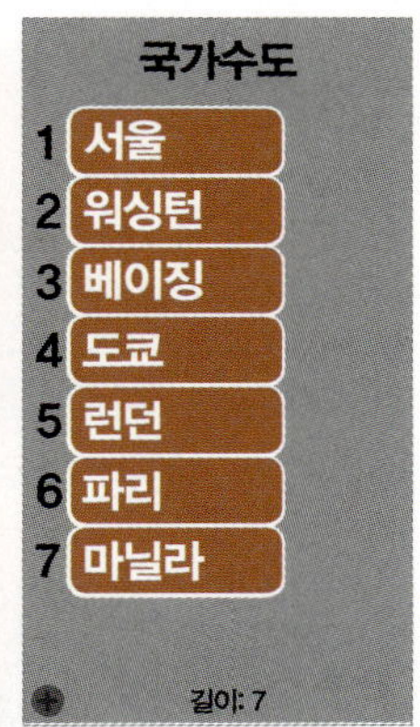

▲ 준비파일: 심화_10_02_준비 / 완성파일: 심화_10_02_완성

11 홀수와 짝수의 합을 구해요

학습목표

주어진 수의 범위에서 짝수인지 홀수인지를 구별하여 각각의 합을 계산해 봅시다. 1부터 입력 받은 수까지의 범위에서 짝수와 홀수를 구분하고 조건에 따라 짝수의 합 또는 홀수의 합을 출력해 봅시다.

자~ 지금부터 짝수와 홀수의 합을 구하는 프로젝트를 만들어 봅시다.

무엇을 만들까?

프로젝트 설명하기

다음 과정 안내하기

마지막 수 입력하기

조건 입력하기

짝수의 합 말하기

홀수의 합 말하기

▲ 준비파일: 11_01_준비 / 완성파일: 11_01_완성

무엇을 배울까?

STEP 1 변수 정하기

STEP 2 홀수와 짝수의 합 구하기

STEP 3 홀수와 짝수의 합 말하기

STEP 1 변수 정하기

주어진 범위에서 짝수와 홀수를 구분하여 각각의 합을 구하는 프로젝트에서 사용되는 변수는 3개입니다.

- '수' 변수 : 1부터 시작하여 입력 받은 수까지 1씩 증가하는 변수이고 1부터 마지막 수까지 저장

'수' 변수 값을 2로 나누어 나머지가 0이면 짝수, 1이면 홀수로 구분됩니다.

- '짝수 합' 변수 : 2로 나누어 나머지가 0인 수들의 합을 저장
- '홀수 합' 변수 : 2로 나누어 나머지가 1인 수들의 합을 저장

01 먼저 준비파일을 엽니다. 고양이 스프라이트를 통해 프로젝트에 대한 설명을 하도록 합시다. [클릭했을 때] 와 [Hello! 을(를) 2 초동안 말하기] 블록을 사용하고 내용을 입력합니다.

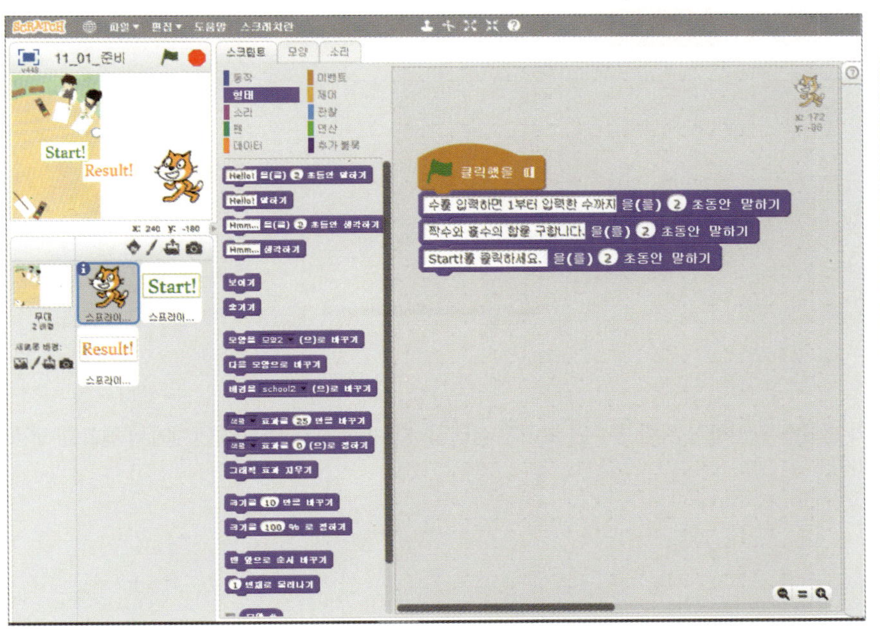

[Hello! 을(를) 2 초동안 말하기]

- "수를 입력하면 1부터 입력한 수까지"를 입력
- "짝수와 홀수의 합을 구합니다."를 입력
- "Start!를 클릭하세요."를 입력

02 이 프로젝트에서 필요한 변수를 만들어 봅시다. [데이터]에서 변수만들기 를 클릭합니다.
[새로운 변수] 창에서 "수", "짝수 합", "홀수 합"을 입력한 후 [확인]을 클릭합니다.

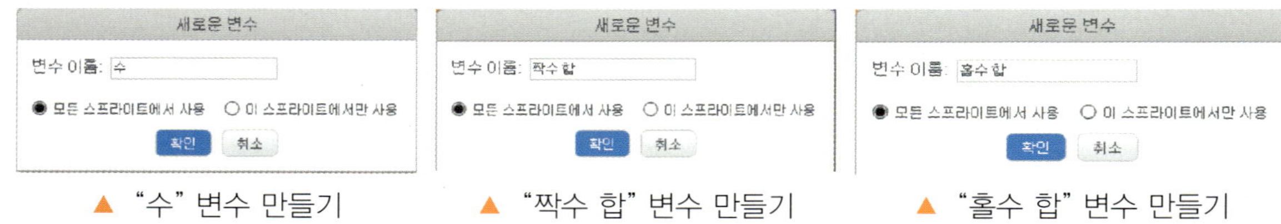

▲ "수" 변수 만들기　　　　▲ "짝수 합" 변수 만들기　　　　▲ "홀수 합" 변수 만들기

03 다음과 같이 3개의 변수가 만들어졌습니다.

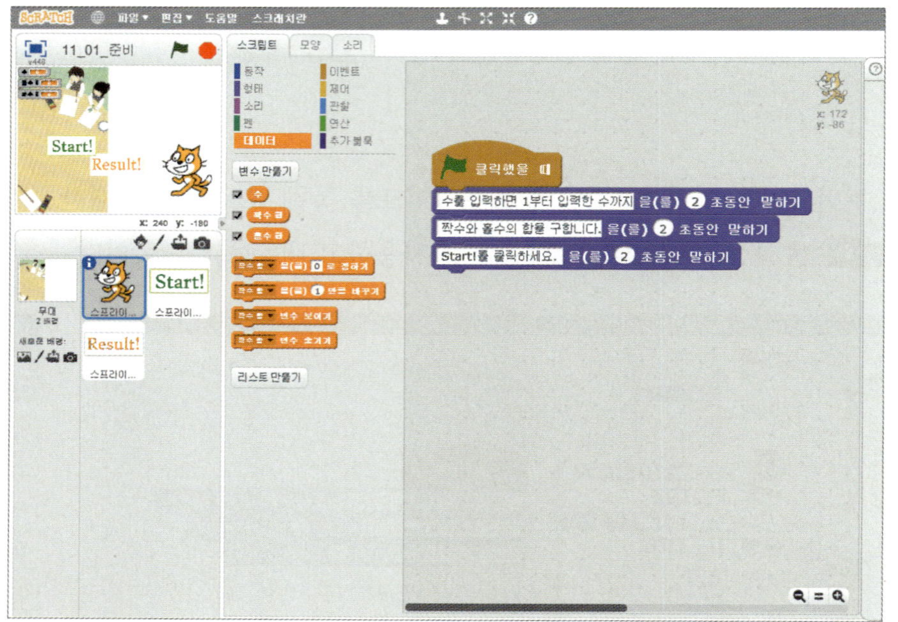

TIP

프로젝트 작업 중에는 변수 값의 변화를 확인하기 위해 변수는 보이기 상태입니다. 프로젝트 마지막 단계에서 체크를 해제하여 무대에서 변수가 보이지 않도록 합니다.

04 [데이터] 블록에서 `수▼ 을(를) 1 로 정하기` 와 `짝수 합▼ 을(를) 0 로 정하기` , `홀수 합▼ 을(를) 0 로 정하기` 을 사용하여 변수의 값을 각각 설정합니다. '수' 변수는 1부터 시작하므로 1로 정하고, 다른 두 변수는 합이 구해지지 않은 상태이므로 '0'으로 정합니다. 다음과 같이 블록을 연결해 봅시다.

```
클릭했을 때
수를 입력하면 1부터 입력한 수까지 을(를) 2 초동안 말하기
짝수와 홀수의 합을 구합니다. 을(를) 2 초동안 말하기
Start!를 클릭하세요. 을(를) 2 초동안 말하기
수▼ 을(를) 1 로 정하기
짝수 합▼ 을(를) 0 로 정하기
홀수 합▼ 을(를) 0 로 정하기
```

변수 값을 정할 때 사용한 세 블록의 연결 순서는 정해져 있지 않습니다.

05 실행 결과, 고양이 스프라이트가 2초 간격으로 프로젝트에 대한 설명을 하고 있습니다.

STEP 2 짝수와 홀수의 합 구하기

1부터 입력된 수까지의 짝수와 홀수의 합을 구하기 위해서는 마지막 수를 입력 받아야 합니다. 그리고 짝수와 홀수를 판별하기 위해 2로 나누어지는 수는 1부터 입력 받은 마지막 수까지입니다.

01 Start 스프라이트의 스크립트를 만들어 봅시다. `이 스프라이트를 클릭했을 때` 블록을 사용하여 실행되도록 합시다. 이어 `What's your name? 묻고 기다리기` 블록을 사용해 마지막 수를 입력 받도록 합시다.

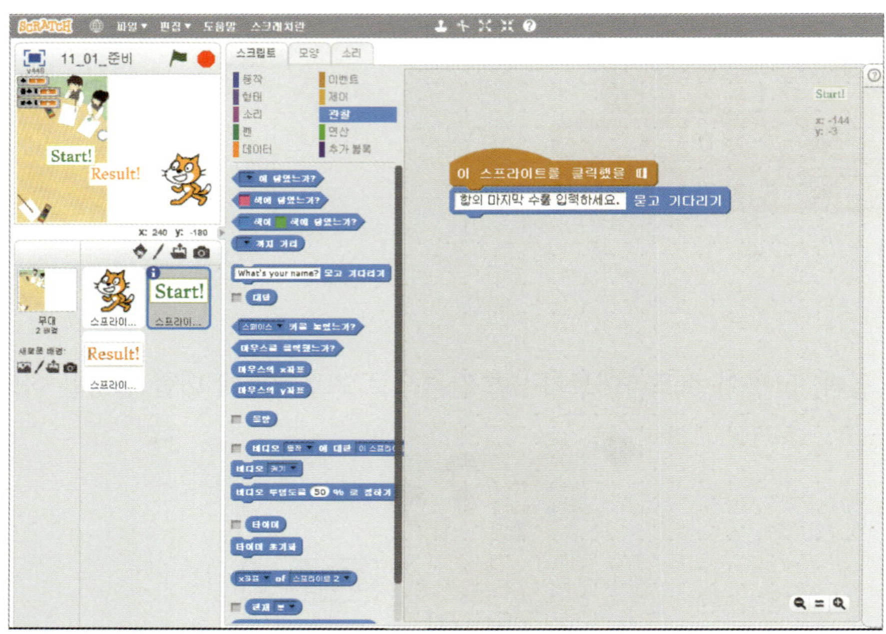

02 짝수와 홀수로 구분하고 각각의 합을 구하는 과정을 입력 받은 수만큼 반복해야 합니다. 그러기 위해서 [제어] 블록의 10 번 반복하기 과 [관찰] 블록의 대답 을 연결해 봅시다. 예를 들어 대답으로 '20'이라는 수가 입력되면 반복하기 블록 아래의 스크립트는 20번 반복됩니다.

03 먼저, 나누어지는 수가 짝수인지 홀수인지를 구분해야 하므로 [제어] 블록의 만약 라면 ~ 아니면 과 [연산] 블록의 = 와 나누기 의 나머지 을 사용합니다. 조건으로, '수' 변수의 값을 2로 나누어서 나머지가 0인 경우와 아닌 경우로 제시됩니다.

04 짝수와 홀수로 구분되어져 짝수의 합과 홀수의 합을 구하는 연산을 하도록 스크립트를 만들어 봅시다.

[데이터] 블록의 짝수 합▼ 을(를) 0 로 정하기 , 수 , 짝수 합 , 홀수 합 과 [연산] 블록의 ◯+◯ 를 사용해 다음과 같이 조건에 따라 각각 다른 연산을 할 수 있도록 합니다.

05 다음 수를 연산하기 위해서 '수' 변수를 1만큼 증가시켜야 합니다. 스크립트에 [데이터] 블록의 수▼ 을(를) 1 만큼 바꾸기 를 아래와 같이 추가합니다.

06 '결과' 메시지를 방송해 Result 스프라이트가 그 메시지를 받아 짝수의 합 또는 홀수의 합을 말하기 하도록 [이벤트] 블록의 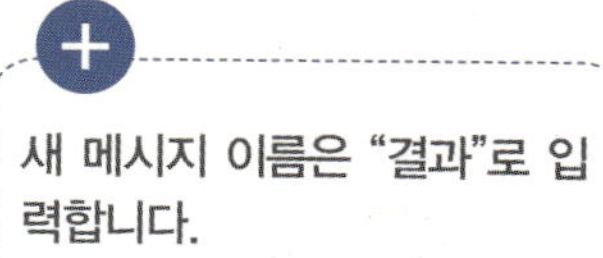 를 다음과 같이 추가합니다.

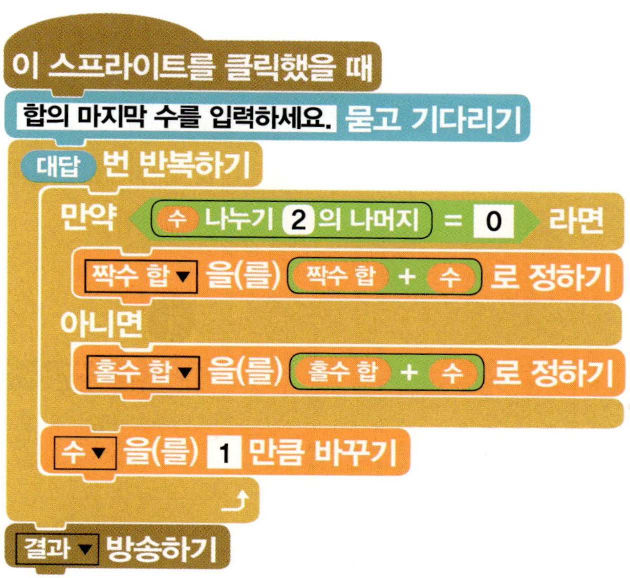

새 메시지 이름은 "결과"로 입력합니다.

STEP 3 짝수 또는 홀수의 합 말하기

Result 스프라이트에서는 '1'을 입력하면 짝수의 합을, '2'를 입력하면 홀수의 합을 알려줍니다.

01 Start 스프라이트의 방송하기를 받으면 Result 스프라이트가 실행되도록 하기 위해 `결과 ▼ 을(를) 받았을 때` 블록을 사용합니다. `What's your name? 묻고 기다리기` 를 사용해 짝수의 합을 말하도록 할지 홀수의 합을 말하도록 할지 정하도록 합니다. 이 때, 스크립트의 실행 횟수는 `무한 반복하기` 블록을 사용해 정하도록 합시다.

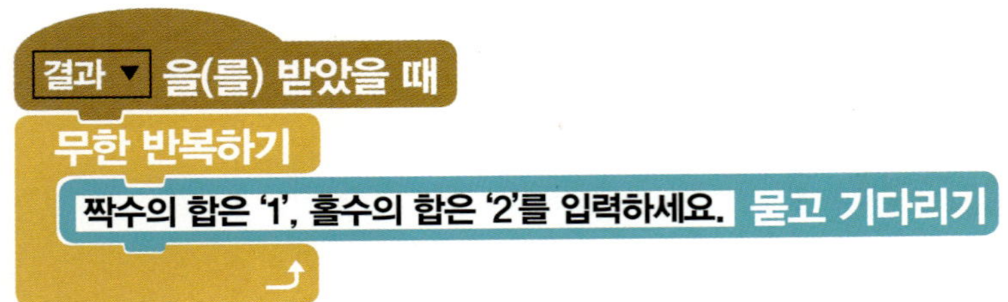

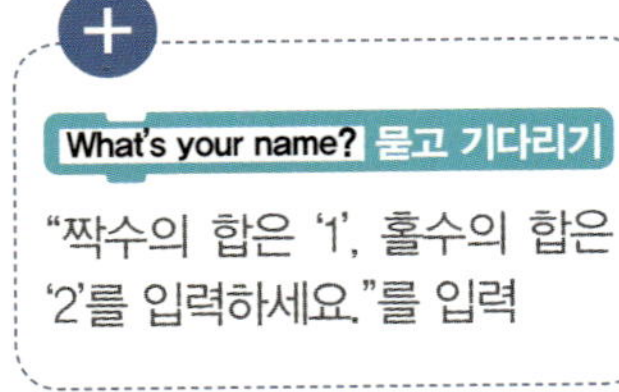

02 대답이 1인 경우와 2인 경우로 나누기 위해 `만약 ~ 라면 ~ 아니면` 블록과 `대답 = 1` 을 연결하여 스크립트를 완성합니다. `hello 와 world 결합하기` 에 `짝수 합` 을 연결하여 `짝수의 합 = 와 짝수 합 결합하기` 를 완성합니다. 이를 다시 `Hello! 을(를) 2 초동안 말하기` 블록에 연결하여 아래와 같이 추가합니다.

03 대답이 '2'인 경우를 위해 `만약 라면` 블록을 사용합니다.

`대답 = 2` 을 연결하고 `hello 와 world 결합하기` 에 `홀수 합` 을 연결하여 `홀수의 합= 와 홀수 합 결합하기` 를 완성합니다. 그 다음 아래와 같이 연결해 봅니다.

```
만약  대답 = 2  라면
    홀수의 합= 와 홀수 합 결합하기 을(를) 2 초동안 말하기
```

04 **02**와**03**의 의 두 블록을 연결하여 아래와 같이 완성해 봅시다. 대답이 '1'인 경우 짝수의 합을 2초 동안 말하고 대답이 '2'인 경우 홀수의 합을 2초 동안 말하도록 합니다. 만약, '1'이나 '2' 이외의 수를 입력하면 말하기가 없이 묻고 기다리기로 돌아갑니다.

```
만약  대답 = 1  라면
    짝수의 합= 와 짝수 합 결합하기 을(를) 2 초동안 말하기
아니면
    만약  대답 = 2  라면
        홀수의 합= 와 홀수 합 결합하기 을(를) 2 초동안 말하기
```

05 완성된 Result 스프라이트의 스크립트는 다음과 같습니다.

```
결과 ▼ 을(를) 받았을 때
무한 반복하기
  짝수의 합은 '1', 홀수의 합은 '2'를 입력하세요. 묻고 기다리기
  만약   대답 = 1   라면
    짝수의 합 =  와  짝수 합  결합하기  을(를) 2 초동안 말하기
  아니면
    만약   대답 = 2   라면
      홀수의 합 =  와  홀수 합  결합하기  을(를) 2 초동안 말하기
```

06 실행 결과입니다. [Start!]를 클릭하면, 마지막 수를 입력 받기 위한 창이 나타납니다. 창에 '100'을 입력하면 1부터 1씩 증가하여 100까지 연산을 반복합니다.

07 1부터 2로 나누어 나머지가 '0'이면 '짝수 합' 변수에 저장됩니다. 1부터 2로 나누어 나머지가 '1'이면(0이 아닌 경우) '홀수 합' 변수에 저장됩니다. 100까지 계산이 완료되면(100번 반복하기가 완료되면) '결과'를 방송하기 합니다.

08 [Result!] 에서 짝수의 합은 '1', 홀수의 합은 '2'를 입력 받기 위한 창이 나타납니다.

09 '1'을 입력하면 짝수의 합이 나타납니다.
'2'를 입력하면 홀수의 합이 나타납니다.

▲ 짝수의 합 결과

▲ 홀수의 합 결과

기초다지기

01 주어진 조건에 따라 제시된 수에 입력 받은 수만큼 덧셈 또는 뺄셈하는 프로젝트를 완성해 보세요.

▲ 준비파일: 기초_11_01_준비 / 완성파일: 기초_11_01_완성

조건

고양이 스프라이트
- "결과값" 변수 만들기
- 프로젝트에 대한 설명을 말하기
- 처음 '결과 값'은 1~100 사이의 난수로 만들기
- 현재의 '결과 값'을 알려주기

사람 스프라이트
- '덧셈 결과' 방송을 받았을 때 실행되기
- 덧셈한 결과 말하기
- '뺄셈 결과' 방송을 받았을 때 실행되기
- 뺄셈한 결과 말하기

덧셈 스프라이트
- 스프라이트를 클릭했을 때 실행되기
- 덧셈할 수 묻기
- '결과 값'에 입력 받은 수 더하기
- 덧셈 결과를 방송하기

뺄셈 스프라이트
- 스프라이트를 클릭했을 때 실행되기
- 뺄셈할 수 묻기
- 난수 '결과 값'에 입력 받은 수 빼기
- 뺄셈 결과를 방송하기

도전하기

01 주어진 조건과 같이 주어진 소수를 반올림하여 정수로 계산하는 문제를 상어가 제시하고 이를 공룡이 맞추는 프로젝트를 완성해 보세요.

▲ 준비파일: 심화_11_01_준비 / 완성파일: 심화_11_01_완성

조건

공룡 스프라이트	상어 스프라이트
• 처음 모양을 dinosaur1-a로 바꾸기 • 처음 위치를 x: 318 y: −21로 지정하기 • x: 139 y: −21로 이동하기 • dinosaur1-e로 바꾸기 • 말하기	• 처음 위치를 x: −143 y: −60으로 지정하기 • 처음 모양을 shark-a로 바꾸기 • 스프라이트 모양을 바꾸면서 문제를 제시하기 • 소수를 입력 받기 • 입력 받은 소수를 말하기 • [대답] 방송하기
• [대답] 방송을 받았을 때 실행하기 • dinosaur1-c로 바꾸기 • 반올림한 결과 값과 텍스트를 결합하여 말하기 • [정답] 방송하기	• [정답] 방송을 받았을 때 실행하기 • 스프라이트 모양 바꾸기 • 말하기 • [종료] 방송하기
• [종료] 방송을 받았을 때 실행하기 • 모양을 dinosaur1-e로 바꾸기 • 말하기 • x: −300 y: −21로 이동하기	

바닷속 헤엄치기 대회를 즐겨요

학습목표
스크래치 화면은 모눈종이와 같습니다. 스프라이트들의 움직임은 좌표의 위치를 지정하여 이동할 수 있습니다. 이번 시간에는 X축이나 Y축의 좌표를 활용하여 물고기들이 바닷속에서 헤엄치기 대회를 하여 등수를 매기는 프로젝트를 만들어 봅시다. 또한 상황에 적합한 배경을 위해 그래픽 효과를 지정하는 방법도 알아봅시다.

무엇을 만들까?

모자이크 효과

소용돌이 효과

경주 시작하기

등수 표시하기

▲ 준비파일: 12_01_준비 / 완성파일: 12_01_완성

무엇을 배울까?

STEP 1 그래픽 효과 지정하기

STEP 2 좌표로 자유롭게 이동하기

STEP 3 등수 말하기

STEP 1 그래픽 효과 지정하기

[형태] 블록에는 배경을 바꾸거나 배경에 다양한 효과를 지정할 수 있는 블록이 있습니다. 이 블록들을 활용하여 하나의 배경에서 다양한 효과를 주어 화면을 다양한 움직임이 있는 화면으로 만들어 봅시다.

01 먼저 준비파일을 엽니다. 고양이 스프라이트가 선택된 상태에서 클릭했을 때 블록을 사용하여 스크립트가 실행될 수 있도록 합니다. x:0 y:0로 이동하기 블록으로 처음 위치를 지정합니다. 그 다음, 고양이가 프로젝트에 대해 설명을 한 후 사라지도록 보이기 블록과 숨기기 블록 그리고 Hello! 을(를) 2 초동안 말하기 블록을 사용하여 아래와 같이 텍스트를 입력하고 연결해 봅시다.

02 물고기가 자신의 등수를 말하도록 하기 위해 "등수" 변수를 만들어 봅시다. [데이터] 블록에서 변수 만들기 를 선택합니다. 변수 이름을 "등수"로 입력하고 '모든 스프라이트에 사용'을 선택한 후 [확인]을 클릭합니다. 이 변수에는 1에서 4까지의 수가 기록됩니다.

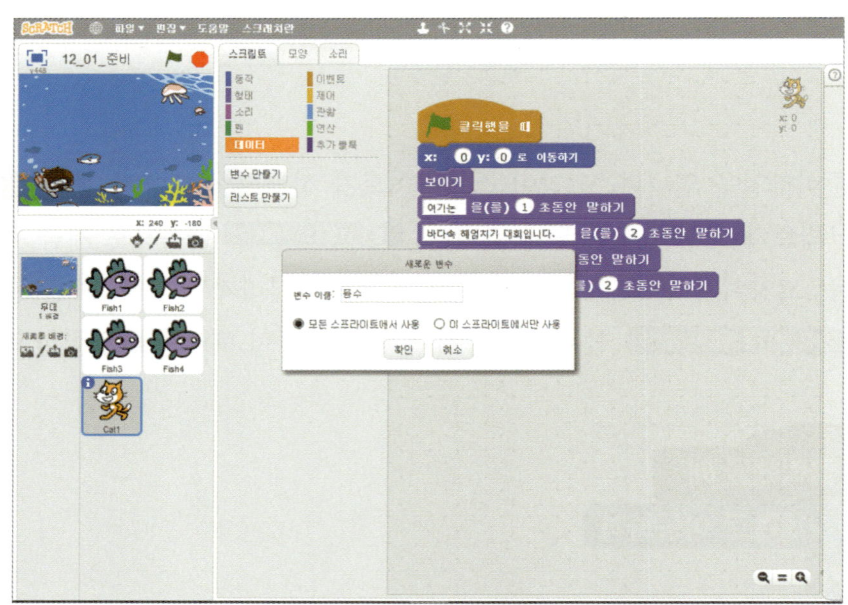

03 이 프로젝트에서는 실행은 2단계로 나눠져 있습니다. 고양이 스프라이트는 깃발을 클릭했을 때 실행되고 이어 [스페이스] 키를 눌렀을 때 실행됩니다.

스페이스 ▼ 키를 눌렀을 때 블록과 등수 ▼ 을(를) 1 로 정하기 를 사용하여 다음과 같이 만들어 봅시다.

04 다음과 같이 고양이 스프라이트의 스크립트가 완성되었습니다.

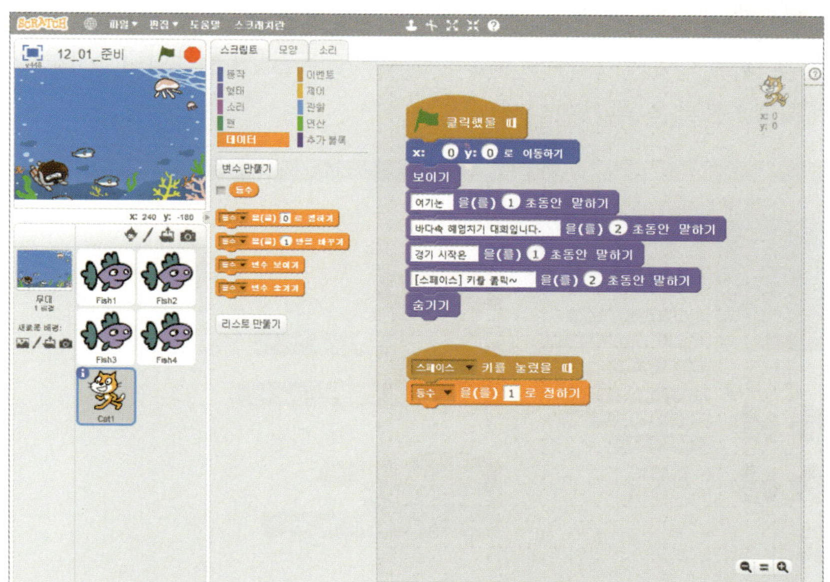

05 이번에는 무대에 다양한 효과를 지정하여 동적인 배경을 만들어 봅시다. 기본 바닷속 배경에서 모자이크 효과와 소용돌이 효과가 차례로 나타나게 만들어 봅시다.

무대를 선택한 후, `클릭했을 때` 블록과 `1 초 기다리기` 블록, `모자이크▼ 효과를 10 (으)로 정하기` 블록을 연결해 봅시다. 그 다음, `1 초 기다리기` 블록에서 마우스 오른쪽 버튼을 클릭하여 복사해 아래와 같이 연결하고 '소용돌이' 효과를 선택하고 '1000'을 입력합니다.

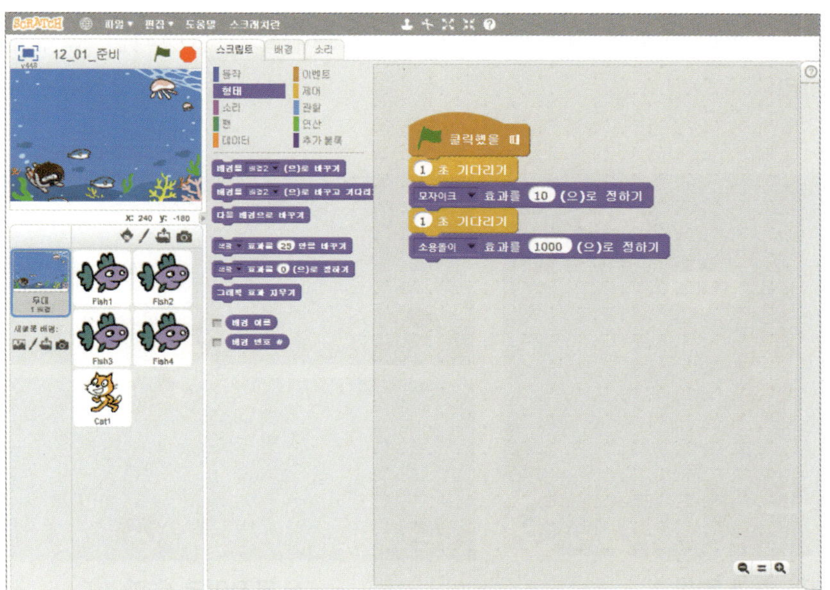

06 **03**에서 언급됐듯이 이 프로젝트는 2단계로 나눠져 있습니다. 2번째 단계를 실행하기 위해 이전과 마찬가지로 `스페이스 키를 눌렀을 때` 블록을 사용합니다. 1단계에서 추가된 그래픽 효과를 지우고, 새로운 그래픽 효과를 지정하기 위해 `그래픽 효과 지우기` 블록을 사용합니다. 새로운 그래픽 효과인 `반투명 효과를 50 (으)로 정하기` 블록을 추가합니다.

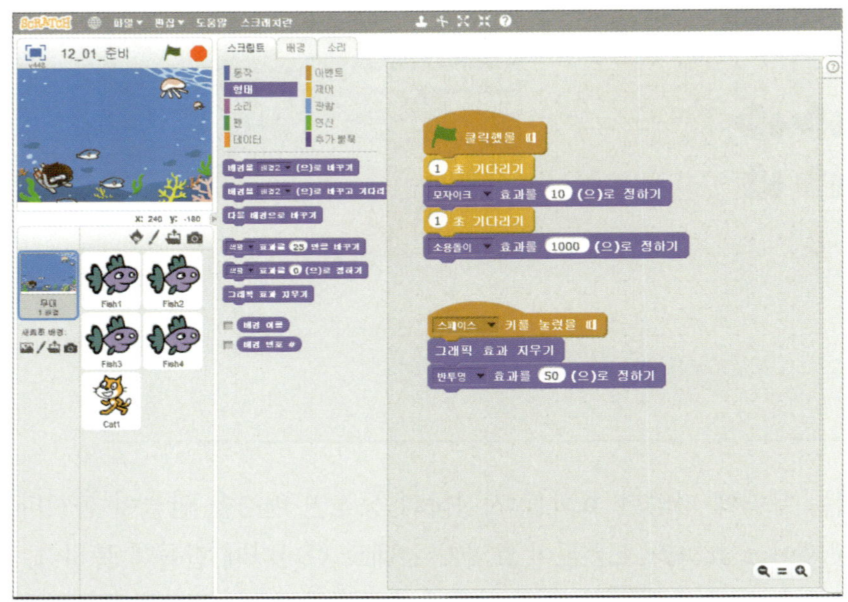

07 자~ 지금까지 추가한 그래픽 효과는 다음과 같습니다. 스크립트가 실행되면 모자이크 효과로 화면이 4등분됩니다.

▲ 그래픽 효과 없음

▲ 모자이크 효과 '10'

08 4등분으로 모자이크된 화면이 소용돌이 효과로 오른쪽 방향으로 회전을 합니다. [스페이스] 키를 누르면 이전 그래픽 효과가 지워지고 반투명 효과가 나타납니다.

▲ 소용돌이 효과 '1000'

▲ 반투명 효과 '50'

알아봅시다

- **색깔 효과**

  색깔 효과는 입력 값에 따라 화면의 색을 변화시킵니다. 입력 값이 200 이상이면 기본 색으로 돌아갑니다.

▲ 입력 값: 10　　▲ 입력 값: 50　　▲ 입력 값: 100　　▲ 입력 값: 150

- **어안렌즈 효과**

  어안렌즈 효과는 화면이 볼록 렌즈로 통해 보는 것처럼 표현하는 효과입니다. 입력 값이 커질수록 가운데 부분이 가장자리보다 두꺼워지며 볼록하게 나타납니다.

| ▲ 입력 값: 50 | ▲ 입력 값: 100 | ▲ 입력 값: 200 | ▲ 입력 값: 500 |

- **소용돌이 효과**

  소용돌이 효과는 화면을 오른쪽 방향으로 회전하여 왜곡되게 만듭니다. 입력 값이 클수록 화면의 왜곡 현상은 더 많이 나타납니다.

| ▲ 입력 값: 50 | ▲ 입력 값: 100 | ▲ 입력 값: 500 | ▲ 입력 값: 2000 |

- **픽셀화 효과**

  픽셀화 효과는 각각의 픽셀들을 보이게 하는 효과입니다. 입력 값이 클수록 픽셀의 크기가 커집니다. 픽셀화 효과는 화면에 픽셀들이 보이도록 하는 효과입니다. 입력 값이 클수록 한 개의 픽셀 크기가 커집니다.

| ▲ 입력 값: 10 | ▲ 입력 값: 100 | ▲ 입력 값: 200 | ▲ 입력 값: 500 |

- **모자이크 효과**

모자이크 효과는 화면을 분할합니다. 화면을 분할을 위한 값은 5부터 진행됩니다. 1부터 4까지 입력 값을 넣었을 경우 화면 분할이 되지 않습니다.

▲ 입력 값: 5~14　　▲ 입력 값: 15~24　　▲ 입력 값: 25~34　　▲ 입력 값: 35~44

- **밝기 효과**

밝기 효과는 입력 값에 따라 화면이 밝기를 조절하는 효과입니다. 숫자가 100에 가까워질수록 화면이 밝게 변합니다.

▲ 입력 값: 30　　▲ 입력 값: 50　　▲ 입력 값: 70　　▲ 입력 값: 90

- **반투명 효과**

반투명 효과는 화면을 투명하게 만듭니다. 입력 값이 클수록 화면은 투명하게 되며 입력 값이 100이면 완전히 투명하게 됩니다.

▲ 입력 값: 30　　▲ 입력 값: 50　　▲ 입력 값: 70　　▲ 입력 값: 90

STEP 2 좌표로 자유롭게 이동하기

이 프로젝트에서는 네 마리의 물고기가 헤엄치기 경주를 합니다. 물고기의 이름은 각각 'Fish1', 'Fish2', 'Fish3', 'Fish4'입니다. 바닷속 헤엄치기 경주는 [스페이스] 키를 누르면 시작됩니다. 경주가 시작되면 네 마리의 물고기들은 각자의 위치로 이동한 후 'Fish1'부터 순서대로 말하기를 한 후에 동시에 출발합니다.

다음 표를 바탕으로 네 마리의 물고기 스프라이트의 스크립트를 만들어 봅시다.

스프라이트	Fish1	Fish2	Fish3	Fish4
스크립트 내용	• 말하기 1초 • 기다리기 3초	• 기다리기 1초 • 말하기 1초 • 기다리기 2초	• 기다리기 2초 • 말하기 1초 • 기다리기 1초	• 기다리기 3초 • 말하기 1초

01 'Fish1' 스프라이트는 고양이 스프라이트가 말하기를 하는 동안 보이지 않도록 숨기기 블록을 사용합니다. 무대에 비해 스프라이트 크기가 크므로 크기를 40% 로 정하기 블록을 사용하여 크기를 40%로 줄입니다. 보이지는 않지만 위치는 x: 0 y: 0 로 이동하기 블록을 사용하여 x: −170, y: 100 으로 입력합니다. 다음과 같이 스크립트를 연결해 봅시다.

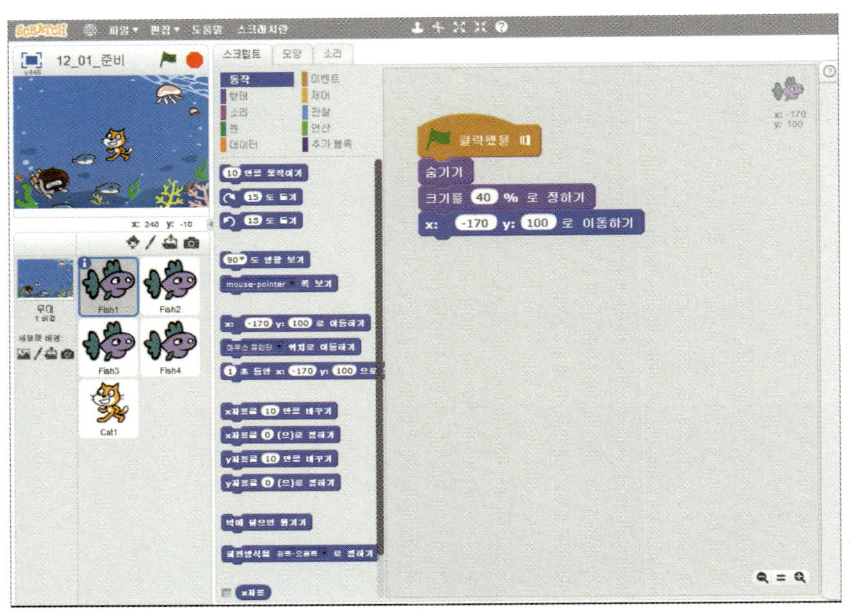

02 STEP 2의 방송하기 블록을 받아 'Fish 1'이 등수를 말하도록 하는 스크립트를 완성해 봅시다. 등수확인1 을(를) 받았을 때 블록을 사용하여 방송하기를 받아 아래 블록들이 실행되도록 합니다. 그 다음, 등수를 말하기 위해 등수 블록과 Hello! 말하기 블록을 연결하고, 등수▼ 을(를) 1 만큼 바꾸기 블록을 사용하여 다른 Fish 스프라이트의 등수를 정합니다.

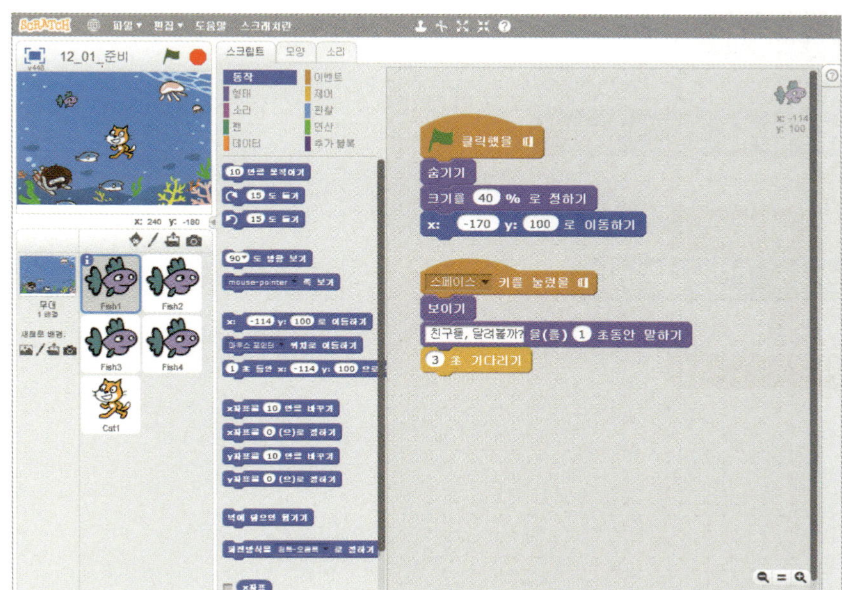

말하기 블록에 "친구들, 달려볼까?"라고 입력

03 'Fish1'을 이동시키기 위한 블록을 추가해 봅시다. 까지 반복하기 블록을 사용하여 조건을 만족할 때까지 반복하여 이동하도록 합니다. 조건은 ▢ ＞ ▢ 블록과 X좌표 블록을 사용하여 X좌표가 180보다 클 때까지 이동하게 합니다.

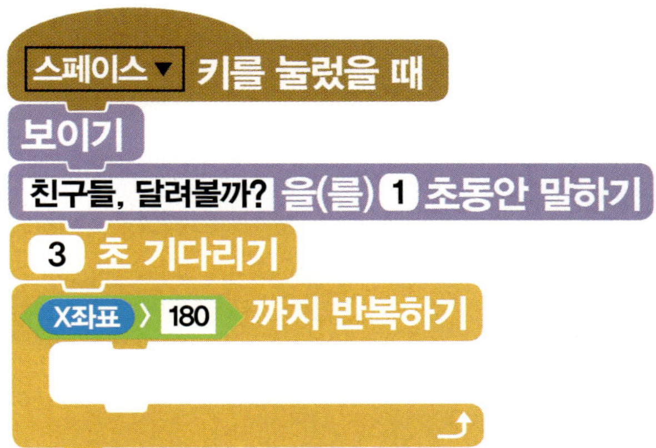

04 이번에는 스프라이트가 이동할 때 속도를 조절해 보겠습니다.
[1 부터 10 사이의 난수] 블록을 사용하여 0부터 3까지로 속도를 지정합니다. [zoop▼ 재생하기] 블록을 사용하여 이동하는 동안 소리가 나도록 해봅시다.

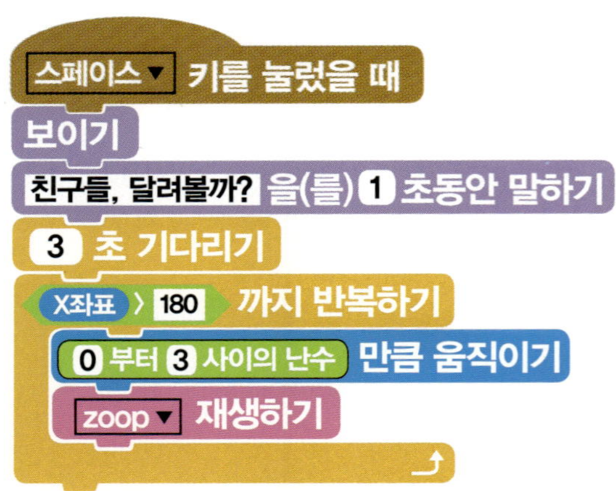

05 'Fish1' 스프라이트의 X좌표가 180을 넘으면 반복하기가 중지되고 등수를 말하기 하도록 합니다. 먼저, [등수확인1▼ 방송하기] 블록을 사용하여 아래와 같이 연결해 봅시다.

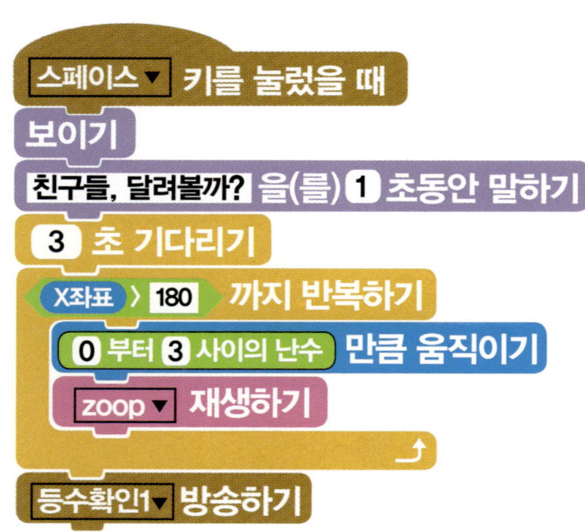

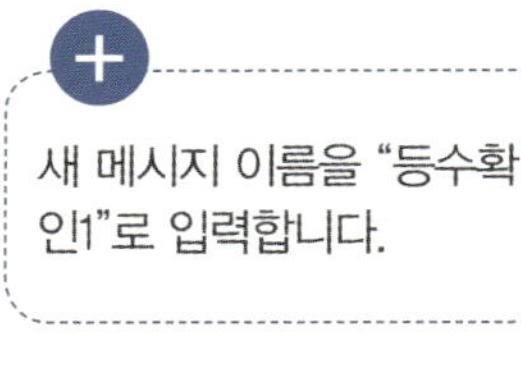

06 지금까지의 스크립트를 정리하면 다음과 같습니다.

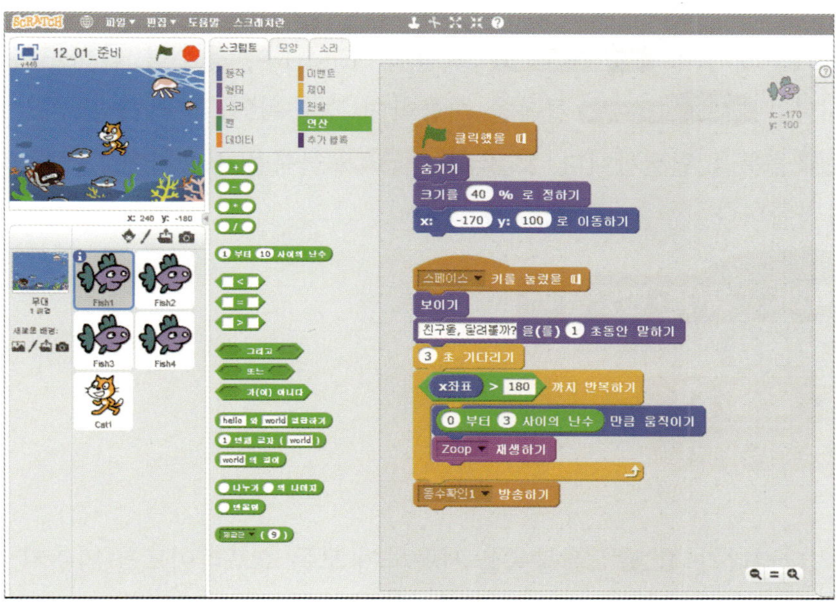

07 실행 결과는 다음과 같습니다. [스페이스] 키를 누르면 'Fish1' 스프라이트의 크기가 40%가 됩니다. 스프라이트의 위치는 x: −170, y: 100 으로 이동합니다. 1초 동안 말하고, 3초 후에 출발합니다. X좌표가 180보다 클 때까지 소리를 내며 이동하고, 0부터 3까지 난수 값으로 불규칙한 속도로 이동합니다.

STEP 3 등수 말하기

01 앞서 **STEP 2**에서 [등수확인1 방송하기] 를 받아 'Fish1'이 등수를 말하도록 스크립트를 만들어 봅시다. [등수확인1 을(를) 받았을 때] 블록을 사용하여 '등수확인1'을 방송을 받았을 때 [등수] 블록과 [Hello! 말하기] 블록을 연결합니다. [등수 을(를) 1 만큼 바꾸기] 블록을 사용하여 다음 등수를 정하기 위해 1만큼 증가합니다.

02 2초가 기다렸다가 [모두 멈추기] 블록을 사용하여 모든 스프라이트를 멈추기 합니다.

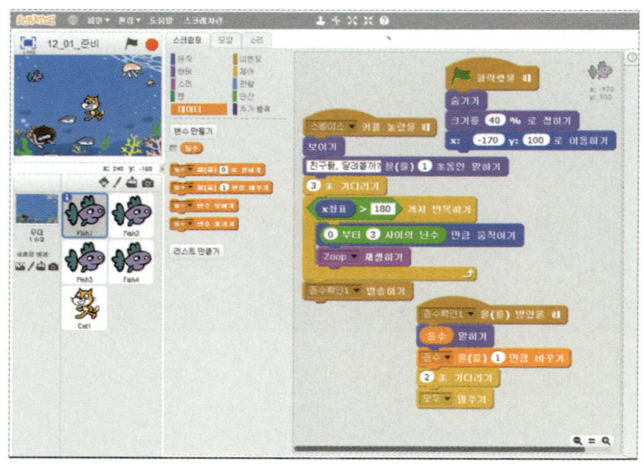

03 드디어 'Fish1' 스프라이트의 스크립트가 아래와 같이 완성되었습니다.
다음과 같이 'Fish1'이 도착하면 등수가 표시됩니다.

04 자! 이제 다른 물고기 스크립트도 만들어 볼까요?

'Fish1' 스프라이트와 마찬가지로 무대에서 함께 대결을 벌일 'Fish2', 'Fish3', 'Fish4' 스프라이트도 같은 블록을 사용합니다. 다만, 입력 내용을 조금씩 달리하여 내용을 풍성하게 만들어 봅시다. 다음 표를 바탕으로 각 스프라이트의 스크립트를 변경해 봅시다. 각 스프라이트가 출발하기 전 말하기 내용과 기다리기 시간에 관한 표입니다.

스프라이트	Fish1	Fish2	Fish3	Fish4
시작 위치	• x: −170 • y: 100	• x: −170 • y: 40	• x: −170 • y: −20	• x: −170 • y: −80
말하고 기다리기	• 말하기 1초 • 기다리기 3초	• 기다리기 1초 • 말하기 1초 • 기다리기 2초	• 기다리기 2초 • 말하기 1초 • 기다리기 1초	• 기다리기 3초 • 말하기 1초

05 각 물고기 스프라이트의 스크립트를 완성해 봅시다.

• 'Fish2' 스프라이트의 스크립트

• 'Fish3' 스프라이트의 스크립트

• 'Fish4' 스프라이트의 스크립트

06 완성된 스크립트의 실행 결과를 확인합니다.

경주가 시작되면 반투명 효과 '50'으로 배경이 변경됩니다. 물고기 스프라이트들이 1초씩 말하기를 한 후 경기를 시작합니다.

07 물고기들은 난수를 사용하여 불규칙한 속도로 제각각 이동합니다.

물고기들은 물고기의 X좌표가 180보다 크면 이동은 멈추고 등수를 말합니다. 모든 스프라이트가 멈추면 화면은 처음 화면으로 돌아갑니다.

기초다지기

01 주어진 조건에 따라 배경에 그래픽 효과를 사용하여 무대를 움직이게 해 보세요.

▲ 완성파일: 기초_12_01_완성

조건

- 색깔 효과 '50' 지정하기
- 어안 렌즈 효과 '100' 지정하기
- 픽셀화 효과 '100' 지정하기
- 다른 그래픽 효과를 지정할 때마다 이전 그래픽 효과 지우기
- 무한 반복하기

02 문제 **01**의 결과에 자유롭게 이동하는 박쥐 스프라이트를 추가해 보세요.

▲ 완성파일: 기초_12_02_완성

조건

박쥐 스프라이트

- 크기를 80%로 정하기
- '모양 변형' 메시지를 방송하기
- 무대 곳곳(모든 X좌표와 Y좌표)을 이동하기(난수 사용)
- [모양 변형] 방송을 받았을 때 실행하기
- 모양 바꾸기
- 모양 바꾼 후 0.5초 기다리기
- 무한 반복하기

도전하기

01 다음과 같이 비행 경주 스크립트를 완성해 보세요.

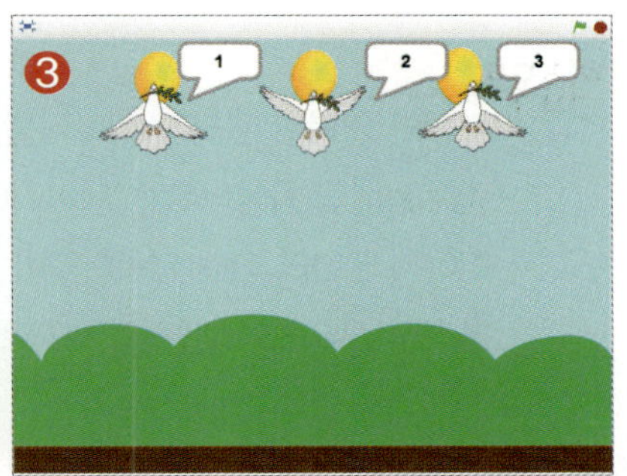

▲ 준비파일: 심화_12_01_준비 / 완성파일: 심화_12_01_완성

조건

고양이 스프라이트

- "등수" 변수 만들기
- 처음 위치는 x: −6, y: −50
- "meow" 소리 재생하기
- 프로젝트 소개 말하기
- 말하기 할 때 보였다가 말하기가 끝나면 숨기
- [스페이스]키를 눌렀을 때 실행하기
- "등수"의 초깃값을 1로 정하기

Dove1 스프라이트

- 프로젝트 실행 시 숨기기
- 크기를 50%로 정하기
- 처음 위치는 x: −128, y: −116
- [스페이스]키를 눌렀을 때 보이기
- Y좌표를 1~10 사이의 난수로 정해 불규칙하게 이동하도록 하기
- Y좌표가 112보다 커질 때까지 이동하도록 하기
- 이동하면서 모양을 바꾸고 모양이 바뀔 때 0.05초 기다리기
- "bird" 소리 재생하기
- "등수확인1" 메시지 방송하기

Dove2 스프라이트(Dove1의 스크립트를 복사)

- 처음 위치는 x: 0, y: −116
- "등수확인2" 메시지 방송하기
- "등수확인2" 방송을 받고 스크립트 실행하기

Dove3 스프라이트(Dove1의 스크립트를 복사)

- 처음 위치는 x: 128, y: −116
- "등수확인3" 메시지 방송하기
- "등수확인3" 방송을 받고 스크립트 실행하기

13 토끼와 거북 스토리텔링해요

토끼와 거북이 달리기 이야기를 스토리스텔링 하는 프로젝트를 만들어 봅시다. 스토리텔링은 '스토리(story) + 텔링(telling)'의 합성어로서 '이야기하다'라는 의미입니다.

이야기에 따라 여러 캐릭터들이 필요합니다. 이 캐릭터들은 상호작용을 하며 이야기를 전개해 나갑니다.

본격적으로 스토리텔링의 세계로 이동해 볼까요?

무엇을 만들까?

토끼와 거북의 스토리텔링

▲ 준비파일: 13_01_준비 / 완성파일: 13_01_완성

무엇을 배울까?

STEP 1 사회자 스프라이트

STEP 3 거북 스프라이트

STEP 2 토끼 스프라이트

STEP 4 시작과 종료, 배경 스프라이트

스토리텔링 미리보기

우리가 잘 알고 있는 '토끼와 거북' 이야기를 활용해 스토리텔링하는 프로젝트를 만들어 봅시다. 먼저, 이야기의 주인공들인 토끼와 거북이 어떤 대화를 주고받고 이야기가 어떻게 전개되는지 살펴볼까요?

배경 1

옛날 옛날, 토끼와 거북이 살고 있었습니다.
어느 날, 토끼가 거북에게 말했습니다.

- 토끼: "안녕~ 느림보 거북아~', '나랑 달리기 경주를 하지 않을래?"
- 거북: "뭐!? 내가 느림보라고?', '좋아, 나랑 달리기 시합을 하자!"

거북은 토끼와 달리기 시합을 하기로 결정했습니다.

- 토끼: "그럼, 3, 2, 1 하면 출발하는 거야!"라고 말했습니다.

배경 2

토끼와 거북은 열심히 달리기를 하였습니다.

- 토끼: "음, 거북이 저 뒤에 있네.', '한 숨 자고 가야겠다."

토끼는 느림보 거북을 비웃으며, 잠을 잤습니다.

- 거북: "어! 토끼가 자고 있네.', '그럼, 힘내서 먼저 가야겠다!"

거북은 부지런히 달리기를 하였습니다.
결국, 부지런한 거북은 토끼와의 달리기에서 이겼습니다.

- 거북: "우와 내가 이겼어!"

SCRATCH

주인공 외에 '사회자'를 추가하여 사회자, 토끼, 거북 3개의 스프라이트가 [메세지1▼ 방송하기] 블록과 [메세지1▼ 을(를) 받았을 때] 블록을 사용하여 이야기를 전개할 수 있도록 스크립트를 만들려고 합니다. 스프라이트 사이에서 방송을 주고받는 관계를 그림으로 나타내면 다음과 같습니다.

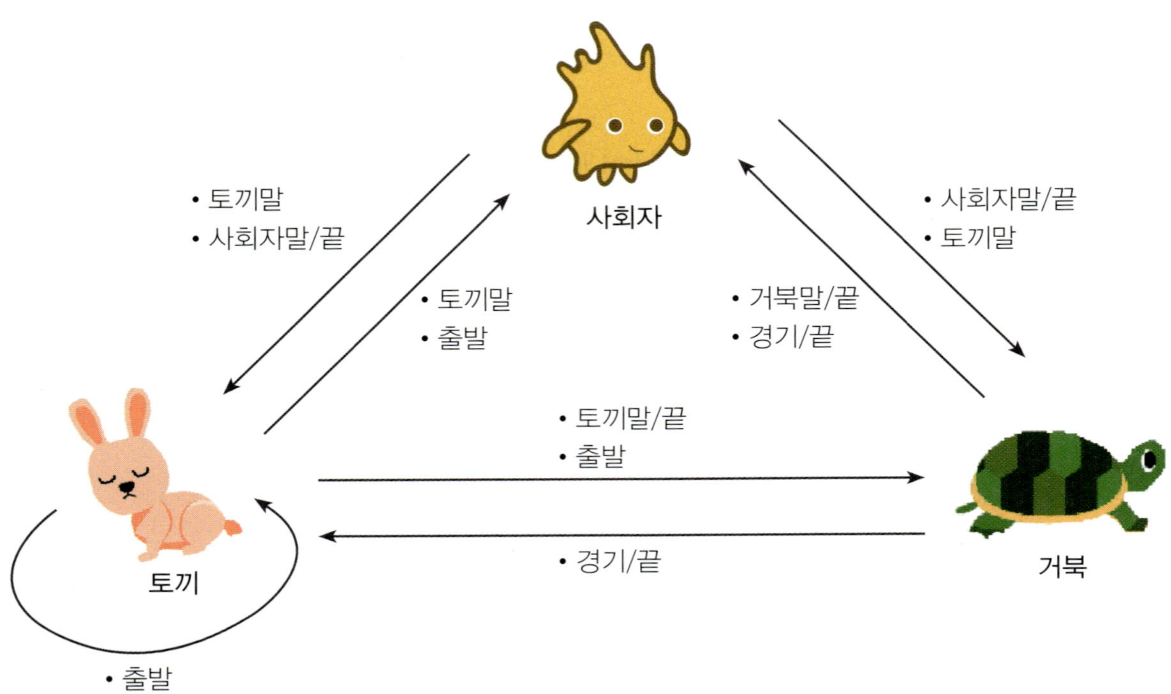

스프라이트의 관계를 정리한 표입니다. 스프라이트 간 방송하기와 방송받기 어떻게 구성되는지 미리 이해할 수 있습니다.

	사회자	토끼	거북
방송하기	• 토끼말 • 사회자말/끝	• 토끼말/끝 • 출발	• 거북말/끝 • 경기/끝
방송받기	• 거북말/끝 • 경기/끝	• 토끼말 • 사회자말/끝 • 출발 • 경기/끝	• 토끼말 • 사회자말/끝 • 토끼말/끝 • 출발

STEP 1 사회자 스프라이트

사회자 스프라이트는 이야기를 이끌어가는 역할입니다. 이야기를 전개하고, 현재 상황을 알려줍니다.

01 준비파일을 연 후 사회자 스프라이트를 선택합니다.
스토리텔링의 시작을 위해 [Hello! 을(를) 2 초동안 말하기] 블록을 사용하여 아래와 같이 연결하고 텍스트를 입력해 봅시다.

```
클릭했을 때
옛날 옛날 토끼와 거북이 살았어요~ 을(를) 1 초동안 말하기
어느 날, 을(를) 1 초동안 말하기
토끼가 거북에게 말했어요. 을(를) 1 초동안 말하기
```

02 사회자 스프라이트를 스토리텔링의 앞과 뒤에 효과음을 내며 등장하였다가 토끼와 거북이 경주하는 이야기가 시작될 때는 보이지 않게 하려고 합니다. [보이기] 블록과 [fairydust ▼ 재생하기] 블록을 추가해 봅시다.

```
클릭했을 때
보이기
fairydust ▼ 재생하기
옛날 옛날 토끼와 거북이 살았어요~ 을(를) 1 초동안 말하기
어느 날, 을(를) 1 초동안 말하기
토끼가 거북에게 말했어요. 을(를) 1 초동안 말하기
```

TIP

[소리] 탭에서 [저장소에서 소리 선택]을 클릭하여 원하는 소리를 선택할 수 있습니다. 각 스프라이트마다 필요한 소리를 추가하여 봅시다.

03 `토끼말▼ 방송하기` 블록을 추가하여 사회자가 스토리텔링을 시작하는 말하기가 끝난 후 토끼와 거북의 스크립트에서 방송을 받아 다음 이야기가 전개되도록 합시다.

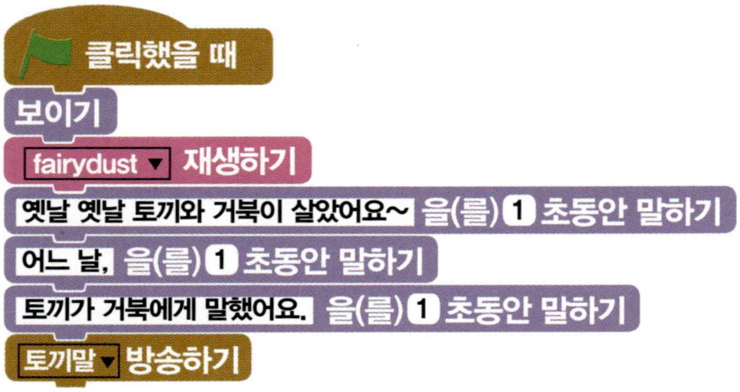

> ＋
> 새 메시지 이름은 "토끼말"로 입력합니다.

04 **03**을 통해 토끼와 거북이 이야기를 전개한 후 사회자가 이야기 진행 상황을 말하기 하도록 해봅시다. `거북말/끝▼ 을(를) 받을 때` 블록과 `Hello! 을(를) 2 초동안 말하기` 블록을 사용하여 '거북' 스크립트의 `거북말/끝▼ 방송하기`를 받아 사회자가 말하기 하도록 스크립트를 만들어 봅니다. 그 다음, 다시 토끼와 거북 이야기가 전개될 수 있도록 사회자는 `숨기기` 블록으로 무대에서 보이지 않도록 하고 `사회자말/끝▼ 방송하기` 블록을 추가하여 토끼와 거북의 스크립트에서 방송을 받아 본격적인 달리기 경주 이야기를 시작하도록 합시다.

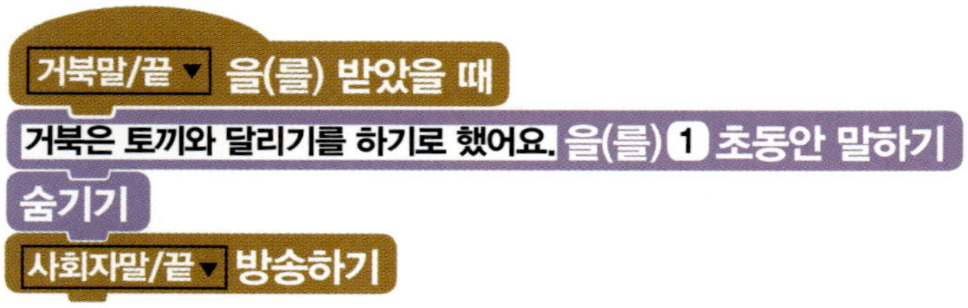

05 04를 통해 토끼와 거북 경주 이야기가 전개된 후 마지막에 다시 사회자가 등장하도록 합시다. 사회자 스크립트에 경기/끝 을(를) 받았을 때 블록과 보이기 블록을 추가하여 경기/끝 방송하기 를 받으면 사회자가 무대에 등장하도록 합니다. 등장과 함께 소리를 재생하고 이야기의 결말을 말하기 하도록 합니다.

```
경기/끝▼ 을(를) 받았을 때
보이기
1 초 기다리기
fairydust▼ 재생하기
부지런한 거북은 을(를) 1 초동안 말하기
토끼와 달리기에서 이겼습니다. 을(를) 1 초동안 말하기
```

06 자~ 이제 완성된 사회자 스프라이트의 스크립트를 확인해 볼까요?
스크립트의 정렬은 이야기의 흐름에 맞추어 정리하는 것이 좋습니다.

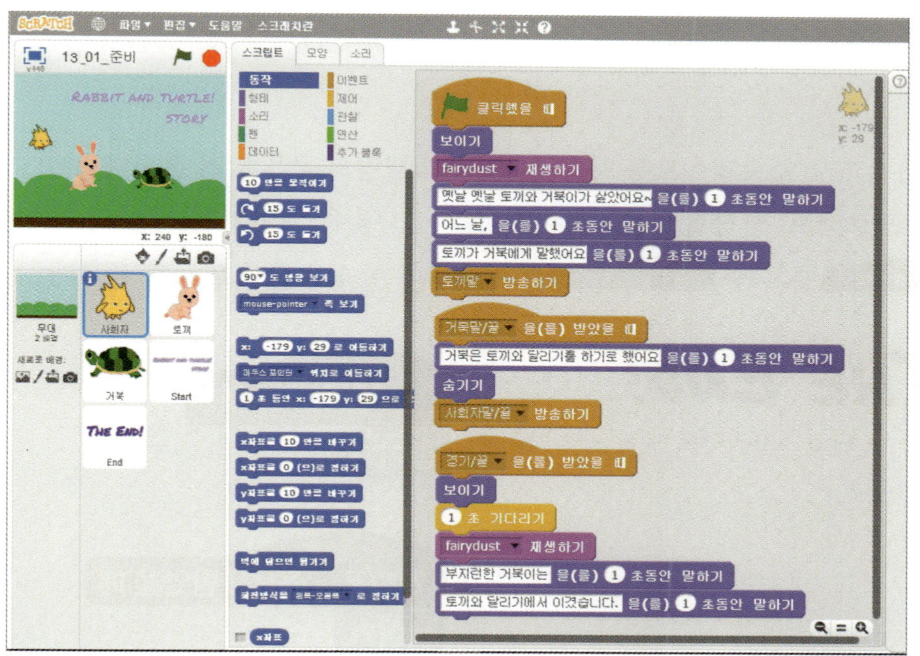

STEP 2 시작과 종료, 배경 스프라이트

스토리텔링에 필요한 요소들을 먼저 설정해 봅시다. 시작화면과 종료화면에 보이는 텍스트 스프라이트와 배경에 대한 스크립트를 만들어 봅시다.

01 Start 스프라이트를 사용하여 스토리텔링의 시작을 알려 봅시다. 이 프로젝트 시작과 동시에 나타났다가 경주 이야기가 끝나면 사라지도록 합시다. [클릭했을 때] 블록과 [경기/끝 ▼ 을(를) 받았을 때] 를 사용하여 아래와 같이 완성해 봅시다.

RABBIT AND TURTLE!

STORY

▲ Start 스프라이트

```
클릭했을 때
보이기
```

```
경기/끝 ▼ 을(를) 받았을 때
숨기기
```

02 다음은 End 스프라이트를 사용하여 스토리텔링의 끝을 알려 봅시다.
이 프로젝트 시작할 때는 보이지 않다가 경주 이야기가 끝나면 나타나도록 합시다. [클릭했을 때] 블록과 [경기/끝 ▼ 을(를) 받았을 때] 를 사용하여 아래와 같이 완성해 봅시다.

THE END!

▲ End 스프라이트

```
클릭했을 때
숨기기
```

```
경기/끝 ▼ 을(를) 받았을 때
보이기
```

03 이제 배경을 설정해 봅시다. 이 스토리텔링에서 사용되는 배경은 아래와 같이 2개입니다. '배경1'은 이야기 도입에 사회자와 토끼, 거북이 차례로 이야기를 할 때, 경주가 끝나고 사회자가 결말을 이야기 할 때 배경이 됩니다. '배경2'는 토끼와 거북의 경주할 때 배경이 됩니다.

▲ 배경1

▲ 배경2

04 이야기 도입에는 '배경1'이 되도록 클릭했을 때 블록과 배경을 배경1 (으)로 바꾸기 블록을 사용합니다. 그 다음, 경주가 시작되면서 '배경2'로 바뀌어야 하므로 사회자말/끝 을(를) 받았을 때 블록을 사용하고 배경을 배경1 (으)로 바꾸기 블록에서 '배경2'를 선택해 연결해 봅시다. 이 때, 주인공 스프라이트가 잘 보이도록 하기 위해 반투명 효과를 30 (으)로 정하기 를 추가합니다. 결말에는 다시 '배경1'이 되야 하므로 경기/끝 을(를) 받았을 때 블록과 배경을 배경1 (으)로 바꾸기 블록을 사용합니다.

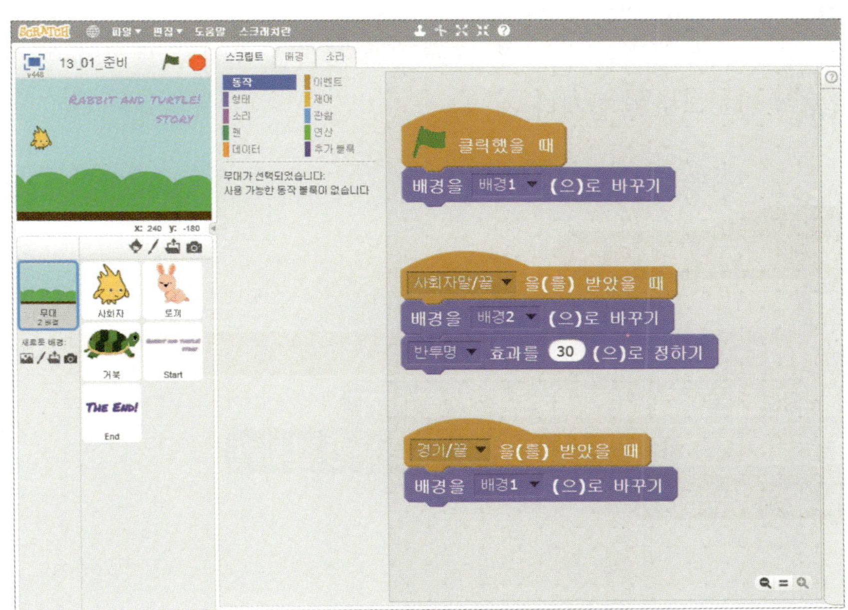

STEP 3 토끼 스프라이트

토끼 스프라이트는 거북 스프라이트와 함께 이야기의 주인공입니다.
거북 스프라이트는 '토끼 1'과 '토끼 2'로 모양이 2개입니다.

01 스크립트 실행할 때 사회자가 말하기 하고 있으므로 토끼 스프라이트는 숨기기 블록을 사용
해 보이지 않도록 합니다. 이 때, 토끼가 보이지는 않지만 다음과 같이 토끼의 모양과 크기,
위치도 설정합니다.

▲ 토끼 1

02 **STEP 1 03**의 방송하기를 받아 토끼가 등장하도록 만들어 봅시다. 토끼말▼ 을(를) 받았을 때 블록과
보이기 블록을 사용합니다. 이어 Hello! 을(를) 2 초동안 말하기 블록을 추가해 토끼가 거북에게 경주를
제의하는 내용으로 입력합니다. 토끼말/끝▼ 방송하기 블록을 추가해 토끼의 이야기가 끝난 후 거북
의 이야기가 전개되도록 합시다.

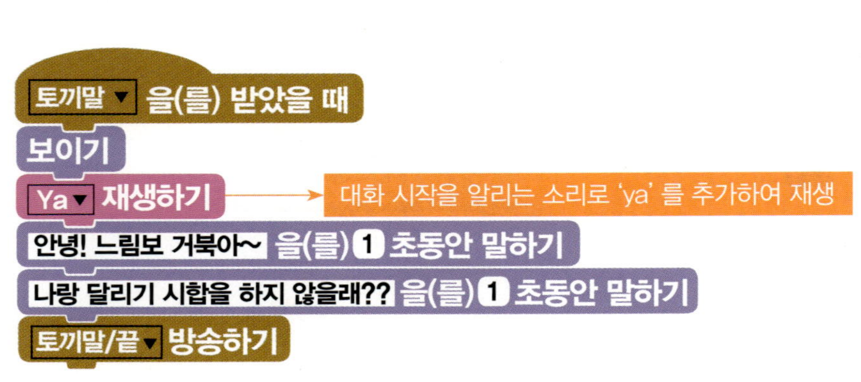

중간중간에 소리 재생하기
블록을 추가하여 더욱 재미
난 스토리텔링이 될 수 있
게 합시다.

새 메시지 이름은 "토끼
말/끝"으로 입력합니다.

03 **STEP 1 04**의 방송하기를 받아 다시 토끼의 이야기를 전개해 봅시다. [사회자말/끝 ▾ 방송하기] 블록을 통해 토끼가 거북과의 경주를 시작하는 내용의 스크립트가 실행되도록 합시다. 다음과 같이 토끼의 크기와 위치를 정하고 말하기 블록을 추가·수정해 봅시다. 마지막에 [출발 ▾ 방송하기] 블록을 추가하여 이 방송을 받아 다음 스크립트가 연결될 수 있도록 합니다.

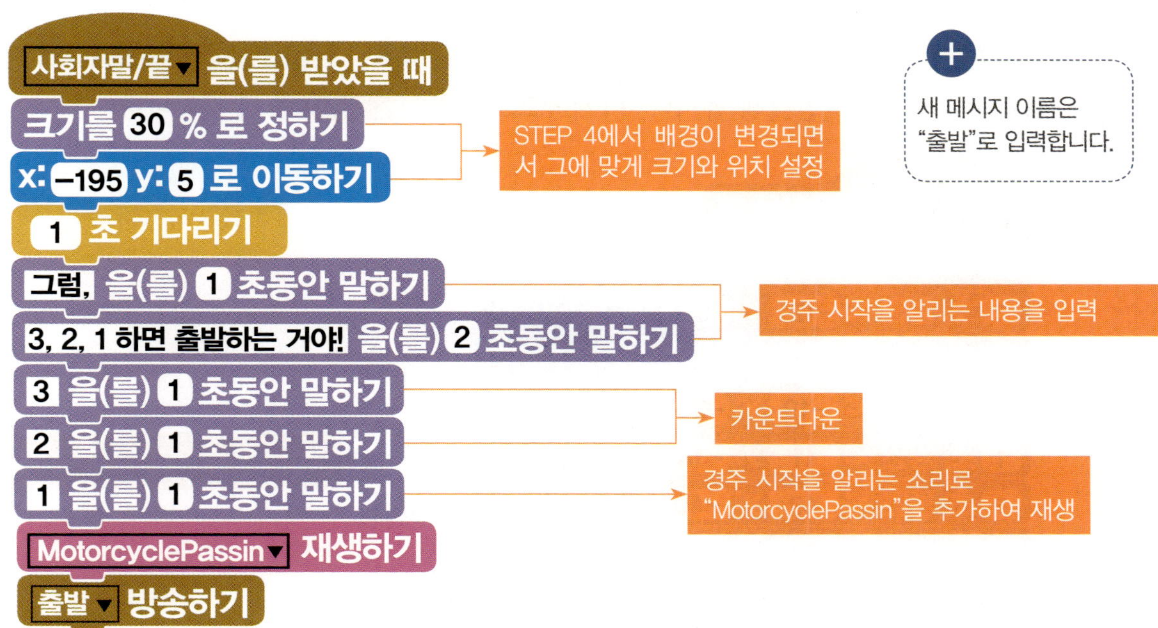

04 이제 토끼와 거북이 본격적으로 경주를 하는 이야기를 전개해 봅시다. 토끼가 길을 따라 달리기를 하는 이야기를 담은 스크립트는 [출발▼ 을(를) 받았을 때] 블록을 사용해 스크립트가 실행될 수 있도록 합니다. 배경 속 길을 따라 달리기 하는 것처럼 보이도록 [1초 동안 x: 0 y: 0 으로 움직이기] 블록을 사용해 X, Y좌표에 변화를 주어 움직이도록 합니다.

토끼와 거북이 이야기에 따라 토끼는 거북이 뒤쳐진걸 알고 잠이 드는 이야기도 담기 위해 [Hello! 을(를) 2 초동안 말하기] 블록과 [모양을 토끼2▼ (으)로 바꾸기] 블록, [1초 동안 x: 0 y: 0 으로 움직이기] 블록을 사용해 아래와 같이 연결해 봅시다. 마지막으로 [이 스크립트▼ 멈추기] 을 추가합니다.

```
출발▼ 을(를) 받았을 때
1 초 동안 x: -189 y: 5 으로 움직이기
1 초 동안 x: -121 y: 5 으로 움직이기
1 초 동안 x: -97 y: -35 으로 움직이기
1 초 동안 x: -19 y: -20 으로 움직이기
1 초 동안 x: 11 y: -14 으로 움직이기
1 초 동안 x: 49 y: -40 으로 움직이기
1 초 동안 x: 71 y: -78 으로 움직이기
음~ 거북이 저 뒤에있네 을(를) 1 초동안 말하기
한 숨 자고 가야겠다. 을(를) 1 초동안 말하기
모양을 토끼2▼ (으)로 바꾸기
1 초 동안 x: 71 y: -88 으로 움직이기
이 스크립트▼ 멈추기
```

길의 좌표를 확인해 이동 경로를 지정

토끼가 자는 내용을 표현하기 위해 모양과 위치를 설정

+

[이 스크립트▼ 멈추기]

이 스크립트에서 반드시 필요한 블록은 아니지만 토끼의 움직임이 완전히 멈추었음을 표현하기 위해 추가해 봅시다.

05 **01**부터**04**까지 완성하였다면 토끼 스프라이트의 스크립트 화면은 다음과 같습니다.

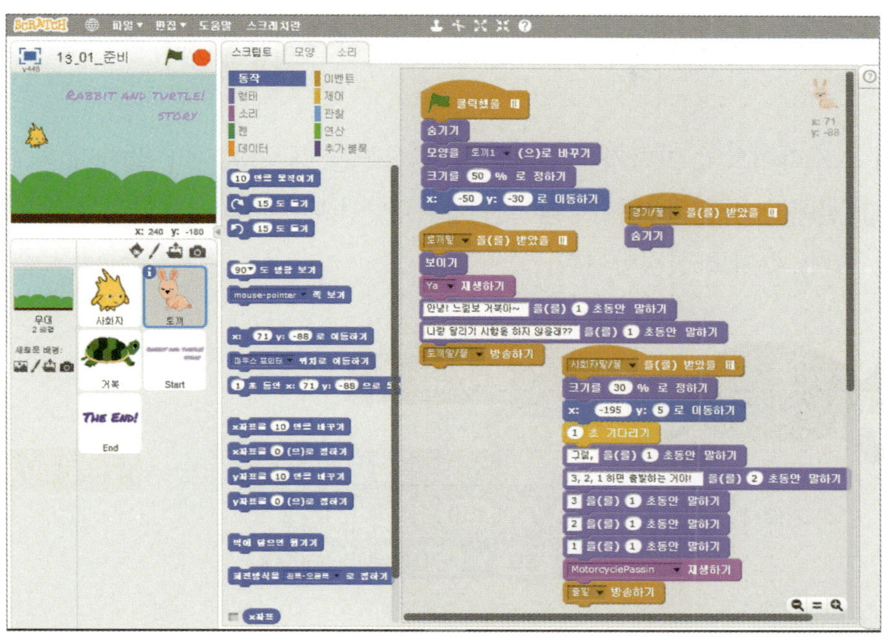

06 토끼 스프라이트의 스크립트 실행화면입니다.

STEP 4 거북 스프라이트

거북 스프라이트는 토끼 스프라이트와 함께 이야기의 주인공입니다.

01 토끼 스프라이트와 마찬가지로 스크립트 실행할 때 사회자가 말하기 하고 있으므로 거북은 숨기기 블록을 사용해 보이지 않도록 합니다. 이 때, 거북도 보이지는 않지만 다음과 같이 모양과 크기, 위치도 설정합니다.

▲ 거북 1

02 **STEP 1 03** 의 방송하기를 받아 토끼와 함께 등장하도록 만들어 봅시다. 토끼말 을(를) 받았을 때 블록과 보이기 블록을 사용합니다.

03 거북이 토끼의 경주 제의를 받아드리는 이야기를 전개해 봅시다. **STEP 2 02**의 방송하기를 받아 말하기 할 수 있도록 [토끼말▼ 을(를) 받았을 때] 블록과 [Hello!  을(를) 2 초동안 말하기] 블록을 사용하여 다음과 같이 내용을 입력합니다. 마지막에 [거북말/끝▼ 방송하기] 블록을 추가하여 사회자가 이야기 진행 상황을 말하기 하는 스크립트와 연결되도록 합니다.

> ＋
>
> [거북말/끝▼ 방송하기]
>
> 이 블록을 통해 **STEP 1**의 **04**에서 완성한 스크립트를 실행시킬 수 있습니다.

04 **STEP 1 04**의 방송하기를 받아 토끼가 이야기를 전개할 때 거북 스프라이트의 크기, 모양, 위치를 설정해 봅시다.

STEP4에서 배경이 변경되면서 그에 맞게 크기, 모양, 위치 설정

05 이제 토끼와 거북이 본격적으로 경주를 하는 이야기를 전개해 봅시다. 토끼와 마찬가지로 길을 따라 달리기를 하는 이야기를 담은 스크립트는 [출발 ▾ 을(를) 받았을 때] 블록을 사용해 실행될 수 있도록 합니다. 길을 따라 달리기 하는 것처럼 보이도록 [1 초 동안 x: 0 y: 0 으로 움직이기] 블록을 사용해 움직이도록 합니다. 토끼보다는 거북이 늦게 달려야 하므로 '2'초 동안 움직이도록 합니다.

거북이 잠든 토끼를 지나 앞서 나가, 경주에서 승리하는 이야기를 담기 위해 [Hello! 을(를) 2 초동안 말하기] 블록과 [1 초 동안 x: 0 y: 0 으로 움직이기] 블록을 사용해 아래와 같이 연결해 봅시다. 마지막으로 사회자가 결말을 말하기 할 수 있도록 [경기/끝 ▾ 방송하기] 블록과 블록을 추가합니다.

06 01 부터 05까지 완성하였다면 거북 스프라이트의 스크립트 화면은 다음과 같습니다.

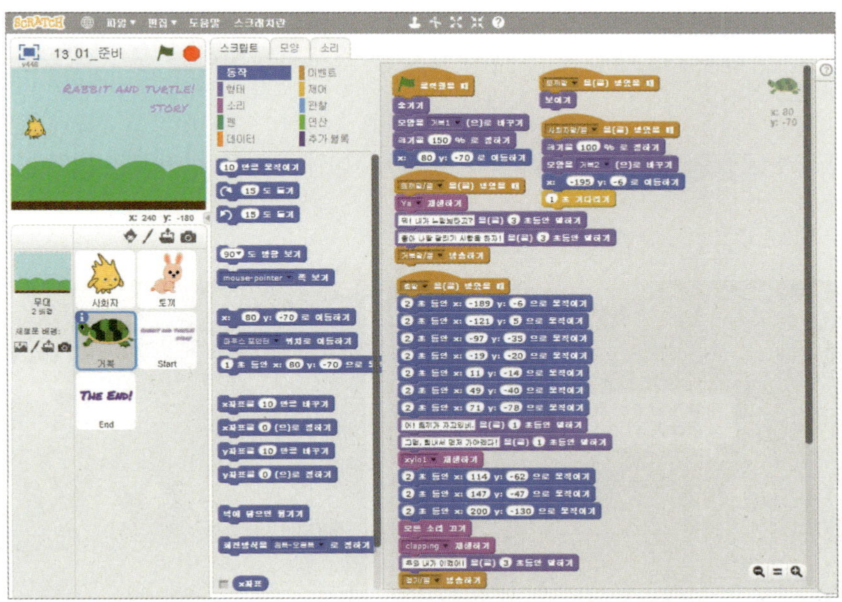

07 거북 스프라이트의 스크립트 실행화면입니다.

08 STEP 1~STEP 4 까지 완성하였다면 프로젝트를 실행해 봅시다. 우리가 알고있는 토끼와 거북 이야기 순서대로 스토리텔링 되었나요?

기초다지기

01 다음과 같이 신데렐라에 대한 이야기의 일부를 스토리텔링하는 프로젝트를 완성해 보세요.

> • 신데렐라가 요정의 도움으로 재투성이 옷에서 멋진 옷으로 갈아입고 왕자를 만나는 이야기

▲ 준비파일: 기초_13_01_준비 / 완성파일: 기초_13_01_완성

조건

무대 스프라이트

- [이야기 시작]을 받았을 때 배경을 'castle3'로 바꾸기
- 배경에 그래픽 효과 주기(밝기 효과)
- 그래픽 효과 지우기
- 2번 반복하여 배경에 효과주기(난수를 활용한 색깔 효과)
- 그래픽 효과 지우기
- [무도회장]을 받았을 때 배경을 'castle4'로 바꾸기
- 5번 반복하여 배경에 효과주기(난수를 활용한 밝기 효과)
- 그래픽 효과 지우기

고양이 스프라이트

- 클릭을 했을 때 보이기
- 배경을 'heart2'로 바꾸기
- 위치를 x: 0, y: 0으로 지정하기
- 이야기 도입을 말하고 숨기기
- [이야기 시작] 방송하기

공주 스프라이트

- 클릭했을 때 위치를 x: −67, y: −55로 이동하기
- 'princess' 모양으로 바꾸고 숨기기
- [이야기 시작]을 받았을 때 보이기
- 이야기를 말하기
- 'princess2' 모양으로 바꾸고 숨기기
- [무도회장]을 받았을 때 보이기
- 왕자에게 말하기

공 스프라이트

- 클릭했을 때 숨기기
- [이야기 시작]을 받았을 때 보이기
- 0.05초 간격으로 20번 반복하여 다음 모양으로 바꾸기
- 숨기기

요정 스프라이트

- 클릭했을 때 위치를 x: 77, y: −31로 이동하고 숨기기
- [이야기 시작]을 받았을 때 보이기
- 이야기를 말하고 숨기기
- [무도회장] 방송하기

왕자 스프라이트

- 클릭했을 때 숨기기
- [무도회장]을 받았을 때 보이기
- 이야기를 말하기

도전하기

01 다음과 같이 나그네의 목도리를 벗게 하는 해와 바람에 대한 이야기의 일부를 스토리텔링하는 프로젝트를 완성해 보세요.

> • 해와 바람이 나그네의 목도리를 누가 먼저 벗기는지 내기하는 이야기

▲ 준비파일: 심화_13_01_준비 / 완성파일: 심화_13_01_완성

조건

Avert 스프라이트

- 클릭했을 때 x: 30, y: −59로 이동하기
- 모양을 'avert−b2'로 바꾸기
- 이야기 도입을 말하기
- 다시 모양을 'avert−b'로 바꾸기
- [이야기시작]을 방송하기
- [바람]을 받았을 때 모양을 'avert−a2'로 바꾸기
- 이야기를 말하기
- [태양]을 받았을 때 모양을 'avert−b'로 바꾸기
- 이야기를 말하기
- 모양을 'avert−a'로 바꾸기
- [태양의승] 방송하기

Cloud 스프라이트

- 클릭했을 때 모양을 'cloud'로 바꾸기
- 위치를 x: −119, y: 127로 이동하기
- [이야기시작]을 받았을 때 이야기 말하기
- x: −110, y: 75로 이동하고 모양을 'cloud3'로 바꾸기
- [바람] 방송하기
- 'rattle' 소리를 재생하기
- 이야기를 말하고 다시 모양을 'cloud'로 바꾸기
- 다시 위치를 x: −119, y: 127로 이동하기
- [태양의승]을 받았을 때 이야기를 말하기

Sun 스프라이트

- 클릭했을 때 위치를 x: 148, y: 107로 이동하기
- [이야기시작]을 받았을 때 이야기 말하기
- [태양] 방송하기
- 'bell cymbal' 소리를 재생하기
- [태양의승]을 받았을 때 이야기를 말하기

바람 스프라이트

- 클릭했을 때 위치를 x: −5, y: −20으로 이동하기
- 숨기기
- [바람]을 받았을 때 보이기와 숨기기를 4번 반복하기

태양 스프라이트

- 클릭했을 때 위치를 x: −49, y: −3으로 이동하기
- 숨기기
- [태양]을 받았을 때 보이기와 숨기기를 4번 반복하기

무대

- [바람]을 받았을 때 그래픽 효과 주기(소용돌이 효과)
- 그래픽 효과 지우기
- [태양]을 받았을 때 그래픽 효과 주기(밝기 효과)
- 그래픽 효과 지우기

카드 맞추기 게임을 해요

14

학습목표

리스트를 사용하여 카드 색을 기억하여 순서대로 맞추는 게임을 만들어 봅시다. 컴퓨터가 제시하는 카드의 색을 순서대로 선택하여 맞추면 단계와 점수가 증가되도록 합시다.

자~ 이제 카드 색을 기억하는 게임으로 나의 기억력을 테스트 해 볼까요?

무엇을 만들까?

▲ 준비파일: 14_01_준비 / 완성파일: 14_01_완성

무엇을 배울까?

STEP 1 시작 스프라이트

STEP 2 마법사 스프라이트

STEP 3 카드 선택하기

STEP 4 정답 확인하기

STEP 5 시작과 종료 문구 만들기

게임 미리보기

게임프로젝트를 만들기 전에는 게임의 규칙을 이해해 봅시다.

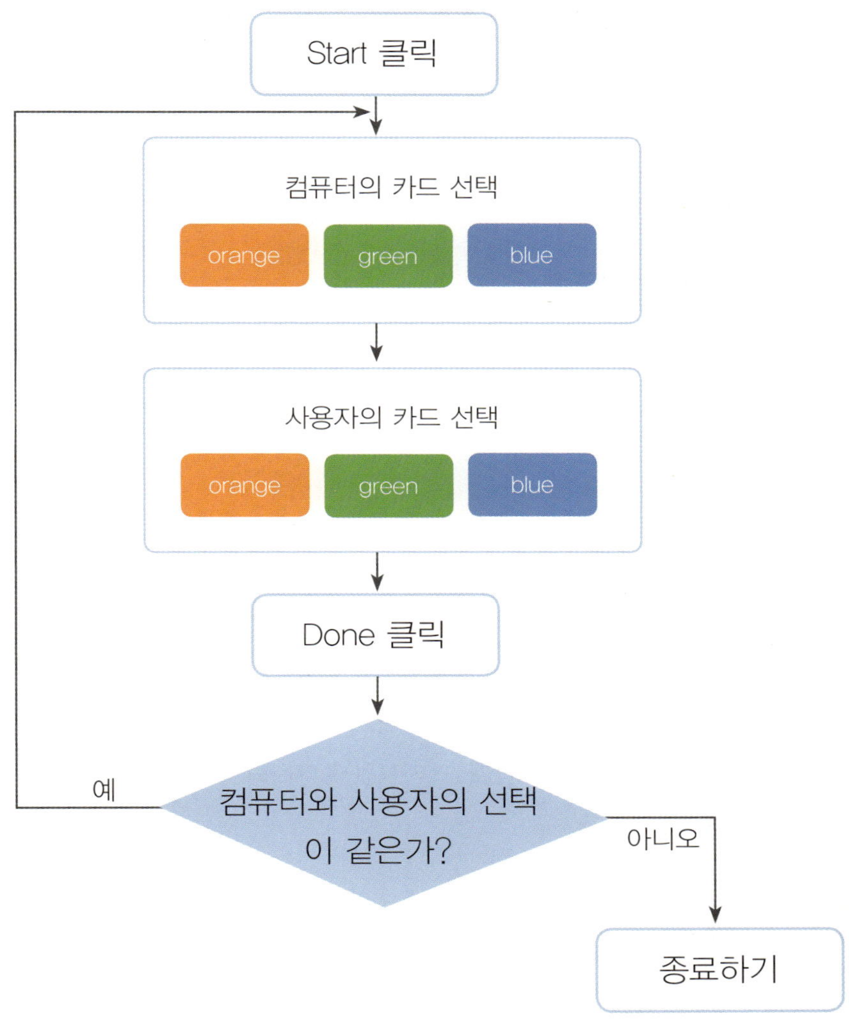

- 게임을 시작하면(Start 버튼을 누르면) 컴퓨터가 카드를 선택합니다.
- 선택된 카드 순서대로 사용자가 카드를 클릭한 후 확인합니다(Done 버튼을 누릅니다).
- 사용자가 선택한 카드의 개수와 순서가 컴퓨터의 선택과 동일하면 다시 게임은 시작됩니다.
- 만약, 개수나 순서를 틀리게 클릭했다면 게임은 종료됩니다.

자~어느 정도 게임에 대해 이해가 되었나요? 본격적으로 스크립트를 만들어 볼까요?

STEP 1 시작 스프라이트

01 'start button' 스프라이트를 이 게임 프로젝트가 실행된 후 클릭하면 본격적인 게임이 시작되도록 만들어 봅시다. 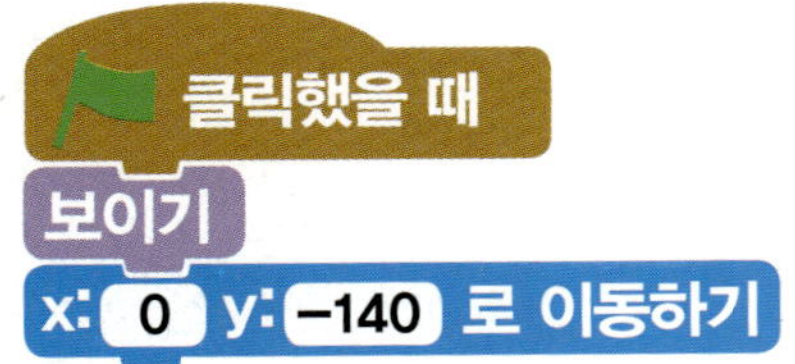 블록과 보이기 블록을 사용해 프로젝트 실행 시 이 스프라이트가 보이도록 합니다. 위치는 x: 0 y: −140 로 이동하기 블록을 사용하여 지정합니다.

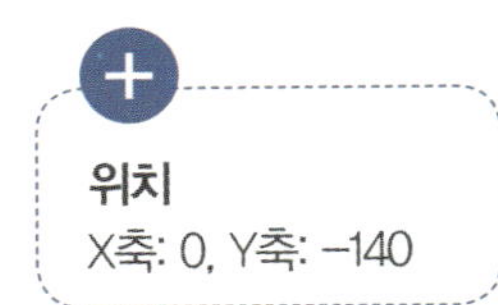

02 버튼을 클릭할 때 실감나는 효과를 주기 위해 마우스 포인터가 닿으면 버튼이 커졌다가 작아지도록 만들어 봅시다. 먼저, 까지 반복하기 블록에 그리고, 마우스 포인터 ▾ 에 닿았는가?, 마우스를 클릭했는가? 블록을 연결하여 start button에 마우스 포인터가 닿고 클릭할 때까지 크기 변화가 반복적으로 나타나도록 합니다. 이어서 버튼에 마우스 포인터가 닿으면 커졌다가 (120%), 버튼에서 벗어나면 다시 원래 크기(100%)가 되도록 조건 블록과 크기를 120 % 로 정하기 블록을 추가해 봅시다.

03 버튼을 클릭하면 다음 스크립트로 넘어가야 하므로 [숨기기] 블록을 사용합니다. 그리고, [start 방송하기] 블록을 사용하여 다른 스크립트와 연결될 수 있도록 다음과 같이 추가합니다.

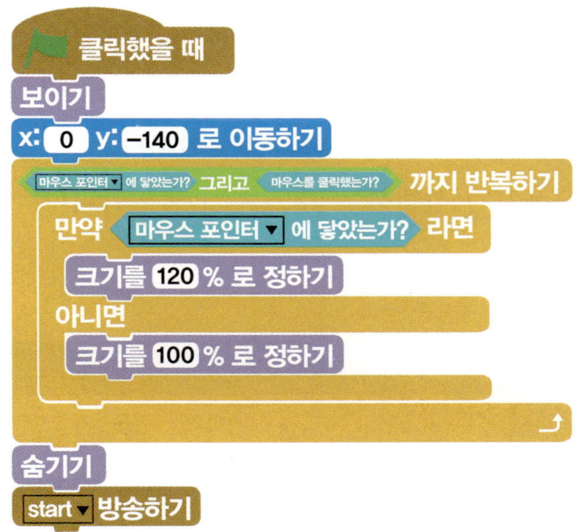

+

새 메시지 이름은 "start"로 입력합니다.

04 다음은 스크립트 실행화면 입니다. 'start button' 스프라이트 위에 마우스가 닿으면 크기가 120%로 커졌다가 다시 원래 크기(100%)로 돌아옵니다.

STEP 2 ★ 마법사 스프라이트

마법사 스프라이트의 스크립트를 만들기 전에 먼저 변수와 리스트를 만들어 봅시다.

카드 게임 프로젝트에서는 3개의 변수와 2개의 리스트가 필요합니다. 먼저 만들어야 할 변수는 **단계** 와 , **점수** 그리고 3장의 카드의 순서를 저장할 **선택 버튼은?** 입니다. 그리고 컴퓨터가 제시하는 카드 순서와 사용자가 선택하는 카드 순서를 저장할 공간으로 리스트도 필요합니다.

이 게임은 단계와 컴퓨터가 제시하는 카드 수, 사용자가 선택하는 카드 수가 동일합니다. 반면, 점수는 클릭한 카드의 수만큼 누적되도록 합시다.

단계	1	2	3	4	5	…
컴퓨터가 제시하는 카드 수	1	2	3	4	5	…
사용자가 선택해야 하는 카드 수	1	2	3	4	5	…
점수 누적	1	3	6	10	15	…

01 마법사 스프라이트에서 [데이터]를 클릭한 후 [새로운 변수] 창에서 변수 이름을 "단계"로 입력한 후 [확인]을 클릭합니다.

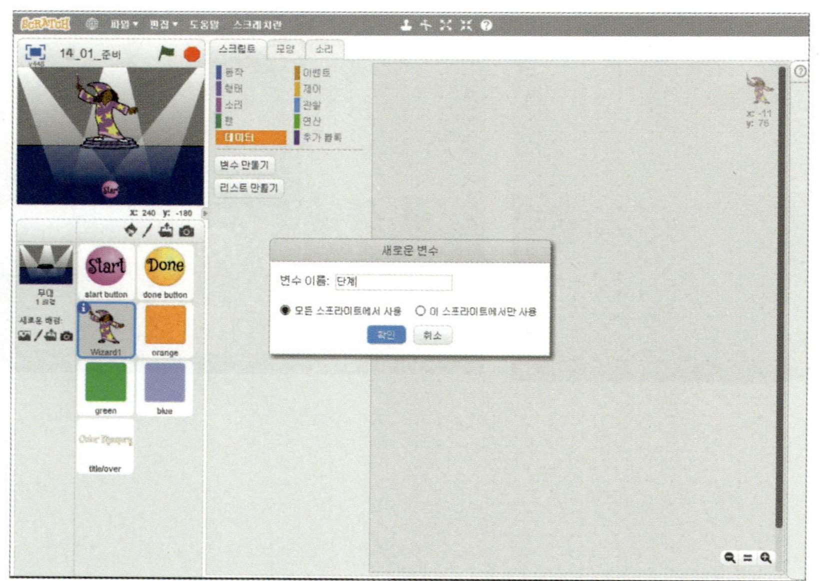

TIP

'모든 스프라이트에서 사용'되는 변수와 리스트라면 마법사 스프라이트뿐만 아니라 다른 스프라이트를 선택해 만들어도 괜찮습니다.

02 같은 방법으로 "점수"와 "선택버튼은?" 변수를 2개 더 만들어 봅시다.

03 이번에는 2개의 리스트를 만들어 봅시다.
리스트는 각각 컴퓨터가 자동으로 선택하는 카드 순서와 사용자가 직접 클릭하여 선택하는
카드 순서를 저장합니다. 먼저, [리스트 만들기]를 클릭한 후 [새로운 리스트] 창에서 리스트
이름을 "컴퓨터 선택"을 입력한 후 [확인]을 클릭합니다.

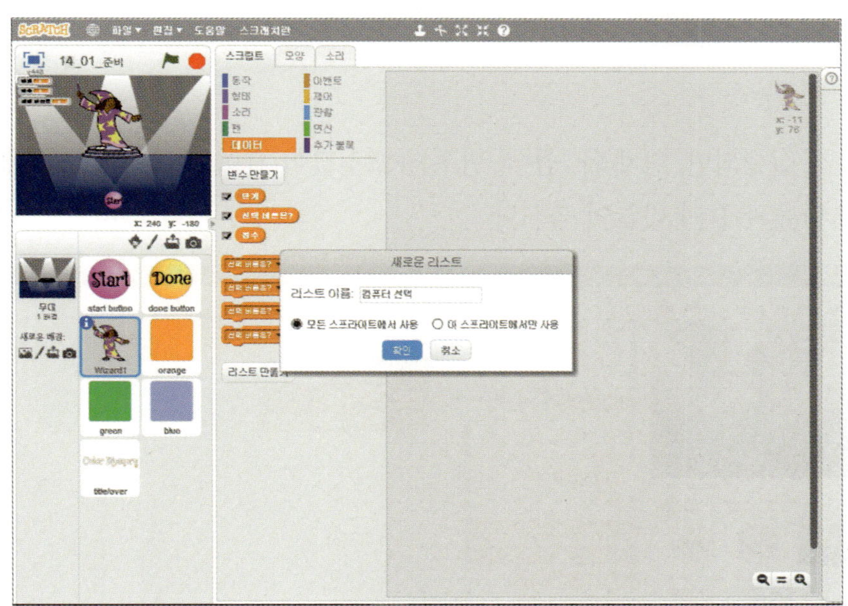

04 같은 방법으로 "사용자 선택" 리스트도 만들어 봅시다.

05 다음과 같이 변수 3개와 리스트 2개를 만들어 졌습니다. 변수와 리스트 중에서 '단계'와 '점수' 변수에만 체크를 하여 무대에서 보이게 합니다.

- ☑ 단계
- ☐ 선택 버튼은?
- ☑ 점수

- ☐ 사용자 선택
- ☐ 컴퓨터 선택

06 프로젝트가 실행되면 '단계'와 '점수' 변수는 초깃값이 '0'이 되도록 [단계▼ 을(를) 0 로 정하기] 블록을 사용하여 다음과 같이 만들어 봅시다.

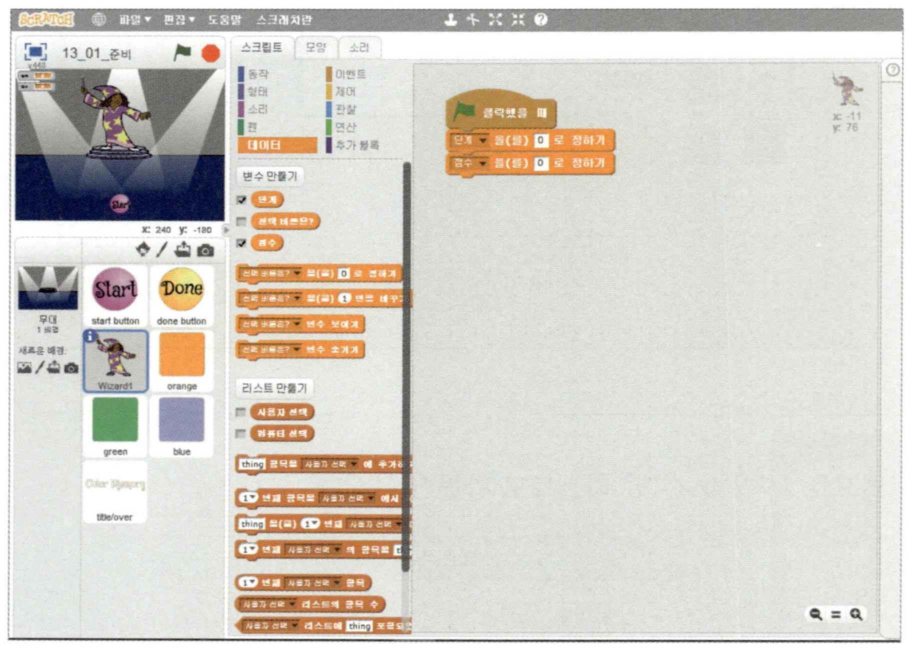

07 start button이 클릭된 후 마법사 스프라이트인 'Wizard1'에 카드 게임을 시작하는 스크립트를 만들어 봅시다. start button의 방송하기를 받아 스크립트가 실행될 수 있도록 [스페이스▼ 키를 눌렀을 때] 블록을 사용합니다. 이어 말하기 블록을 추가해 내용을 수정합니다. [모두▼ 번째 항목을 컴퓨터 선택 삭제하기] 블록을 연결하여 게임이 시작될 때마다 리스트가 비어있도록 설정합니다.

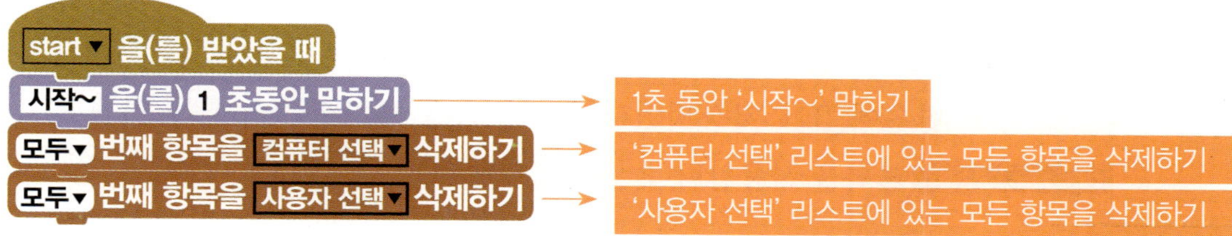

08 '단계'는 문제가 제시되는 횟수로, 컴퓨터가 제시한 카드 순서를 사용자가 맞추면 단계가 증가합니다. 앞서, 마술사 스프라이트를 실행할 때 '단계' 변수를 '0'으로 설정하였습니다. 게임이 시작되면 [단계▼ 을(를) 1 만큼 바꾸기] 블록에 의해 단계가 '1' 증가합니다.

09 컴퓨터가 문제를 제시하는 횟수는 [단계] 변수 값에 따라 결정되도록 하기 위해서 [단계 까지 반복하기] 블록을 사용합니다. 컴퓨터가 카드를 무작위로 선택할 수 있도록 [1 부터 3 사이의 난수] 블록을 사용해 [선택 버튼은?▼ 을(를) 0 로 정하기] 블록과 연결시켜 '선택 버튼은?' 변수에 1부터 3사이의 난수가 저장되도록 다음과 같이 만들어 봅시다.

10 컴퓨터가 선택한 조건에 따라 각 카드의 스크립트와 연결되어 카드 문제를 낼 수 있도록 만들어 봅시다. 이 때, 만약 ~ 라면 ~ 아니면 블록과 ◁ = ▷, 컴퓨터_orange 방송하기 블록을 사용하여 아래 내용을 적용시켜 스크립트를 만들어 봅시다.

- 선택 버튼은? 변수에 1이 저장되었다면, 첫 번째 카드인 'orange'와 연결될 수 있도록 컴퓨터_orange 방송하기 블록을 사용합니다.

- 선택 버튼은? 변수에 2가 저장되었다면, 두 번째 카드인 'green'과 연결될 수 있도록 컴퓨터_green 방송하기 블록을 사용합니다.

- 선택 버튼은? 변수에 3이 저장되었다면, 첫 번째 카드인 'blue'와 연결될 수 있도록 컴퓨터_blue 방송하기 블록을 사용합니다.

+

새 메세지를 3개 만들어야 합니다. 각각 이름을 "컴퓨터_orange", "컴퓨터_green", "컴퓨터_blue"로 입력합니다.

11 완성된 마법사 스프라이트의 스크립트는 다음과 같습니다.

한 횟수를 마친 후, `0.5 초 기다리기` 블록을 사용하여 카드를 선택하고 다음 카드 선택으로 넘어가는 시간을 조절할 수 있습니다.

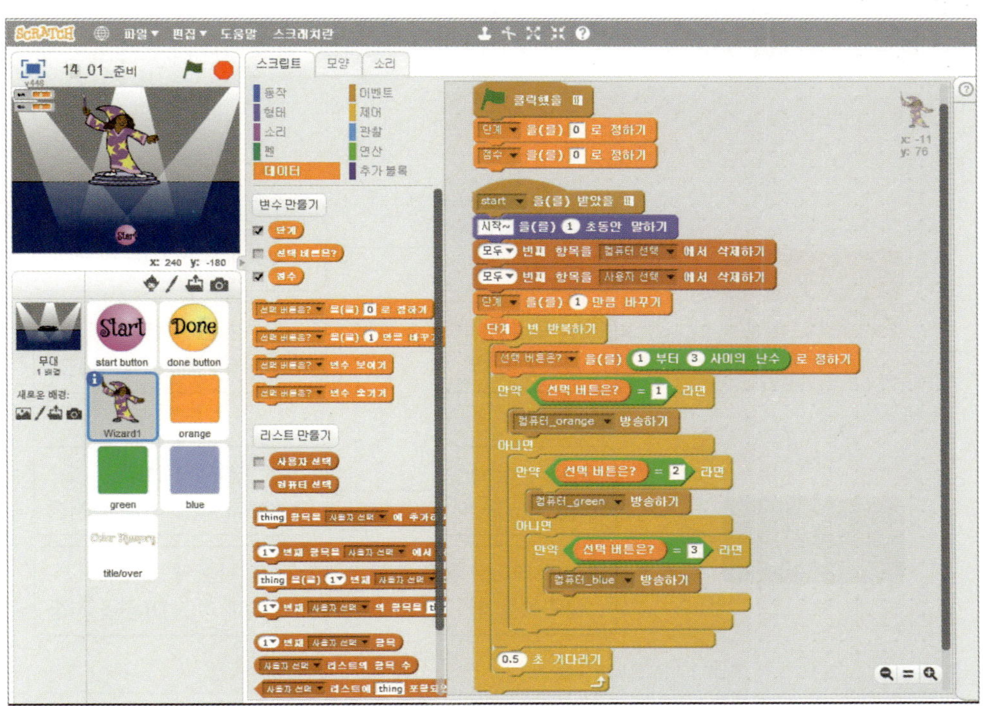

STEP 3 카드 선택하기

이 카드 선택 게임에서 사용되는 카드는 orange, green, blue 3장입니다. 컴퓨터는 이 카드들을 선택해 사용자에게 문제를 내고, 사용자는 컴퓨터가 낸 문제를 맞추기 위해 이 카드를 클릭합니다. 사용자가 문제를 맞춘다면 게임은 계속 진행이 되지만 틀렸을 경우 카드는 사라지게 됩니다.

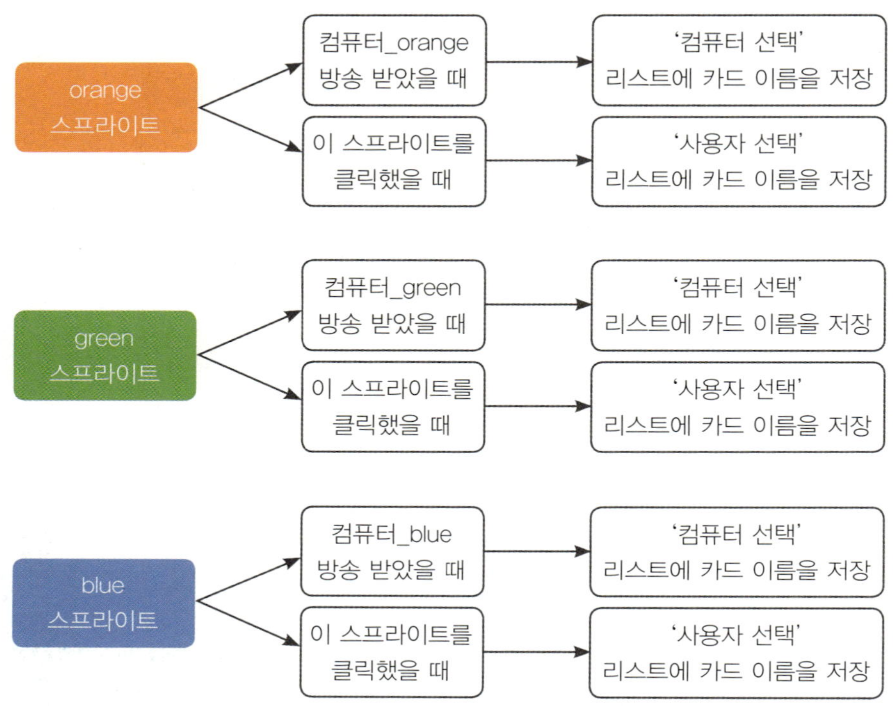

01 먼저 'orange' 카드 스프라이트의 스크립트를 만들어 봅시다. 프로젝트가 실행될 때(게임이 시작될 때)와 'game over' 방송을 받았을 때(사용자가 문제를 틀려 게임이 끝났을 때) 카드가 보이지 않도록 하기 위해 다음과 같이 만들어 봅시다.

02 start button이 클릭되면 카드가 무대의 지정된 위치에 나타나도록 합시다.

이 때, 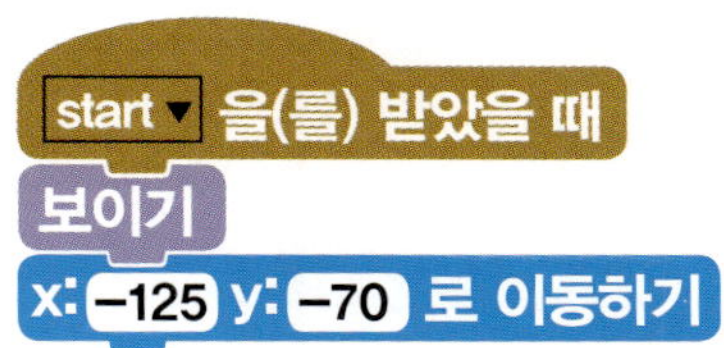, 보이기, x: 0 y: 0 로 이동하기 블록을 사용합니다.

```
start ▼ 을(를) 받았을 때
보이기
x: −125 y: −70 로 이동하기
```

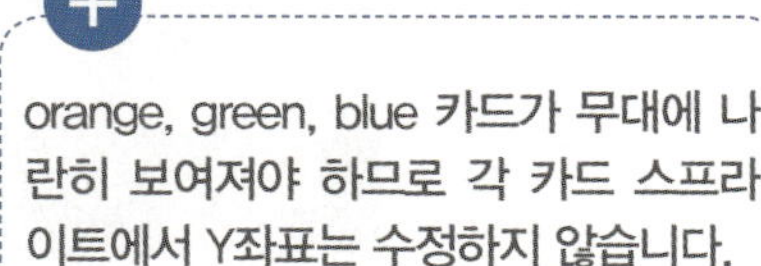

orange, green, blue 카드가 무대에 나란히 보여져야 하므로 각 카드 스프라이트에서 Y좌표는 수정하지 않습니다.

03 컴퓨터가 orange 카드를 선택하면 카드는 소리를 내며 반응합니다. 컴퓨터_orange ▼ 를 받았을 때 를 사용하여 컴퓨터가 카드를 선택하면 다음과 같은 블록들이 차례로 실행되도록 합니다. 또한 '컴퓨터 선택' 리스트에 'orange'가 저장되도록 합니다.

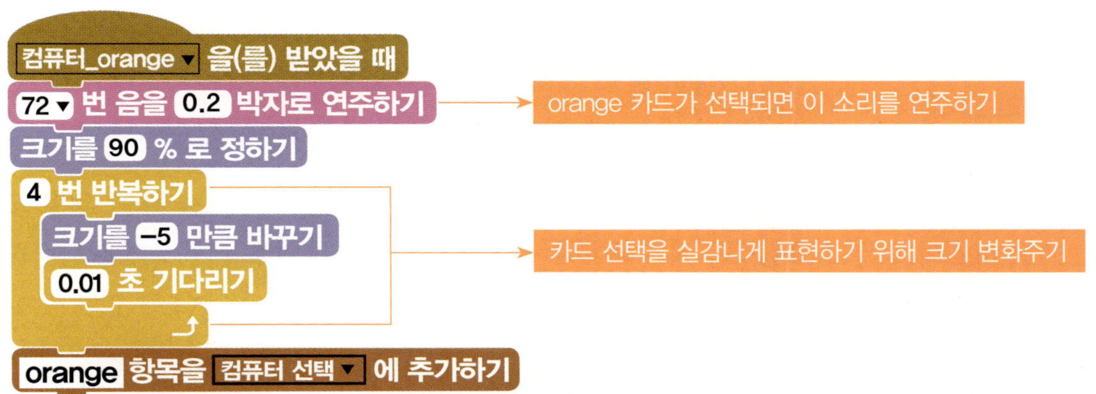

04 사용자가 orange 카드를 선택하면 카드는 **03**과 같은 소리를 내며 반응합니다. 이 스프라이트를 클릭했을 때 를 사용하여 사용자가 카드를 선택하면 **03**과 같이 블록들이 차례로 실행되도록 합니다. 또한, '사용자 선택' 리스트에 'orange'가 저장되도록 합니다.

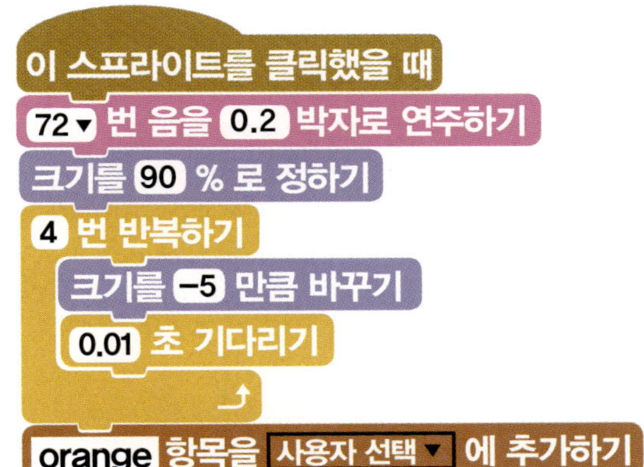

05 완성된 'orange' 카드 스프라이트의 스크립트는 다음과 같습니다.

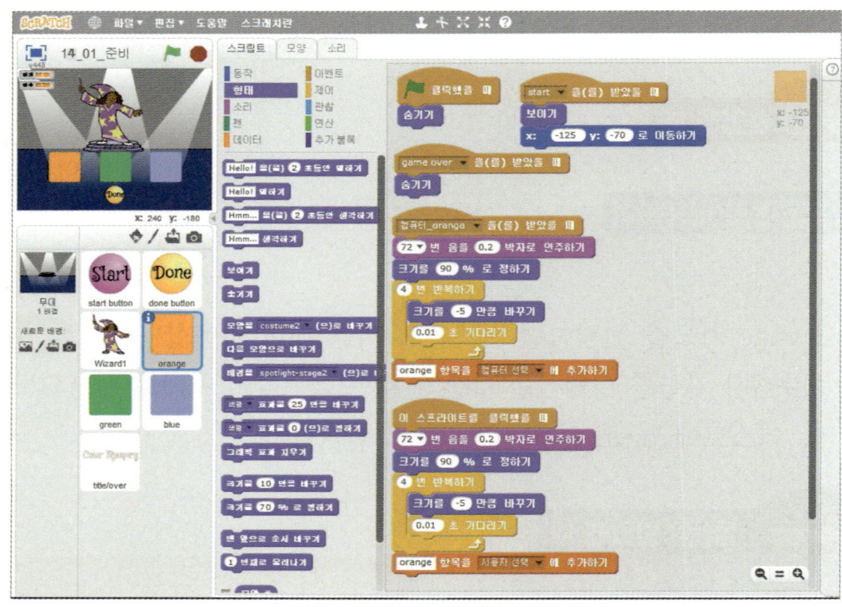

06 'green' 카드 스프라이트의 스크립트를 만들어 봅시다. 세 카드는 같은 역할을 하므로 'orange'의 모든 스크립트를 복사하여 수정해 봅시다. 먼저, 카드들이 무대에 나란히 위치해야 하므로 X좌표만 '0'으로 수정합니다.

07 컴퓨터_green 을(를) 받았을 때 를 사용하여 컴퓨터가 카드를 선택하면 다음과 같은 블록들이 차례로 실행되도록 합니다.

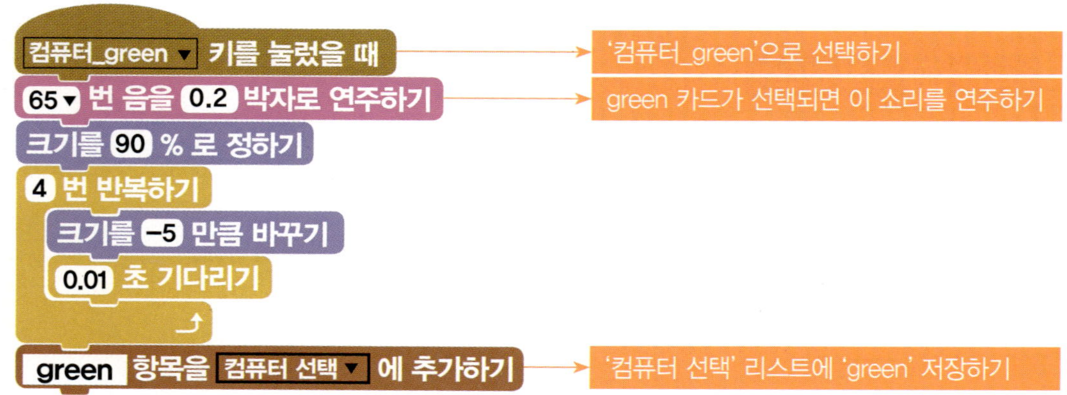

08  를 사용하여 사용자가 카드를 선택하면 **07**과 같이 블록들이 차례로 실행되도록 합니다.

09 완성된 'green' 카드 스프라이트의 스크립트는 다음과 같습니다.

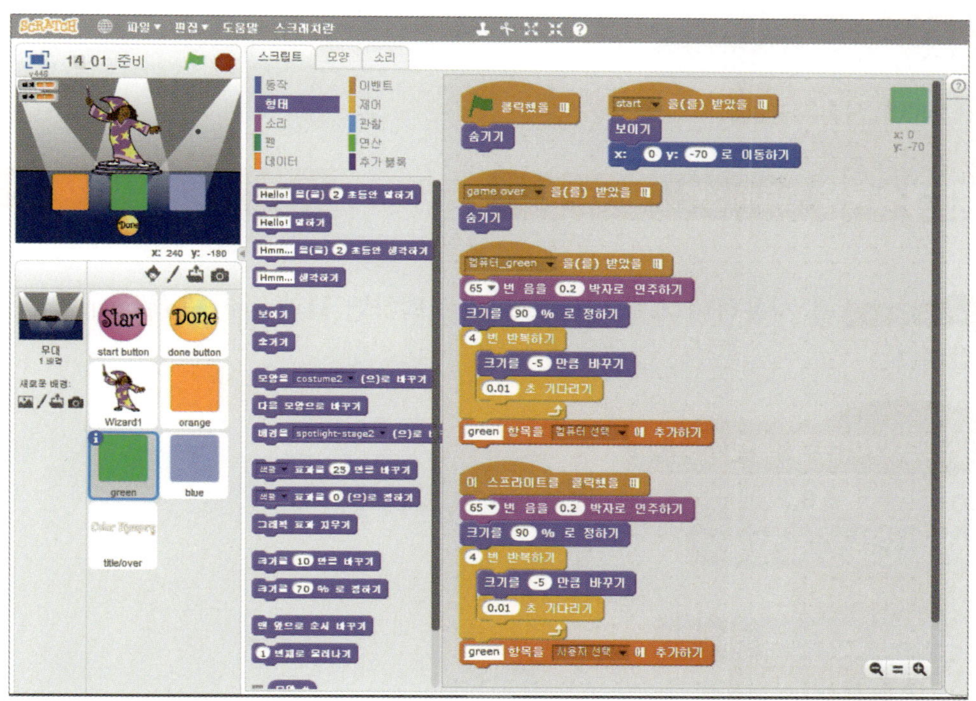

10 'green'과 마찬가지로 'orange'의 스크립트를 복사하고 수정해 'blue' 카드 스프라이트의 스크립트를 만들어 봅시다. 먼저, X좌표만 '125'로 수정합니다.

11 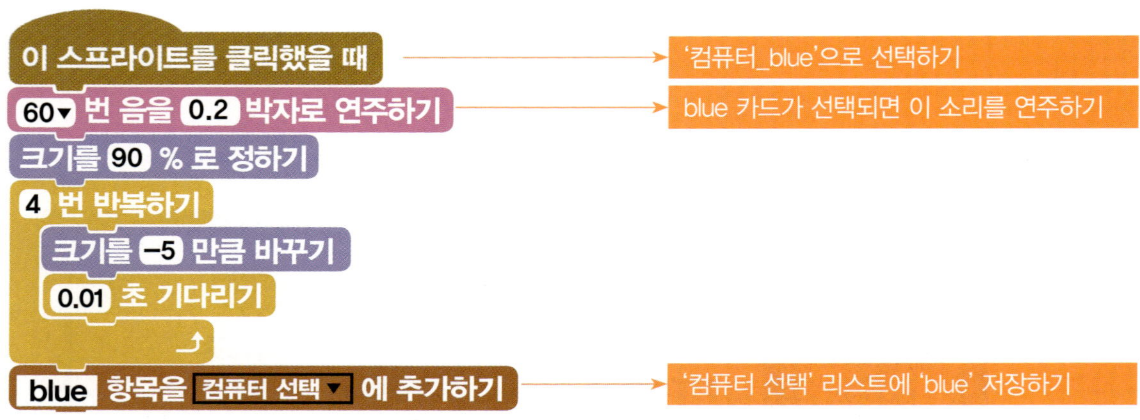 를 사용하여 컴퓨터가 카드를 선택하면 다음과 같은 블록들이 차례로 실행되도록 합니다.

12 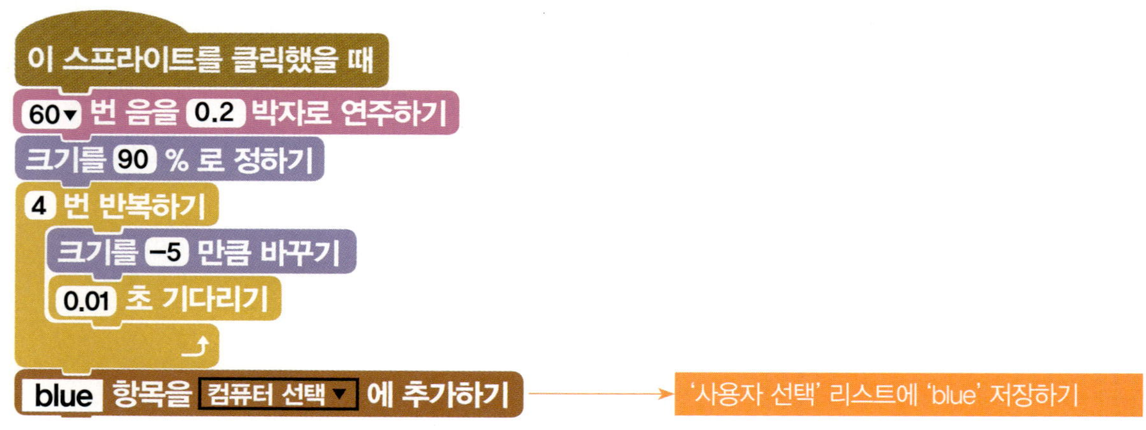 를 사용하여 사용자가 카드를 선택하면 **11**과 같이 블록들이 차례로 실행되도록 합니다.

13 완성된 'blue' 카드 스프라이트의 스크립트는 다음과 같습니다.

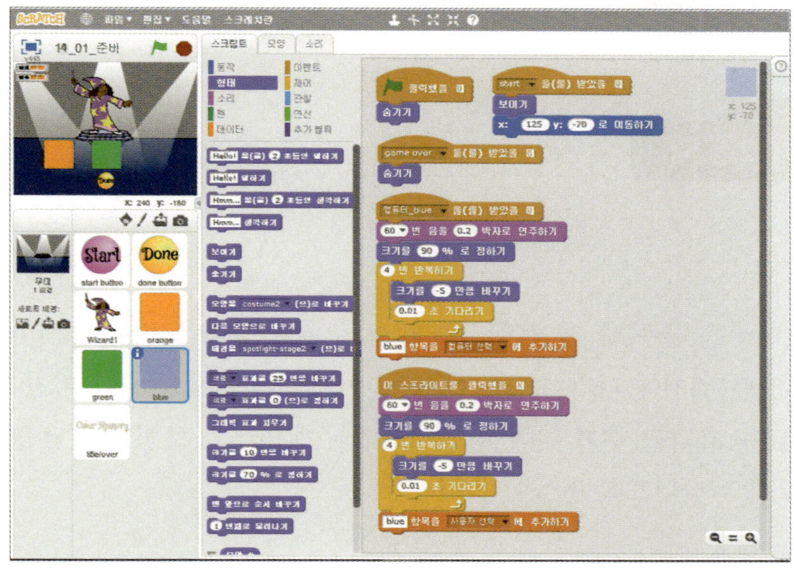

STEP 4 정답 확인하기

이 게임에서는 컴퓨터가 선택한 카드와 사용자가 선택한 카드가 같은지 정답 확인을 하기 위해 'done button'을 클릭합니다. 정답이 맞다면 다음 과정으로 게임이 진행되지만 틀리다면 종료 메시지를 내보낼 것입니다.

다음 내용을 보고 카드 게임의 정답을 확인하는 과정을 이해해 봅시다.

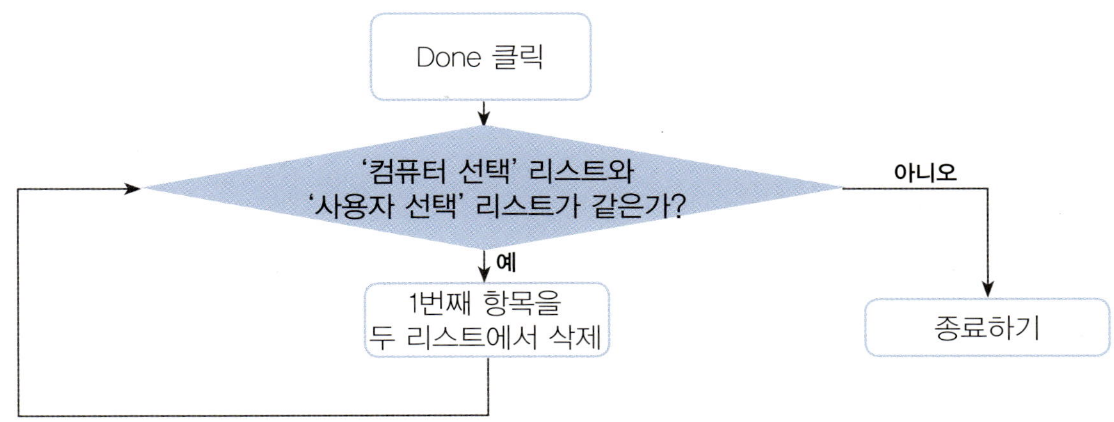

01 'done button' 스프라이트는 게임 프로젝트가 실행될 때는 보이지 않아야 하므로  블록을 사용합니다.

02 'start button'을 클릭해 게임이 시작되면 'start' 방송을 받은 'done button'이 'start button'이 있던 위치에 나타나도록 합시다. 이어 'start button'과 마찬가지로 버튼을 클릭할 때 실감나는 효과를 주기 위해 'done button'에 마우스 포인터가 닿을 때 마다 크기 변화가 반복적으로 나타나도록 만들어 봅시다.

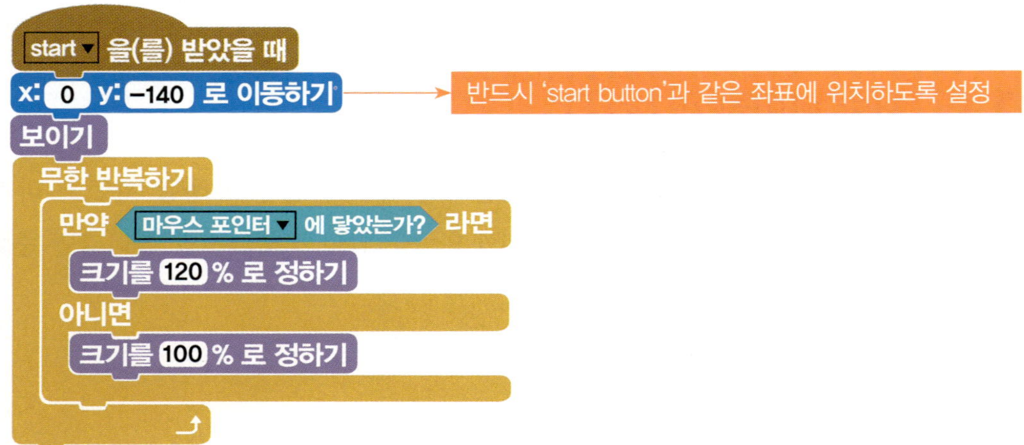

03 사용자가 카드를 선택한 후 'done button'을 클릭하면 카드 맞추기 정답을 확인할 수 있도록 만들어 봅시다. 정답을 맞춰보는 과정은 '컴퓨터 선택' 리스트와 '사용자 선택' 리스트의 항목을 순서대로 비교하는 과정과 같습니다. 또한 단계에 따라 맞춰야 하는 카드 수가 정해졌으므로 단계에 따라 정답을 비교하는 횟수가 결정됩니다.

먼저, 단계 까지 반복하기 블록을 사용해 '단계'만큼 정답을 비교하는 스크립트가 반복되도록 합니다. 이어 만약 라면 ~ 아니면 블록에 ◁ = ▷ 블록과 1▼ 번째 컴퓨터 선택 항목, 1▼ 번째 사용자 선택 항목 블록을 연결하여 두 리스트의 첫 번째 항목이 같은지를 조건으로 정합니다.

04 만약 두 리스트의 첫 번째 항목이 같다면 각 리스트의 첫 번째 항목들을 삭제해 다음 항목도 같은지를 비교할 준비를 해야 합니다. 1▼ 번째 항목을 컴퓨터 선택 삭제하기 과 1▼ 번째 항목을 컴퓨터 선택 삭제하기 블록을 사용해 다음과 같이 연결해 봅시다.

05 만약 두 리스트의 첫 번째 항목이 다르다면 게임 종료를 해야 합니다. 말하기 블록을 통해 "틀렸습니다. 다음 기회에~"를 말하고 버튼은 사라지고 [game over 방송하기] 를 추가하여 "Game Over"가 무대에 등장하게 다음과 같이 스크립트를 만들어 봅시다.

```
이 스프라이트를 클릭했을 때
단계 번 반복하기
  만약  1▼ 번째 컴퓨터 선택 항목 = 1▼ 번째 사용자 선택 항목  라면
    1▼ 번째 항목을 컴퓨터 선택 에서 삭제하기
    1▼ 번째 항목을 사용자 선택 에서 삭제하기
  아니면
    틀렸습니다. 다음 기회에~ 을(를) 1 초동안 말하기
    숨기기
    game over ▼ 방송하기
```

06 두 리스트의 첫 번째 항목이 같다면 정답을 맞췄으므로 점수를 누적해야 하고 다음 단계로 게임이 시작되어야 합니다. [점수▼ 을(를) 단계 만큼 바꾸기] 블록을 사용하여 "점수" 변수에 '단계' 값만큼 점수가 누적되도록 만들어 봅시다. 또한 말하기 블록을 통해 "참 잘했어요~"를 말하고 다음 단계 카드 맞추기 문제를 낼 수 있도록 [start▼ 방송하기] 블록을 추가해 봅시다.

```
이 스프라이트를 클릭했을 때
단계 번 반복하기
  만약  1▼ 번째 컴퓨터 선택 항목 = 1▼ 번째 사용자 선택 항목  라면
    1▼ 번째 항목을 컴퓨터 선택 에서 삭제하기
    1▼ 번째 항목을 사용자 선택 에서 삭제하기
  아니면
    틀렸습니다. 다음 기회에~ 을(를) 1 초동안 말하기
    숨기기
    game over ▼ 방송하기

점수 ▼ 을(를) 단계 만큼 바꾸기
참 잘했어요~ 을(를) 1 초동안 말하기
start ▼ 방송하기
```

07 완성된 'done button' 스프라이트의 스크립트는 다음과 같습니다.

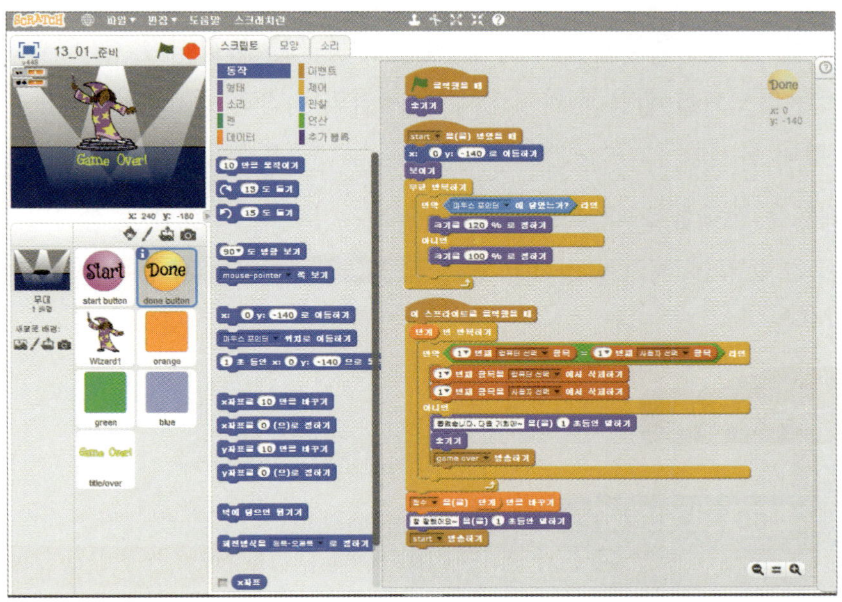

08 'done button'을 클릭해 스크립트를 실행해 봅시다. 예를 들어, '컴퓨터 선택' 리스트에는 orange, green 순서로 저장되어 있고, '사용자 선택' 리스트에는 orange, blue 순서로 저장되어 있다고 합시다. 각 리스트의 1번째 항목에는 orange가 있으므로 이 항목은 리스트에서 삭제되고 '컴퓨터 선택'의 1번째 항목은 green, '사용자 선택'의 1번째 항목은 blue이 됩니다. 다시 조건과 일치하는지 확인하면 각 리스트의 1번째 항목은 서로 다르므로 'done button'은 말하기를 하고 사라집니다.

STEP 5 시작과 종료 문구 만들기

텍스트 스프라이트를 수정하여 무대에 원하는 문구를 등장시킬 수 있습니다. 이 게임에서는 'title/over' 스프라이트를 활용해 카드 맞추기 게임의 시작과 종료 문구를 무대에 등장시켜 게임을 더욱 멋지게 꾸며 봅시다.

01 프로젝트를 실행했을 때, 게임 시작을 알리는 문구를 무대에 등장시켜 봅시다. 그러기 위해서 문구가 등장할 위치를 정하고 `모양을 ColorMemory (으)로 바꾸기` 블록을 사용해 다음과 같이 연결해 봅시다.

02 'start button'을 클릭하면 시작 문구는 사라지고 카드들과 'done button'만 남게 되도록 합시다. 그러기 위해서 `srart 를 받았을 때` 블록과 `숨기기` 블록을 사용합니다.

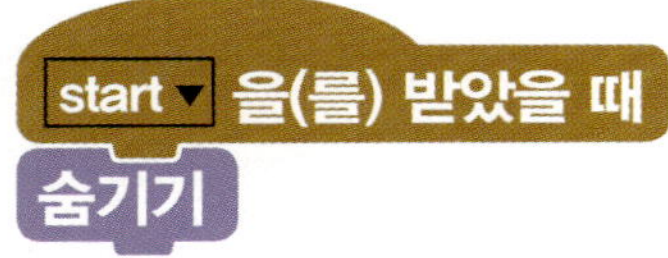

03 사용자가 답을 틀렸다면 게임이 종료됩니다. 이 때, 게임 종료를 알리는 문구를 무대에 등장시켜 봅시다. 그러기 위해서 **01**과 마찬가지로 `모양을 GameOver (으)로 바꾸기` 블록을 사용해 다음과 같이 연결해 봅시다.

이 프로젝트를 종료하기 위해 `모두 멈추기` 블록을 추가하여 완성시켜 봅시다.

04 완성된 'title/over' 스프라이트의 스크립트는 다음과 같습니다.

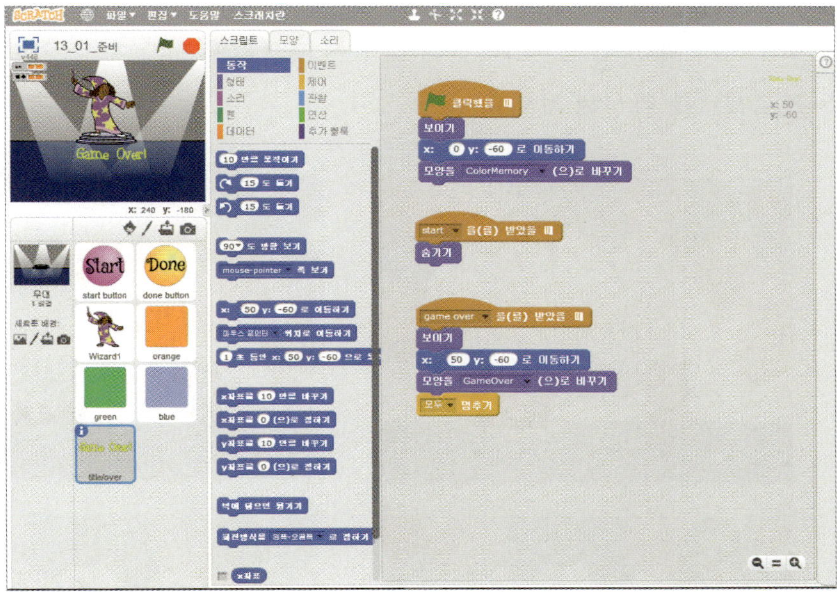

05 스크립트 실행결과는 다음과 같습니다.

▲ 시작 화면

▲ 종료 화면

기초다지기

01 주어진 조건에 따라 케이크 스프라이트에 마우스 포인터가 닿으면 모양과 크기가 바뀌고 음악이 나오는 프로젝트를 완성해 보세요.

▲ 완성파일: 기초_14_01_완성

조건

무대
- 픽셀화 효과 '100' 지정하기
- 픽셀화 효과 '40' 지정하기
- 이전 그래픽 효과 지우기

고양이 스프라이트
- 위치를 x: −95, y: −81로 정하기
- 생일 축하 메시지와 프로젝트 소개 말하기

케이크 스프라이트
- 위치를 x: 80, y: −70으로 정하기
- 처음 모양을 'cake−b'로 정하기
- 마우스 포인터에 닿으면 모양은 'cake−a'로, 크기는 150%로 정하고 "birthday" 소리를 재생하기
- 마우스 포인터에 닿으면 생일 축하 메시지 말하기
- 마우스 포인터에 닿지 않으면 크기를 100%로 정하기
- 무한 반복하기

02 주어진 조건에 따라 공을 클릭하면 공과 관련된 경기장으로 이동하는 프로젝트를 완성해 보세요.

▲ 완성파일: 기초_14_02_완성

조건

고양이 스프라이트
• 실행했을 때 보이기
• 배경을 'stripes'로 바꾸기
• 프로젝트 소개를 말하고 숨기기
• "시작" 방송하기
• "종료" 방송을 받았을 때 보이고 말하기
• [스페이스] 키를 눌렀을 때 숨기기
• Baseball 스프라이트를 클릭하는 경우

Baseball/Basketball/Ball-soccer 스프라이트
• 실행했을 때 각 스프라이트별로 좌표를 정하기
• 실행했을 때 숨기기
• "시작" 방송을 받았을 때 보이기
• 마우스 포인터가 닿았고 마우스를 클릭할 때까지 크기 변화를 주기
• 마우스 포인터에 닿았다면 135%, 닿지 않았다면 115%로 크기 정하기
• 각 스프라이트를 클릭했을 때 "이동중" 방송하기
• 각 스프라이트는 숨기기
• 각 스프라이트와 관련된 배경으로 무대 바뀌기
• "종료" 방송하기
• "이동중" 방송을 받았을 때 숨기기
• [스페이스]키를 눌렀을 때 배경이 'stripes'로 바꾸기
• 크기를 다시 115%로 정하고 보이기

도전하기

01 조건에 따라 태양계 행성을 순서대로 입력하여 맞추는 프로젝트를 완성해 보세요.

▲ 준비파일: 심화_14_01_준비 / 완성파일: 심화_14_01_완성

TIP

행성 순서
수성, 금성, 지구, 화성, 토성, 천왕성, 해왕성

조건

변수와 리스트 만들기
- "행성순서" 변수 만들기
- "컴퓨터 선택" 리스트를 만들어 8개의 행성 이름 입력하기
- "태양계 행성" 리스트 만들기
- '행성순서' 변수와 '태양계 행성' 리스트로 보이기

무대
• 실행했을 때 배경을 'space'로 바꾸기
• "game over" 방송을 받았을 때 배경을 'light'로 바꾸기

Pico 스프라이트
• 실행했을 때 위치를 x: −81, y: −40으로 정하기
• 처음 모양을 'pico—a'로 바꾸기
• '행성순서' 변수를 1로 정하기
• '태양계 행성' 리스트에 있는 모든 항목을 삭제하기
• 두 리스트의 항목이 같을 때까지 반복하기
• 모양을 'pico—b'로 바꾸기
• 태양계 행성을 순서대로 말하도록 묻고 기다리기
• 대답과 '컴퓨터 선택' 항목이 순서대로 일치한다면 '태양계 행성' 리스트에 대답을 저장하기
• 모양을 'pico—c'로 바꾸기
• '행성순서' 변수를 1만큼 바꾸기
• '행성순서' 변수 값이 9가 되면 "game over" 방송하기
• 대답과 '컴퓨터 선택' 항목이 순서대로 일치하지 않는다면 모양을 'pico—d'로 바꾸기
• "game over" 방송을 받았을 때 '행성순서' 변수와 '태양계 행성' 리스트를 숨기기
• 위치를 x: 15, y: −43으로 정하기
• 모양을 'pico—d'로 바꾸기
• 모두 멈추기

2018년 3월 30일 초판 1쇄 인쇄
2018년 4월 10일 초판 1쇄 발행

책을 만든 사람들

집필 ㅣ 이원규 김자미 안영희

기획 ㅣ 정보산업부

진행 ㅣ 신지윤

표지 및 본문 디자인 ㅣ 안유경

펴낸곳 ㅣ (주)교학사

펴낸이 ㅣ 양진오

주소 ㅣ (공장) 서울특별시 금천구 가산디지털1로 42(가산동)

　　　　(사무소) 서울특별시 마포구 마포대로14길 4(공덕동)

전화 ㅣ 02-707-5312(편집), 02-839-2505/707-5147(영업)

문의 ㅣ itkyohak@naver.com

팩스 ㅣ 02-707-5316(편집), 02-839-2728(영업)

등록 ㅣ 1962년 6월 26일 〈18-7〉

교학사 홈페이지 ㅣ http://www.kyohak.co.kr